카리스마를 발휘하며 귀하게 쓰임 받을 분의 책

# 카리스마 극대화와 탈진극복

강요셉지음

카리스마적 권능은 예수님과 하나 될 때 갖게 된다.

성령

# 카리스마 극대화와
# 탈진 극복

성령

## 들어가는 말

하나님은 예수를 믿고 성령으로 거듭난 크리스천들을 사랑하십니다. 하나님은 모든 크리스천들이 생동감 있는 삶을 살면서 세상에서 환경을 장악하기를 소원하십니다. 그런데 일부 크리스천들이 세상에서 살아가기가 복잡하여 스트레스를 감당하지 못하여 영육의 무기력과 탈진에 빠져서 신음하고 고통하고 있는 분들이 있습니다.

목회자 역시 목회사역과 개척목회로 영적인 무기력과 침체와 탈진에 빠져서 목회를 생기 있고 권능 있게 하시 못하는 분들이 있습니다. 하나님은 분명하게 살아계신데 어찌하여 하나님의 자녀들이 이런 고난을 당하는 것일까요? 이는 내면세계가 부실하여 생기는 현상입니다. 예수를 믿을 때 내면이 강해지도록 영적인 활동을 했어야 하는데 무지하고 안일하게 믿음생활을 한 연고입니다.

탈진은 내면세계를 강화하여 카리스마와 권능을 나타내게 하려는 하나님의 섭리도 있습니다. 그렇기 때문에 탈진은 꼭 잘못된 것만은 아니라는 것입니다. 탈진을 통하여 영적으로 한 단계 업그레이드되기 때문입니다. 필자의 개인적인 생각으로는 탈진을 통과하지 못하면 카리스마와 권능을 나타낼 수가 없다는 것입니다. 탈진을 통하여 하나님을 찾고 하나님의 음성을 듣고 사명을 확인하는 계기가 될 수가 있습니다.

이 책을 읽는 분들마다 영육의 무기력과 탈진으로부터 자유하게 되시기를 바랍니다. 아니 분명 그렇게 될 것입니다. 영육의 눌림이나 침체나 탈진이나 모두 예수님으로 하나 되지 못하여 당하는 것이기 때문입니다. 이 책을 읽음으로 예수님으로 하나 되고 성령으로 충만함으로 마음 안에 있는 성전이 견고하게 지어져서, 세상에 나가 환경을 이기고, 하나님의 나라를 건설하는 일꾼들이 될 것입니다. 카리스마와 권능을 나타내는 하나님의 사역자가 되기를 바랍니다. 무기력과 탈진에 빠져서 고생하는 분들을 일으켜 세우는 사역자가 되시기를 바랍니다.

앞으로 세상이 점점 더 복잡 다양하여 질 것입니다. 복잡다양한 세상에서 승리하게 위하여 성령으로 충만하고 마음안에 성전이 경고하게 지어지기를 바랍니다. 걸어 다니는 성전의식을 가지고 하나님을 주인으로 모시면서 살아계신 하나님을 증명하면서 살기를 바랍니다.

주후 2016년 10월 20일

**충만한 교회 성전에서**

**저자 강요셉목사**

## 세부적인목차

# 1부 탈진극복과 카리스마

## 1장 예수님의 카리스마를 본받자.

(눅 22:60-62)“베드로가 이르되 이 사람아 나는 네가 하는 말을 알지 못하노라고 아직 말하고 있을 때에 닭이 곧 울더라 주께서 돌이켜 베드로를 보시니 베드로가 주의 말씀 곧 오늘 닭 울기 전에 네가 세 번 나를 부인하리라 하심이 생각나서 밖에 나가서 심히 통곡하니라”

하나님은 예수를 믿고 성령으로 거듭난 크리스천들이 예수님의 카리스마를 나타내어 사용하기를 원하십니다. 카리스마는 ‘영적인 선물’로 이해되어야 하며, 이것은 은혜의 구체화, 즉 인간 피조물에 대한 하나님의 관대하시고 권세 있는 관심의 구체적인 표현을 의미합니다. 예수를 믿고 성령으로 거듭난 크리스천은 카리스마가 선물로 주어졌습니다. 신앙인 우리는 예수님에게서 언제나 그 해답을 찾으며, 제자다운 삶을 위해 기도하며 행동하려고 합니다. 예수님에게서 보여진 카리스마를 생각해 봅니다. 카리스마라는 말은 헬라어로 하나님이 거저주시는 은총에 대한 표현으로 선물, 은사를 의미합니다. 하나님은 예수를 믿고 성령으로 거듭난 크리스천들이 예수님의 카리스마를 그대로 사용하기를 원하십니다. 예수님의 카리스마를 그대로 사용하는 비결은 다름이 아니라, 자신(옛사람)이 없어지는 것입니다. 자신이 없어지고 성령의 감동에 순종하면 예수님의 카리스마가 100% 발휘되어 초자연적인 역사가 일어납니다. 기사와 이적이 일어납니다. 자신을 통하여 기적을 날마다 체험하려면 자신이 죽는 것입니다. 자신 안에 성전삼고 계시는 하나님께서 주인 되는 것입니다. 그러면 자신을 통하여 예수님의 카리스마가 100% 발휘될 것입니다.

그리스도를 만난 어부들이 모든 것을 버리고 예수를 따른 이야기를 마가는 속도감 있게 들려줍니다. 이처럼 어부들이 모든 것을 버려두고 미지의 삶을 향해 그리스도를 따라가도록 만든 것은 무엇일까요? 위대한 지도자들에게는 사람들을 끄는 자석과 같은 마력이 있다고 합니다. 이것을 한마디로 카리스마라고 합니다. 이것은 대부분의 사람들이 가질 수도 있고 가지지 못할 수도 있는 신비하고도 알쏭달쏭하며 정의할 수 없는 자질이라고 합니다.

진정한 카리스마가 있는 사람은 사람들의 필요와 이익에 대한 관심을 보여주는 능력이 있다고 합니다. 사람들과 함께 있을 때 그들의 필요를 감지하고 보살핌으로써 그들로 하여금 자신의 중요성을 느끼도록 만드는 것입니다. 다른 사람의 필요를 알고 제공하는 능력이 카리스마라고 합니다. 병든 자를 치유하는 것과 귀신에 고통당하는 자를 해방시키는 것을 카리스마라고 할 수가 있습니다.

남을 감동시켜 행동하게 할 만한 관심이 생기게 하려면 먼저 그들과 함께 시간을 보내는 것이 중요합니다. 그들의 필요를 알아야 하기 때문입니다. 성경에서 예수님은 가셨고 보셨고 느끼셨으며 그리고 보살피셨습니다. 그리스도는 갈릴리 호숫가에서 어렵게 생계를 이어가던 어부들을 만나주셨습니다. 그리스도는 그들의 눈을 쳐다보시고 그들을 원하셨습니다. 그리고 부르십니다. 부름에 순종합니다. 순종하고 나오니 예수님의 카리스마로 그들의 인생이 바뀌게 됩니다.

**첫째, 예수님의 카리스마의 최고봉은 역시 변화산 사건입니다.** "엿새 후에 예수께서 베드로와 야고보와 그 형제 요한을 데리시고 따로 높은 산에 올라가셨더니 그들 앞에서 변형되사 그 얼굴이 해 같이 빛나며 옷이 빛과 같이 희어졌더라"(마 17:1-2). 예수님께서 제자들이 보는 앞에서 그 얼굴과 온 몸에서 광채가 나는 모습으로 변화되셔서 모세와 엘리야와 함께 더불어 대화를 나누십니다. 예수님에게서 나오는 광채를 본 베드로는 정신이 혼미해져서 "주여! 우리가 여기 있는 것이 좋사오니 만일 주께서 원하시면 내가 여기서 초막 셋을 짓되 하나는 주님을 위하여, 하나는 모세를 위하여, 하나는 엘리야를 위하여 하리이다"(마17:4)라고 말합니다.

예수님이 변화산에서 그의 얼굴과 온 몸에서 광채가 나셨을 때도 에너지를 사용해야만 했을까요? 아주 개인적인 생각이지만 예수님은 광채를 내시기 위해 일부러 힘을 써야 하지는 않으셨을 것입니다. 온 몸에 힘을 쭉 빼고 긴장을 이완시키면 아주 자연스럽게 빛이 나오는 분이십니다.

요한은 예수님을 증언하기를 '참 빛 곧 세상에 와서 각 사람에게 비추는 빛'(요 1:9)이라고 합니다. '참'이라는 말에 사용되는 헬라어가 여러 가지가 있습니다. 그 중 가장 보편적으로 쓰이는 말이 '알레데스'라는 말로서 '진짜', '이상적', '순수한'이라는 뜻을 가지고 있습니다. 그러나 요한이 말한 것은 '알레디논'이었습니다. 그릇됨의 반대인 '참'이 아니라, 불완전의 상대적 개념인 완전을 뜻하는 말로서의 '참'을 의미합니다. 요한이 말했던 '참 빛'은 '불완전하며 인위적으로 만들어 낸 빛'의 반대말로 '완전하며 스스로 내는 빛'의 의미입니다. 또한 예수님은 '아버지의 독생자의 영광'이시기에 억지로 애써야 빛이 나는 분이 아니십니다.

예수님 자체가 빛이시기 때문입니다. 예수님은 어두운 죄 가운데서 인생을 구원해 주시는 구원의 빛이 되십니다. 하나님과 단절되어 인생의 의미와 목적을 상실한 채 살아가는 인생들에게 생명의 빛이 되십니다. 어두움은 죄의 세력을 의미합니다. 예수님은 십자가에 못 박혀 죽으시고 부활하셔서 어두움과 죄악의 세력을 물리치심으로 세상을 밝히셨습니다. 세상은 도덕적으로 혼돈스럽고 영적으로 하나님을 알지 못하여 죄 가운데 방황하고 있습니다.

그러나 예수님은 도덕적으로 어두워서 사망의 골짜기에서 헤매는 세상에 정신적인 빛으로 얼굴을 드러내시고 무지에서 벗어나 생명을 얻도록 도우십니다. 빛 되신 예수님 안에서 인생의 참된 의미와 목적을 발견하고 거룩하고 참된 길을 걸을 수 있기를 바랍니다. 빛 되신 예수님을 따르는 자는 어두움에 다니지 않습니다.

세상의 빛 되신 예수님을 따르게 될 때, 우리는 영적인 어두움에 있지 아니하고 참 생명의 빛을 얻게 됩니다. 빛이신 예수님께로 나아와 주님의 가르침과 인격과 삶을 통해 예수님을 구주로 믿고 의지하고 순종할 때 우리는 하나님에 대한 무지와 무능과 부패와 고난과 의심과 불안에서 벗어나 참 지식과 능력과 거룩함과 생명의 기쁨을 누리며 살 수가 있습니다.

또한 예수님은 자기를 믿고 따르는 자들을 향하여 '너희는 세상의 빛'이라고 말씀하셨습니다(마5:14). 어두움의 일을 벗어버리고 빛을 갑옷을 입어야 합니다(롬13:12). '빛의 열매는 모든 착함과 의로움과 진실함에 있다'고 했습니다(엡5:9). 빛 되신 예수님을 따르는 자로서 우리는 선한 행실에 힘써야 합니다. 날마다 성령으로 심령을 정화해야 합니다. 그러면 자신 안에 계신 예수님이 빛으로 역사하십니다. 자신은 순종하면 되는 것입니다.

**둘째, 사마리아 여인을 회복시킨 예수님의 카리스마**. 예수님의 카리스마를 보고 변화된 사람 중에 사마리아 여인이 있습니다. 요한복음 4장에는 수가성에 사는 사마리아 여인의 이야기가 기록되어 있습니다. 예수님이 유대를 떠나 갈릴리로 가실 때 사마리아 성을 지나가십니다. 당시에는 사마리아 사람들을 천시하는 분위기였기에 대부분의 사람들은 아무리 급한 일이 있어도 사마리아 성을 통과하지 않았습니다. 항상 먼 거리를 돌아서 다녔습니다.

그러나 예수님은 특별히 바쁜 일이 있었던 것으로 보이지 않는데도 그 성으로 들어가십니다. 더군다나 그 성에 있는 야곱의 우물에 잠시 쉬실 때의 시각이 정오였습니다. 그 시간은 좀처럼 여행하지 않는 시간입니다. 너무 더워서 쉬다가 해가 지고 나면 다시 여행을 하는 것이 일반적이었습니다. 하지만 예수님은 마치 그 시각에 맞춰 오시려고 서두른 사람처럼 보이셨습니다. 예수님은 야곱의 우물에 이르자 그 곁에서 지쳐 그대로 앉아 버리십니다. 그리고는 제자들에게 먹을 것을 구해오라고 동네로 들여보내십니다.

그 때 사마리아 여인이 나타났고 두 사람의 대화가 시작됩니다. 하지만 두 사람의 대화는 마치 동문서답 하는 듯 다소 이상해 보입니다. 예수님과 수가성 여인의 대화는 '물을 좀 달라'는 부탁으로 시작됩니다. 당시에는 유대인이 사마리아 사람과 상종하지 않을 때였는데도 불구하고 예수님은 이 사마리아 여인에게 물을 좀 달라고 부탁하셨습니다. 예수님은 이 땅에 오신 목적이 하나님의 나라를 만드시는 것이기 때문에 당시의 문화가 어떠하든 사마리아 여인에게 물을 달라고 하신 것입니다.

그런데 물을 달라는 말씀에서 영생하도록 솟아나는 샘물이야기를 거쳐 '가서 네 남편을 불러 오라'는 말씀으로 이어집니다. 대화는 다시 예배라는 주제로 바뀌고 마지막에는 메시야에 관한 이야기로 끝납니다. 물을 달라고 하셨던 예수님은 정작 물을 마시지 못하셨는데 여자가 물동이를 버려두고 동네로 들어가 버립니다. 다소 황당하다 싶은 대화였습니다. 이 대화가 끝났을 때 제자들이 먹을 것을 구해 와서 예수님께 드렸습니다. 하지만 예수님은 '내게는 너희가 알지 못하는 먹을 양식이 있느니라' 하시면서 드시지 않으셨습니다.

이런 여러 가지 상황들을 종합해보면 예수님은 사마리아 여인을 만나기 위해 서둘러 오셨던 것이고, 제자들을 동네에 보내신 것도 배가 고프셔서 먹을 것을 구하기 위해서가 아니라 이 여인과 단 둘이 말씀하시고자 제자들로 하여금 자리를 비키도록 일부러 동네로 보내셨던 것입니다. 물을 좀 달라고 하셨던 이유도 그저 여인에게 말을 걸기 위해 하신 말씀이었지 정말로 물이 마시고 싶었던 것은 아니었습니다.

또 다른 아이러니는 여자와 예수님이 하셨던 마지막 대화입니다. "하나님은 영이시니 예배하는 자가 영과 진리로 예배할지니라. 여자가 이르되 메시야 곧 그리스도라 하는 이가 오실 줄을 내가 아노니 그가 오시면 모든 것을 우리에게 알려 주시리이다. 예수께서 이르시되 네게 말하는 내가 그라 하시니라. 이때에 제자들이 돌아와서 예수께서 여자와 말씀하시는 것을 이상히 여겼으나 무엇을 구하시니이까, 어찌하여 그와 말씀하시나이까, 묻는 자가 없더라. 여자가 물동이를 버려두고 동네로 들어가서 사람들에게 이르되 내가 행한 모든 일을 내게 말한 사람을 와서 보라 이는 그리스도가 아니냐 하니"(요 4:24-29).

예수님과의 대화에서 확신을 얻지 못했던 여인이 메시야가 오면 그 분에게 다 물어볼 것처럼 이야기 합니다. 그러자 정작 예수님께서 자신이 바로 그 메시야임을 밝히자 더 이상 아무 말도 못하고 동네로 들어가 사람들에게 예수님을 증거합니다.

왜 아무 말도 못했을까요? 사마리아 여인은 보통의 여인들이 우물에 나오는 시간이 아닌 가장 더운 정오에 물을 길러 나온 것으로 보아 사람들을 만나기 싫어하는 것 같습니다. 예수님이 물을 달라고 하셨을 때 달라는 물은 주지 않고 따지기부터 하는 것으로 보아 남자들에게 많은 상처를 받았던 것도 같습니다.

남편이 다섯이 있었다는 것은 이 여인이 몸을 파는 여인이었을 수도 있으나 그보다는 당시 형이 죽으면 형수와 결혼해야 했던 형사취수제도(兄死取嫂制度)에 따라 여러 번 결혼하고 남편을 많이 떠나보내야 했던 여인일 가능성이 더 커 보입니다. 왜냐하면 예수님이 '지금 있는 자도 네 남편이 아니다'라고 하신 것으로 미루어 짐작해 보면 당시 제도에 의해 의무적 남편과 살고 있었을 거라 여겨집니다.

형사취수제도에 의해 결혼하는 경우는 형이 아들을 낳아주지 못했을 경우에 해당됩니다. 따라서 동생들은 본처가 따로 있었고 형수에게는 아들을 낳게 해서 형의 유업을 이어가게만 하면 되는 것이었기에 진짜 남편이라고 할 수 없었습니다. 창세기에 보면 유다의 며느리 다말의 이야기가 나옵니다. 다말이 장남 엘과 결혼했다가 엘이 죽자 둘째 오난이 다말과 결혼합니다. 하지만 오난은 다말에게 아들을 낳아줘 봐야 자기 것이 되지 못할 것을 알고 땅에다가 설정을 하고 하나님의 진노를 받아 죽었습니다. 사마리아 여인이 다말과 비슷한 경우였을 것이라고 생각되어집니다. 단순히 창녀였다고 하기는 예배에 대한 관심과 메시야를 기다리는 열망 등이 상당히 컸기 때문입니다.

이런 정황들을 놓고 볼 때 사마리아 여인의 아픔을 조금은 들여다 볼 수 있습니다. 장밋빛 미래를 꿈꾸며 사랑하는 사람과 결혼했다가 남편이 아이도 보지 못한 채 죽어버렸습니다. 여인으로서는 굉장히 참기 힘든 상처가 되었을 것입니다. 그런데 둘째도, 셋째도 그렇게 다 죽어버립니다.

어떤 이유가 됐건 이 여인은 남편을 잡아먹는 여인이라는 비난을 면치 못했을 것입니다. 이런 일이 계속되면 그 다음 남편은 이 여인을 가까이 하기 싫어했을 것이고 남편으로부터 사랑을 받는 일도 없었을 것입니다. 이 정도 되면 사는 것은 죽지 못해서일 뿐 모든 것이 괴롭고 짜증스러울 것입니다.

예배에 대해 관심이 큰 것으로 보아 아마도 하나님께 자신의 처지를 탄원했을 것입니다. 그러나 아무런 응답도 없습니다. 사람들은 하나님께서 예루살렘 성전에 계시므로 그곳에 가서 예배해야 한다고도 합니다. 하지만 예루살렘 성전은 이 불쌍한 사마리아 여인의 예배를 허락하지 않습니다.

여인이 기대할 수 있는 것은 이제 오로지 메시야 밖에 없습니다. 메시야가 오면 많은 것들을 따지고 싶었습니다. 왜 남편들은 일찍 자기 곁을 떠나야 했는지, 왜 자기에게는 아들을 허락하시지 않은 것인지, 왜 그토록 울며 기도했는데 침묵하셨는지 등등 묻고 싶은 것들이 한두 가지가 아니었습니다. 그런데 그토록 기다리던 메시야를 만났는데도 왜 아무 말도 못하고 동네로 들어가 버릴까요?

예수님께서 '내가 바로 그니라' 말씀하셨을 때 이 여인은 변화산에서 보여주신 카리스마의 일부를 보았습니다. 그 카리스마는 그동안 쌓여있던 주를 향한 원망과 아픔들이 눈 녹듯 녹아버리게 만들었습니다. 그래서 사람을 만나기 두려워했던 여인은 물동이마저 버려두고 동네 사람들을 찾아가 자신을 만나 준 주님에 대해 증거 하게 된 것입니다. 우리들도 성령님의 감동에 순종하면 예수님께서 우리들을 통하여 사람을 꿰뚫어보는 카리스마를 행하십니다. 전적으로 순종하는 우리를 통하여 주님이 행하시는 것입니다.

**셋째, 베드로를 통곡하게 만든 예수님의 카리스마**. 성경에 나오는 주님의 카리스마 중 가장 하이라이트는 역시 베드로를 통곡하게 만드신 그 카리스마입니다. 예수님이 붙잡히셔서 대제사장에게 심문을 받으실 때 베드로는 그 뜰에 있었습니다. 다른 사람들과 같이 불을 쬐고 있을 때 한 여종이 베드로를 알아보았고, 그가 예수님과 함께 있던 사람이었다고 말하자 베드로가 부인합니다. 다시 조금 후에 다른 사람이 또 '너도 그 당이라' 하니까 두 번째 부인합니다. 한 시간쯤 있다가 또 한 사람이 장담하며 "너는 갈릴리 사람이니 참으로 그와 함께 있었다."고 주장하자 세 번째 부인하고 있을 때 닭이 울었습니다.

그 때의 장면을 누가는 다음과 같이 증언합니다. "베드로가 이르되 이 사람아 나는 네가 하는 말을 알지 못하노라고 아직 말하고 있을 때에 닭이 곧 울더라 주께서 돌이켜 베드로를 보시니 베드로가 주의 말씀 곧 오늘 닭 울기 전에 네가 세 번 나를 부인하리라 하심이 생각나서 밖에 나가서 심히 통곡하니라."(눅22:60-62).

베드로를 통곡하게 만든 것은 닭이 울었기 때문이 아닙니다. "주께서 돌이켜 베드로를 보셨기" 때문입니다. 예수님이 눈에 힘주고 제자의 배신에 분노하시며 원망의 눈빛으로 노려보듯 하신 것이 아닙니다. 그냥 말 그대로 "돌이켜 보셨"습니다. 주와 눈이 마주친 베드로는 주님이 하신 말씀을 기억하며 나가서 심히 통곡하고 맙니다. 베드로가 주님의 말씀을 기억하며 통곡하게 만든 것은 주님과 눈이 마주쳤을 때 주님의 특유의 카리스마를 보았기 때문입니다. 우리들도 성령으로 거듭나 자신이 없어지고 전인격이 성령의 지배를 받으면 카리스마가 얼굴과 눈에 나타남으로 세상이 굴복하게 됩니다.

**넷째, 드러내지 않는 카리스마**. 이런 카리스마를 지니신 예수님께서 사람들에게 무기력하게 끌려가셨습니다. 그리고 사람들에게 엄청난 고문을 당하셨습니다. 그들은 예수님에게 사십에 하나 감한 매를 채찍으로 때립니다. 그 채찍은 동물의 뼈를 박은 채찍이었습니다. 그 채찍에 맞으면 맞은 자리에서 살점이 떨어져나가는 아주 무서운 채찍이었습니다.

그들이 예수님께 그 험한 채찍을 무자비하게 내리칠 수 있었던 것은 예수님께서 자신의 카리스마를 감추고 계셨기 때문입니다. 예수님께서 너무 견디기 힘들어 그 매를 맞지 않으려 하셨다면 큰 기적을 행하지 않고도 그냥 베드로를 쳐다보시듯 쳐다보시기만 해도 됐습니다.

마가복음 14장 65절에는 이런 말씀도 나옵니다. "어떤 사람은 그에게 침을 뱉으며 그의 얼굴을 가리고 주먹으로 치며 이르되 선지자 노릇을 하라 하고 하인들은 손바닥으로 치더라" 예수님이 침 뱉음을 당하셨다고 합니다. 너무 치욕스러운 일을 당하셨습니다. 그들은 주먹으로 얼굴을 때립니다. 하인들은 손바닥으로 쳤다고 합니다. 그 당시 주인이 하인을 때릴 때는 손등을 사용하여 때립니다. 자기보다 아랫사람이기 때문입니다. 친구들끼리는 손바닥을 사용합니다. 사람들이 주먹으로 때렸다는 말이 노예에게 하듯 했음을 의미하고 하인들에게는 같은 하인이라는 의미로 손바닥으로 때리게 했던 것입니다.

침 뱉고 주먹으로 치고 하인들에게 손바닥으로 치게 한 것은 아프게 하려는 의미보다 모욕감을 안겨 주려는 의도였습니다. 그들이 예수님을 그렇게 모욕스럽게 대할 수 있었던 것도 '그의 얼굴을 가리고' 했기에 가능했습니다.

군인들이 예수님을 끌고 브라이도리온이라는 뜰에 끌고 가서 온 군대를 다 모으고 그 앞에서 자색 옷을 입히고 가시관을 엮어 머리에 씌우고 갈대로 예수님의 머리를 때리며 침을 뱉는 등 온갖 희롱을 한 후에 십자가에 못 박으려고 끌고 나갔습니다. 군인들은 유대인이 아닙니다. 그들은 로마사람으로 이방인이었습니다. 예수님께서 이방인들에게까지 그런 멸시를 받지 않으실 수 있었습니다. 그저 사마리아 여인에게 '내가 그로다' 말씀하시던 그 눈빛으로 그들을 쳐다보시기만 했어도 됩니다.

하지만 예수님은 우리의 질고를 지고 우리의 슬픔을 당하시고 우리의 허물과 죄악을 담당하시고 우리로 평화를 누리고 우리가 나음을 받도록 하나님께서 우리 모두의 죄악을 담당케 하신 그 십자가를 온전히 지시려고(사 53:4-6) 자신의 카리스마를 모두 감추시고 이 모든 고난을 그냥 참아내십니다. 십자가에 매달려 많은 사람들에게 조롱과 멸시를 받으실 때도, 그들이 예수님에게 "만일 하나님의 아들이어든 자기를 구원하고 십자가에서 내려오라"(마27:40)할 때도 예수님은 끝까지 카리스마가 드러나지 않도록 애써 참으셨습니다. 하나님의 뜻을 이루기 위함입니다.

만약 사마리아 여인을 회복시킨 카리스마나 베드로를 통곡하게 만든 눈빛을 거기 모인 사람들에게 보여주셨다면 아마도 십자가에서 험하게 죽지는 않으셨을 것입니다. 이 모든 아픔과 고통과 멸시를 견디지 못하시고 변화산에서 제자들에게 보여주셨던 그 광채의 일부를 드러내셨다면 사람들은 기겁을 하고 예수님을 십자가에서 끌어 내리고 도리어 군인들을 십자가에 매달고자 했겠지요. 에스더 시절의 하만처럼 말입니다. 하만은 에스더의 삼촌이었던 모르드개를 미워하여 그를 매달아 죽이려고 긴 장대를 준비했다가 에스더의 지혜로 도리어 하만 자신이 준비한 장대에 매달려 죽었습니다. 하만은 자기가 들어갈 무덤을 스스로 판 격이 되었습니다.

**다섯째, 감춰진 카리스마를 발견하다.** 예수님은 십자가에서 전혀 자신의 카리스마를 드러내지 않으셨습니다. 어떤 의미에서 보면 오히려 예수님은 구속사역이 완성되기까지 십자가 위에서 엄청난 아픔 속에서도 온 신경을 곤두세워 그 카리스마를 사람들이 보지 못하게 최선을 다하셨을 거라는 생각까지 듭니다. 하지만 그렇다고 해서 십자가 위에 계신 주님에게서 그 카리스마가 없어진 것은 아닙니다. 다만 감춰진 것일 뿐입니다.

'카리스마'라는 단어는 바울이 즐겨 쓰는 표현이었습니다. 바울은 카리스마를 두 가지 방식으로 사용하는데 하나는 구원에서 하나님의 '값없는' 또는 '특별한' 은혜의 선물을 언급할 때 사용하고, 다른 하나는 기독교 공동체를 섬기는 데 필요한 능력을 표현할 때 사용합니다. 우리말로는 '은사'로 번역됩니다.

카리스마의 어원은 '카리스'입니다. 뜻은 '은혜'입니다. 은혜를 바탕으로 구원 얻게 만드는 힘이나 능력을 카리스마라고 합니다. 이 말이 현대에는 다른 사람을 매료시키고 영향을 끼치는 능력의 의미로 쓰입니다. 우리가 예수님을 믿을 수 있게 된 것이 바로 주님의 카리스마 때문이었습니다. 결국 카리스마는 은혜였습니다. 베드로를 통곡하게 만드신 주님의 은혜였고 사마리아 여인의 마음을 녹인 것도 역시 주님의 은혜였습니다. 십자가에는 주님의 카리스마가 교묘히 감춰져 있었습니다. 그것을 발견하지 못하고 사는 사람들이 있는가 하면 우리는 그 카리스마를 발견하고 십자가 앞에 엎드려 우리의 모든 죄를 자복하고 회개하게 됩니다.

교회에서 성도를 볼 때 어떤 이들은 사마리아 여인과 같이 많은 아픔을 가진 사람들이 보이기도 하고, 또 어떤 이들은 베드로처럼 뜨거웠던 열정이 식어져 버려 밋밋한 신앙생활을 하는 사람들도 보입니다. 십자가의 감춰진 카리스마를 발견하고 교회에 엎드려 있다고 해도 성도는 죽는 날까지 주님이 보여주시는 카리스마를 발견하며 살아야 합니다. 저 역시 삶의 고비마다 주님의 카리스마 덕분에 신앙을 잃지 않을 수 있었습니다. 차갑게 식어버린 열정을 다시금 불태울 수 있었던 것도 주님의 카리스마 덕분이었습니다. 날마다 십자가를 보면서 감춰진 것 같지만, 그 어느 때보다도 강렬한 주님의 카리스마를 발견하며 살아가는 성도가 되기를 기원합니다. 예수님으로부터 흘러나오는 카리스마를 사용하며 살아가시기를 바랍니다.

크리스천은 '예수 닮은 형상'을 가진 자들입니다. 그럼에도 그리스도인들이 자신들의 정체성을 분명히 갖지를 못하고 좌초된 배처럼 표류하고 있습니다. 우리가 '그리스도인'이라 할 때 이것은 하나님을 믿는 사람들의 표지인 것입니다. 그리스도인(크리스티아노이)이라는 말은 하나님의 자녀이고 하나님의 진정한 가족의 일부이며, 그리스도 안에서 새 생명을 받는 자들입니다.

바울은 그리스도인이 가져야 되는 그리스도인 됨의 자기 정체성에 대해서 너무도 분명하게 말합니다. “이 후로는 누구든지 나를 괴롭게 하지 말라 내가 내 몸에 예수의 흔적을 지니고 있노라”라고…. 너무도 멋지고 명쾌한 바울의 고백은 영적인 기백이 느껴지고 진정한 카리스마가 느껴집니다. ‘예수의 흔적’이라고 번역한 ‘스티그마타 투 예수’라는 의미는 핍박으로 말미암아 갖게 된 육체의 상처이기보다는 ‘예수 닮은 형상’을 말합니다. 당시 갈라디아 교회 안에는 바울의 가르침 보다는 교회 안에 침투가 된 율법주의자들의 가르침을 따르는 사람들이 훨씬 많았습니다.

이들은 육체의 할례를 강조하였고, 할례로서 구원받은 백성의 표로 삼고자 하였습니다. 이에 바울은 힘 있게 강조합니다. “너희는 할례로써 구원받은 백성의 표를 삼고자 하지만, 나는 내 몸에 예수의 형상을 지녔다. 이것은 내가 그리스도 말미암아 받은 은혜를 통해 만들어진 흔적이다.” 당시에 노예들이 도망치지 못하도록 그들의 몸에 표를 하였는데, 그것을 ‘스티그마’라 불렀습니다. 바울의 확고한 고백은 바울 자신의 노예 됨은 예수 그리스도의 사랑의 노예가 된 것입니다. 이 노예는 강제성이기 보다는 도리어 노예로 자처하며 살아가는 것을 말합니다. 누구의 강요나 억압이 아닌 십자가의 은혜로 인해 스스로 노예가 되는 것을 말합니다.

# 2장 모세 탈진극복과 카리스마와 권능

(민 11:14-18)“책임이 심히 중하여 나 혼자는 이 모든 백성을 감당할 수 없나이다. 주께서 내게 이같이 행하실진대 구하옵나니 내게 은혜를 베푸사 즉시 나를 죽여 내가 고난당함을 내가 보지 않게 하옵소서, 여호와께서 모세에게 이르시되 이스라엘 노인 중에 네가 알기로 백성의 장로와 지도자가 될 만 한 자 칠십 명을 모아 내게 데리고 와 회막에 이르러 거기서 너와 함께 서게 하라. 내가 강림하여 거기서 너와 말하고 네게 임한 영을 그들에게도 임하게 하리니 그들이 너와 함께 백성의 짐을 담당하고 너 혼자 담당하지 아니하리라”

하나님은 영이십니다. 영이시면서 하나님은 살아계십니다. 하나님은 탈진을 통하여 자신의 나약함을 보게 하시고, 하나님의 은혜로 일어서게 하십니다. 탈진에 빠지는 것은 나쁜 것만은 아닙니다. 누구나 탈진에 빠질 수가 있다는 것입니다. 하나님은 탈진을 극복하여 한 차원 높은 카리스마적 권능을 나타내어 사용하는 크리스천이 되게 하십니다. 목회자나 성도들이나 할 것 없이 탈진을 극복하는 비결을 터득해야 합니다. 자기가 자기를 관리하는 방법을 스스로 터득해야 합니다. 목회자를 탈진에 빠지지 않도록 조언해줄 사람은 교회 내에 아무도 없습니다. 오로지 성령님만이 탈진에 빠지지 않도록 경각심을 갖게 하십니다. 그러므로 본인 스스로 성령님의 인도를 받으면서 자기를 관리하는 자기만의 비결을 터득해야 합니다.

목회자는 자신을 관리해 줄(신경써줄) 사람이 없는 것이 특징입니다. 오로지 동행하시는 성령님뿐입니다. 반대로 성도들의 고민을 들어주기 위해 전화기는 24시간 대기조입니다. 문제는 목회자들이 성도들을 관리하고 목회사역에 전념하다보면 언젠가 탈진 현상이 찾아오는 것입니다. 탈진이란 문자 그대로 힘과 기운이 완전히 빠져 정서, 신체, 사회생활 전반에 걸쳐 피로와 무력증을 느끼는 것입니다. 요즈음 세상에서도 '번아웃신드롬'으로 '번아웃(Burn-out)'은 '타버리다, 소진하다'라는 뜻으로 탈진을 조심하라고 했습니다. 목회자가 탈진상태에 이르면 성도들을 목양하는데 영향을 미치고, 목회에 대한 의욕을 잃고, 신체의 질병, 부부간의 갈등을 초래하므로 건강한 사역자가 되려면 스트레스를 해결할 수 있는 나름대로의 비결을 터득해야 합니다. 성도들도 마찬가지입니다. 세상에서 사업과 직장 일을 하면서 당하는 스트레스로 인하여 탈진에 빠질 수가 있기 때문입니다. 탈진에 빠지는 사람들은 주로 '마르다 콤플렉스'에 빠진 완전주의자들이 많습니다. 마르다 콤플렉스란 마르다가 예수님을 대접하기 위해 분주하게 음식을 준비하느라, 예수님의 말씀 듣기(자기 관리)를 소홀히 한 것을 비유한 것으로 목회자들이 성도들을 돌보느라 정작 자신을 돌보지 못하는 상황을 의미합니다.

탈진은 남을 도와주는 직종에 종사하는 사람들에게서 주로 발생합니다. 원인은 스트레스. 과도한 업무, 하기 싫은 일을 억지로 할 때, 대하기 어렵고 같이 있고 싶지 않은 사람들과 함께 일하면서 겪는 갈등, 급변하는 환경, 자존감이 낮거나 완벽 주의적 성격, 지식의 고갈, 심리적 부담감, 영적갈등 등을 겪다보면 소명은 점점 시들해집니다. 소명이 시들어지면서 영력과 체력이 소모됩니다. 특히 겸손하면서도 강력해야 한다는 것, 종이 되면서도 지도자가 돼야 한다는 상반되는 심리 사이에서 에너지를 소진하기도 합니다. 자신이 하는 일에 재미나 흥미를 느끼는 것이 아니라, 부담을 느끼면서, 힘들어 하면서, 버거워하면서 일을 할 때 스트레스가 쌓이게 됨으로 얼마가지 않아 탈진에 빠지는 것입니다. 정확하게 말하자면 자신의 내면세계가 약하기 때문에 탈진에 빠지는 것입니다. 그래서 행복은 자신이 하고 싶은 일을 예수님 안에서 늙도록 하는 것입니다. 일에 재미가 있으니 영육의 무리가 생기지 않는 것입니다.

어떻게 이 탈진을 극복할 수 있을까요? 마가복음 6장 31절에 “따로 한적한 곳에 와서 잠간 쉬어라”고 한 것처럼, 예수님 자신도 한적한 곳에 가서 쉬셨습니다. 쉬신 것이 잠을 주무신 것이 아니고 기도하면서 영적인 충전을 하신 것입니다. 세상 사람들은 가끔 여행을 즐기고 아무도 없는 곳에서 시간을 보낼 것을 권면합니다. 또 식사 수면 운동 등에 좋은 건강습관을 만들고, 일과 가정을 분리하며, 배우자 또는 친구들이 포함된 정서적인 모임을 만드는 것도 바람직하다고 합니다. 뿐만 아니라, 일의 우선순위를 정하고 거절할 것은 거절하고 마음에 분노를 쌓아두지 말아야 한다고 합니다. 그러기 위해서는 유머와 웃음을 잃지 않고 의도적으로 노래를 즐겨 부르는 것도 한 방법이 될 수 있다고 합니다. 이는 어디까지나 세상 사람들의 방법이고 이론일 뿐입니다. 이렇게 해도 쌓인 스트레스가 해소되지 못합니다. 아니 이렇게 실천하기도 버거울 것입니다.

평소에 자신의 내면세계를 생명의 말씀과 성령으로 정화하여 강하게 하는 영적활동을 해야 합니다. 필자는 하나님께서 탈진을 겪도록 하는 것은 부실한 내면을 강하게 하기 위한 배려라고 생각합니다. 탈진을 겪으면서 기도하여 자신의 나약함을 알게 하고, 자신 안에 하나님께서 임재 하여 성전삼고 계신 것을 체험하고, 성전이 견고하게 지어짐과 동시에 내면을 강하게 하려는 하나님의 섭리라고 보는 것이 맞는다고 생각합니다. 스트레스 뒤에는 영적인 문제가 있기 때문입니다. 스트레스는 잠재의식에 형성되어 있습니다. 잠재의식에 형성된 스트레스는 세상의술이나 방법으로 해소가 불가능하다고 생각하는 것이 정확합니다. 성령으로 기도하여 영에서 성령의 기름부음이 올라와야 잠재의식이 정화되는 것입니다.

그러므로 성령으로 충만한 상태에서 기도하면서 심령을 정화하는 것입니다. 이렇게 영적인 상태에서 기도하면서 풀어야 잠재의식에 형성된 스트레스가 정화되는 것입니다. 만성스트레스가 되기 전에 정화해야 합니다. 세상 적이고 인간적인 방법으로는 탈진을 극복할 수가 없습니다. 가장 중요한 것은 성령으로 충만한 깊이 있는 영적 생활로 스트레스의 영향에서 벗어나는 것입니다. 성령의 지배를 받는 영의 상태에 들어가는 것은 탈진의 해독제가 됩니다. 문제는 하루하루 스트레스를 정화하는 자신만의 비결을 터득하여 적용하는 것이 중요합니다. "여호와께서 그 백성의 상처를 싸매시며 그들의 맞은 자리를 고치시는 날에는 달빛은 햇빛 같겠고 햇빛은 칠 배가 되어 일곱날의 빛과 같으리라"(사 30:26). 매일 성령의 임재가운데 말씀을 묵상하는 시간과 깊은 영의 기도로 심령을 정화하는 시간을 갖는다면 목회자뿐만 아니라, 평신도들도 삶의 투쟁에서 자유함과 평화를 누릴 수 있을 것입니다. 문제는 만성 스트레스에 걸리지 않도록 하는 것입니다. 만성스트레스에 걸리지 않도록 매일매일 자기 관리를 해야 합니다. 자신은 자신이 관리해야 합니다. 어떤 분들은 하나님께서 건강을 책임져주신다고 말합니다. 그러나 이것은 어디까지나 바람이고 자신의 건강을 자신이 챙겨야 합니다.

이제 본격적으로 모세가 탈진을 극복하고 카리스마적인 권능을 가지고 하나님의 사명을 감당한 사실을 성경을 통하여 알아보겠습니다. 광야에서의 40년 동안 그가 경험한 것은 "나는 스스로 아무것도 할 수 없어. 나는 못난이야. 나는 능력이 없어. 나는 형편없는 존재야." 하나님의 도움 없이 살아갈 수가 없다는 것을 체험한 것입니다. 그래서 하나님께서 자신을 민족의 지도

자로 세우시려고 할 때도 그는 쉽게 받아들이지 못하고 거부했습니다. "안 하겠습니다. 내게 무슨 능력이 있습니까? 내가 무슨 지도자가 될 만한 사람입니까?" "모세가 하나님께 아뢰되 내가 누구이기에 바로에게 가며 이스라엘 자손을 애굽에서 인도하여 내리이까?(출애굽기 3:11)" 모세는 이렇게 말합니다. "내가 어떻게 바로 왕이라는 거대한 권력자 앞에 설 수 있겠습니까! 내가 도대체 어떻게 이 백성을 인도해 낼 수 있겠습니까! 난 못 합니다. 나는 말도 잘 못해요. 지도자가 될 만한 자격이 없어요." 그러나 결국 순종합니다.

**첫째, 모세가 영육으로 지치게 된다.** 이스라엘 백성들이 행진을 계속합니다. 시내광야를 지나 바란 광야에서 머물게 되었습니다. 그때 모세가 탈진에 빠지는 모습이 민수기 11장에 나오고 있습니다. 15절을 보면 "나를 죽여 내가 고난 받는 것을 보지 않게 하소서"하고 한탄합니다. 모세가 이렇게 한탄하는 데는 이유가 있습니다. 1절을 보면 "백성들이 악한 말로 원망하매…."라고 말씀합니다. 백성들이 원망했고 불평했습니다. 그래서 모세가 지친 것입니다. 원망과 불평은 공동체로 하여금 병들게 합니다. 지도자로 하여금 사기를 떨어뜨리게 합니다. 그리고 전진을 가로막는 걸림돌 역할을 합니다. 그때 누가 불평을 했는가 하면 4절을 보면 "그들 중에 섞여 사는 다른 인종들이"라고 말씀합니다.

여기 다른 인종은 애굽에서 10가지 재앙이 내려 하나님이 이스라엘 민족을 형통하게 하실 때 애굽인들과 타 인종들이 그 모습을 부럽게 보고 느꼈던 사람들입니다. 그래서 그들은 이스라엘 백성들이 출애굽 할 때 함께 나왔습니다. 출애굽기12장 38절을 보면 "수많은 잡족들이" 그랬는데 이들이 바로 그들입니다.

그들이 왜 불평을 했는가 하면 4절을 보면 "그들이 탐욕을 품었다"고 했습니다. "누가 우리에게 고기를 주어 먹게 하랴, 우리가 애굽에 있을 때에는 값없이 생선과 오이와 참외와 부추와 파와 마늘들을 먹은 것이 생각나거늘"(4-5)하고 원망합니다. 그랬더니 4절을 보면 "이스라엘 자손들도 울며… 불평하였다"고 했습니다. 그러니까 이 비 이스라엘 민족들 즉 잡족들이 충동질 하고 불평을 주도하였다는 말입니다. 그러자 이스라엘 백성들이 따라서 울며불며 고기를 달라고 불평을 하였다는 것입니다. 이들은 배가 고파서 불평한 것이 아닙니다. 이미 만나를 먹고 있을 때 고기를 달라고 불평하였습니다. 10절을 보면 "백성의 온 족족들이 각기 자기의 장막 문에서 울었다"고 했습니다. 소수의 잡족들이 불평을 시작하니까 그 불평이 점점 확대되어 "나중에는 백성의 온 족속들이 자기 장막 문에서 울었다"고 했습니다.

데모하는 것을 보면 처음부터 많은 사람들이 몰려드는 것이 아닙니다. 처음에는 몇 명의 시위대가 시위를 시작합니다. 그러면 얼마 안가서 시위대가 시청 앞 광장을 메우게 되는 것입니다. 그 모습을 모세가 보았습니다. 기가 막혔을 것입니다. 여기가 광야인 것도 모르고 고기를 달라고 불평하면서 울고 앉아있는 백성들이 무지하고 철없게 보였을 것입니다. 순간 모세가 힘을 잃습니다. 지칩니다. 사기를 잃습니다. 너무 힘겨운 백성들입니다. 그래서 모세가 하나님께 한탄합니다. 11절을 보면 "어찌하여 주께서 종을 괴롭게 하시나이까, 어찌하여 내게 주의 목전에서 은혜를 입게 아니하시고 이 모든 백성을 내게 맡기사 내가 그 짐을 지게 하시나이까?" 모세가 마침내 감정을 폭발합니다. 그렇지 않아도 지금까지 백성들이 하는 짓을 보니 정이 떨어졌었는데 오늘 모습을 보니까 완전히 정이 떨어집니다. 그래서 탈진합니다. 기진맥진 합니다. 모든 힘을 소진합니다. 만사가 귀찮았을 것입니다. 그래서 하소연을 한 것입니다. "내게 은혜를 베푸사 나를 죽여 내가 고난당함을 보지 않게 하소서"(15절). 그 말은 한마디로 "죽고 싶다"는 말입니다.

오늘 모세의 모습은 어제의 모습과 너무 다릅니다. 이것을 탈진이라고 합니다. 번 아웃되었습니다. "기름이 소진되었다" 그 말입니다. 부모들이 하나도 아니고 여러 아이가 한꺼번에 속을 썩일 때 하는 말이 "자식이 원수여!", "무자식 상팔자여!"라고 말합니다. 욥이 "내가 태어났다고 모두 좋아하던 날 죽었더라면"하고 탄식합니다. 엘리야가 이세벨의 도전을 받고 "내가 족하오니 죽여주소서!"하고 탄식합니다. 똑같은 말입니다. 사람의 일생은 항상 평온한 것이 아닙니다. 큰소리치면 안 됩니다. 조금 성공했다고 자만해도 안 됩니다. 모세의 그 권위, 기적, 능력, 애굽의 바로를 이기고 여기까지 백성을 끌고 옵니다. 모세는 권위 있는 강력한 지도자였습니다. 카리스마가 넘칩니다. 그런데 백성들이 불평 불만할 때 탈진합니다. 그리고 "죽여주소서!"하고 하소연을 합니다. 사람은 이런 때가 있습니다. 그래서 사람은 언제든지 큰 소리 치면 안 됩니다. 내가 언제 어떻게 될지 자랑할 일이 아닙니다. 항상 경성해야 합니다.

**둘째, 모세의 영적 탈진의 원인.** 모세의 영적 탈진의 원인은 무엇입니까. 그것은 과로와 격무 때문입니다. 사람은 아무리 능력을 소유한 사람일지라도 자기 능력에 한계가 있습니다. 혼자 일 못합니다. 하나님도 혼자 일하시지 않습니다. 예수님도 혼자 일하지 않으셨습니다. 하나님은 계획하시고, 예수님은 계획을 이루시고, 성령님은 알게 하시면서 일하십니다. 성부·성자·성령은 삼위일체 한 하나님이십니다. 하나님은 믿는 사람을 통하여 일하십니다. 그래서 부족하지만 우리를 부르신 것이고, 제자들을 부르신 것입니다. 그런데 모세는 혼자 일했습니다. 혼자 권위적으로 일하고 나를 따르라고 호령하기를 좋아했습니다. 그러면 곧 한계가 오게 됩니다. 격무는 사람을 지치게 만듭니다. 오늘 혼자 일하는 스타일이 있습니다. 회사나 교회에서 일을 독점하는 사람들이 있습니다. 그것은 일 잘 하는 것이 아닙니다. 혼자 일하는 사람은 가장 서툰 사람입니다. 그러다가 사람들이 쓰러지는 것입니다. 모세가 격무 때문에 한계에 부딪치게 된 것입니다. 능력 있는 지도자는 되도록 많은 사람들에게 일하며 움직이게 만듭니다. 하나님과 예수님은 우리들에게도 제자들에도 일을 맡겨 놓으시고 가셨습니다. 그리고 능력을 주시고 감당하게 하십니다.

**셋째, 하나님께서 모세의 영적탈진을 해결하여 주신다**. 모세는 그 탈진을 어떻게 극복하였습니까. 하나님께서 해결해 주셨습니다. 필자도 탈진에 빠졌을 때 깊은 영의기도 가운데 위로하여 주시고 음성으로 앞길을 알려주시는 것을 듣고 서서히 탈진을 극복하였습니다. 해결방안이 3가지입니다.

**1. 업무 분담입니다.** 16-17절을 보면 이렇게 말씀하십니다. "백성중 지도자 될 만한 사람 70명을 데리고 오라 내가 그들에게 영을 주어 네 짐을 담당하게 하리라" 이것이 오늘날 장로제도의 시초입니다. "그들이 너를 도와 너 혼자 담당하지 아니하리라" 모세는 그 위기를 업무 분담으로 해결하게 합니다. 즉 백성들의 불평을 70명의 장로들이 함께 담당하여 처리하게 하였습니다. 그동안 모세 혼자서 일을 감당하였습니다. 재판도 혼자 하였습니다. 그곳에 장정만 60만 명이 모였습니다. 일반인까지 포함하면 300만 명이나 되었을 것입니다.

가축들은 모래처럼 많았습니다. 울타리도 없이 300만 명이 모여 광야에서 하루 저녁 잠자고 나면 그동안에 무슨 일인들 없었겠습니까. 그러면 다음날 모세 혼자서 재판을 하였습니다. 뙤약볕에서 백성들은 길게 줄서 있었고 모세는 혼자 듣고 판결하였습니다. 일을 이렇게 혼자 하면 안 됩니다. 그러니까 몸과 마음과 영이 피곤해지는 것입니다. 몸과 마음이 피곤해지면 짜증이 나게 되어 있습니다. 그 상태에서 모세가 불평불만을 듣게 됩니다. 모세는 그 순간 탈진하게 되고 탈진에 빠지게 된 것입니다. 그래서 적당한 분담이 필요합니다. 집안 가사도 교회일도 직장 일도 서로 분담하는 것이 중요합니다. 분담에 참여자가 많은 것은 좋은 현상입니다. 이것은 그 공동체가 건강하다는 증거입니다. 거기에 능률이 있습니다. 적당한 쉼도 있습니다. 그런가 하면 팔짱만 끼고 있는 분들도 있습니다. 이런 분들이 또 뒤에서 불평불만을 많이 합니다. 고로 그 공동체가 약화되는 것입니다.

**2. 백성에게 응답하셨습니다.** 18절을 보면 "고기를 실컷 한 달 동안 먹게 하시겠다."고 하셨습니다. 그 순간 모세의 눈이 번쩍 뜨였습니다. 반가워서가 아니고 기대감에서도 아닙니다. 너무 하나님 말씀이 황당해서 입니다. 그래서 22절에서 말하기를 "그들을 위하여 양떼와 소떼를 잡은 즉 족하오며 바다의 모든 고기를 모은즉 족하리이까?"하고 말합니다. 모세는 그 정황에서도 "왜 불가능한 말씀을 하십니까?" 하고 항변을 하고 있습니다. 이 백성이 장정만 60만 명인데 노약자 여자 아이들까지 하면 300만 명 이상이 될 것인데 무슨 재주로 그들에게 싫도록 코에서 고기냄새가 날 때 까지 한 달 동안 먹게 하신다는 말씀입니까 그 말입니다. 그러니까 모세가 피곤하고 짜증나고 탈진한 것입니다. 탈진이라는 말은 영적 육체적 탈진이라는 말입니다. 지금 모

세의 귀전에는 백성들의 불평불만 소리만 들리고 있습니다. 물을 달라, 고기를 달라 아우성 소리만 듣고 있습니다. 지금 몸도 마음도 피곤에 지쳐 있는데 고기를 달라는 그 불평소리에 순간 질려버렸습니다. 그래서 모세는 그만 마음속이 상할 대로 상해 있었던 것입니다.

그 순간 어제의 기적, 어제의 감격과 놀라움과 은혜는 다 잊어버린 것입니다. 엊그제 있었던 출애굽의 기적이나 홍해를 건널 때 나타났던 기적들은 생각도 나지 않습니다. 매일 아침마다 하늘에서 만나가 내렸고, 오늘 아침도 그것을 먹었습니다. 지금 불기둥과 구름기둥 밑에서 살아가고 있습니다. 바위에서 나오는 물을 마시고 있습니다. 오늘 아침도 그 물을 마셨습니다. 그런데 오늘 여기서 또 기적이 일어날 줄은 상상도 못하고 있는 것입니다. 이것이 인간의 한계입니다. 그래서 모세가 그 순간 깜짝 놀라서 "왜 불가능한 말씀을 하시는 겁니까?"하고 항변을 한 것입니다.

우리들이 영적으로 탈진에 빠지면 이렇게 인간적이 됩니다. 그러다가 우리 앞에 큰 문제가 발생하게 되면 엊그제의 기적, 미래의 소망도 다 잊게 됩니다. 사람이 영적으로 탈진하게 되면 신앙의 눈이 멀게 됩니다. 오늘 가정에 큰 문제가 발생하면 감당하기 어려워지게 됩니다. 그러면 그때 주어진 현실은 훨씬 더 크게 보입니다. 더 무섭게 보입니다. 더 감당하기 어렵게 보입니다. 영적 탈진은 이렇게 무서운 것입니다. 한시라도 빨리 회복해야 합니다. 하나님은 모세에게 일을 분담시키셨습니다. 생각할 시간을 주시고 쉼의 여유를 주셨습니다. 그리고 백성에게 고기를 먹게 하시겠다고 약속하셨습니다.

**3.불평불만을 야기한 사람들의 징계입니다.** 민수기11장 31절을 보면 하나님은 바람으로 바다의 메추라기를 끌어오십니다. 메추라기는 철새입니다. 그 지역은 철새 이동지역입니다. 하나님은 동남풍을 이용해서 철새들을 몰아오셨습니다. 그랬더니 하룻길 즉 32km 정도의 넓은 지역에 두 큐빗 높이 즉 1m 높이로 쌓였다고 했습니다. 32절을 보면 "백성들이 메추라기를 주어 음식을 만들어 먹었다"고 했고, 33절을 보면 "고기가 아직 이 사이에 있어 씹히기 전에 여호와께서 백성에게 대하여 진노하사 심히 큰 재앙으로 치셨다"고 했습니다. 그리고 34절을 보면 "욕심을 낸 백성들을 거기에 장사지냈다"고 했습니다.

여기서 생각할 것이 하나 있습니다. 하나님은 백성들이 모세에게 불평 불만한 것을 모세에게 한 것이 아니고 하나님께 한 것으로 해석하신 것입니다. 하나님을 불신한 것으로 해석하셨습니다. 그래서 하나님은 이 문제를 징계로 마무리 하신 것입니다. 그중에서도 불평불만을 주도자들이 있었습니다. 이 불평불만은 모세에게 하는 것이 아닙니다. 하나님께 한 것입니다. 그래서 하나님은 무섭게 책임을 물으신 것입니다. "고기가 아직 이 사이에 있어 씹히기 전에 여호와께서 백성에게 대하여 진노하사 심히 큰 재앙으로 치셨다"고 했습니다.

성령의 감동을 받고 예수를 믿어 세상에서 나온 우리는 하나님으로 만족하는 법을 배워야 합니다. 하나님께서 주시는 것 외에 다른 것을 추구하면 하나님과 관계가 단절됩니다. 하나님은 우리들의 소욕을 충족하여 주십니다. 하나님께서 주시는 것으로 만족을 누릴 줄 아는 크리스천이 하나님의 자녀입니다. 오늘 현대의 신앙인들은 이 영적 탈진을 조심해야 합니다. 현대인들의 탈진이 어디서 오는가 하면 업무의 과중에서 옵니다. 인간적인 욕심에서 옵니다. 사람의 인체 능력은 한계가 있습니다. 무시하고 계속 과도하게 일하면 영적 탈진이 오게 됩니다.

**넷째, 모세의 카리스마의 근원의 비밀**. 카리스마는 '영적인 선물'로 이해되어야 하며, 이것은 은혜의 구체화, 즉 인간 피조물에 대한 하나님의 관대하시고 권세 있는 관심의 구체적인 표현을 의미합니다. 예수를 믿고 성령으로 거듭난 크리스천은 카리스마가 선물로 주어졌습니다. 신앙인 우리는 예수님에게서 언제나 그 해답을 찾으며, 제자다운 삶을 위해 기도하며 행동하려고 합니다. 예수님에게서 보여진 카리스마를 생각해 봅니다. 카리스마라는 말은 헬라어로 하나님이 거저주시는 은총에 대한 표현으로 선물, 은사를 의미합니다. 모세는 하나님과 대면하면서 하나님께서 지시하는 대로 순종하는 카리스마적 권능입니다. 하나님의 카리스마적 권능이 모세를 통하여 100% 나타나는 것입니다. 모세는 이스라엘의 역사에서 가장 우뚝한 인물입니다. 그는 어느 특정 범주에 갇히지 않는 멀티플레이어형 영도자였습니다. 그는 본디 레위 인들의 가문에 속하였지만(출2:1), 예언자이자(신34:10), 입법자요, 판관(행6:14), 곧 영도자로서 이스라엘 백성을 약속된 땅까지 인도하는 역할을 수행했습니다. 요즈음으로 치면, 입법·사법·행정 3권을 관장했을 뿐 아니라, 종교적 리더십까지 행사했던 셈입니다. 후대 역사가들은 그의 독보성을 이렇게 집약합니다. "그 후에는 이스라엘에 모세와 같은 선지자가 일어나지 못하였나니 모세는 여호와께서 대면하여 아시던 자요, 여호와께서 그를 애굽 땅에 보내사 바로와 그의 모든 신하와 그의 온 땅에 모든 이적과 기사와 모든 큰 권능과 위엄을 행하게 하시매 온 이스라엘의 목전에서 그것을 행한 자이더라(신 34:10-12)"

하나님과의 대면 대화, 이집트 파라오를 제압한 온갖 기적들, 시내산에서 받은 십계명 등 희대의 사건들을 통해 드러난 모세의 면면에 대한 칭송입니다. 워낙에 교양의 일환으로도 두루 알려진 바이니, 그가 하나님의 권능을 빌려 연출한 이스라엘 백성의 이집트 탈출 및 광야 행군을 굳이 상세히 기술할 필요는 없을 것입니다. 전대미문의 카리스마! 도대체 그것이 발원된 비밀은 무엇일까요? 신명기는 그 답을 한 문장으로 제시합니다. "이 사람 모세는 온유함이 지면의 모든 사람보다 더하더라(민 12:3)" 주님께서는 모세의 충실함과 온유함을 보시고 그를 거룩하게 하시어 만인 가운데에서 그를 선택하셨습니다.

무슨 주석과 설명이 더 필요하겠습니까? '겸손'과 '온유'는 '순종'의 덕과 같은 과에 속하는 단어들로서, 사실상 순종을 가리킵니다. 모세는 온전하게 순종하였습니다. '충실함'은 '충직'을 가리킵니다. 요컨대, 모세의 카리스마는 100% 하나님 표 권능이라는 말입니다. 하나님 일에 부름 받은 이들이 반드시 가슴에 새겨두어야 할 대목입니다. 어디에서나 모세는 없었습니다.

출애굽 하는 그날 그 장관? 경천동지(驚天動地)할 기적들? 홍해 바다의 갈라짐? 돌 판에 새겨진 십계명? 거기 모세는 없었습니다. 오직 하나님만 존재했을 뿐입니다. 모세는 그저 즐거운 바지 슈퍼맨, 진짜배기는 여호와 하나님이십니다. 카리스마? 말뜻 그대로 깡그리 그분으로부터 받은 것입니다. 그냥 분부하신 대로 따랐더니, 그냥 한눈팔지 않고 끝까지 의리를 다했더니, 천하를 호령할 권능이 하늘에서 마구 쏟아졌을 뿐. 내 손에 들린 지팡이가 증언합니다. "여호와는 말의 힘이 세다 하여 기뻐하지 아니하시며 사람의 다리가 억세다 하여 기뻐하지 아니하시고, 여호와는 자기를 경외하는 자들과 그의 인자하심을 바라는 자들을 기뻐하시는 도다(시편 147,10-11)" 말씀하십니다.

우리는 모세의 형형한 눈에 반하지 말고, 우주 끝에서 끝을 꿰뚫는 하나님의 안광(眼光)에 빠져야 합니다. 모세를 경탄치 말고, 모세의 막후 여호와 하나님을 숭상해야 합니다. 카리스마적 권능을 갖고자 하는 분들에게 모세는 비밀이자 비결이자 답입니다. 큰일을 꿈꾸는 자들이 도대체 무엇을 구비해야 하는지, 그것을 가르쳐 주는 선생님입니다. 주님 앞에 겸손한 자, 곧 순종하는 자만이 바다를 가르는 카리스마를 행할 수 있음을 깨닫게 합니다.

# 3장 엘리야 탈진극복과 카리스마와 권능

(왕상 19:1-14)"(4) 자기 자신은 광야로 들어가 하룻길 쯤 가서 한 로뎀 나무 아래에 앉아서 자기가 죽기를 원하여 이르되 여호와여 넉넉하오니 지금 내 생명을 거두시옵소서 나는 내 조상들보다 낫지 못하니이다 하고"

엘리야로 하여금 영적탈진의 전형을 우리에게 보여주고 있습니다. 엘리야는 바알의 제사상 450인과 아세라 선지자 400인과 갈멜산 정상에서 영적대결을 청하여 여호와만이 하나님이심을 증명해 보이고, 큰 승리를 거두게 되었습니다. 이 승리의 기세로 우상의 심장부였던 이스르엘로 달려가서 바알 종교를 완전히 멸절시키려고 했습니다. 그러나 이세벨의 대적으로 좌절되게 되었을 뿐만 아니라, 자신의 생명도 부지할 수 없게 됩니다. 그는 갈멜산의 대결투에 온 힘과 정신과 영력을 다 기울여서 승리하기만 하면 모든 것을 끝일 줄 알았는데 너무나도 허탈하게 된 것입니다.

엘리야의 마음에 찾아온 것은 실망과 좌절과 낙담이었습니다. 그 때에 엘리야에게 영육의 탈진이 찾아왔습니다. 육체적 정신적 피로로 인해서 엘리야는 기진맥진해 더 이상 이세벨과 싸울 힘이 없었습니다. 자신의 사역이 실패했다는 자괴감으로 그는 낙담하여 그곳을 도망치게 됩니다. 그에겐 이 탈진상태에서 벗어나 육체적, 정신적, 영적 재충전이 필요했습니다. 그래서 그는 하나님의 산 호렙으로 도망을 칩니다. 그래서 그는 "여호와여 넉넉하오니 지금 내 생명을 취하옵소서"(왕상19:4)라고 울부짖습니다. 그는 완전히 탈진했습니다. 죽기를 간구할 정도로 극도로 쇠약해져 있었던 것입니다.

몇 년 전 연세가 지극하신 어느 목사님께서 저에게 전화를 하셨습니다. 하시는 말씀이 "자신이 젊었을 때에 큰 은혜를 받아 뒤늦게 목사(그 분은 47세에 목사가 되었음)가 되었는데 목사가 된 이후 7년 되었을 때 영적 탈진이 온 후로 그 이전의 은혜를 회복하지 못하고 결국은 목회를 마치게 되었다"고 말씀하셨습니다. 목사님이 하시는 말씀이 우리나라에 능력이 있다는 목사님에게 찾아가 안수를 받아도 소용이 없었다는 것입니다. 정말 수도 헤아리기 어려울 정도로 많은 목사님에게 안수를 받았다는 것입니다. 그래도 효과가 없어서 한의원에 찾아가 한약을 1년을 먹었어도 끝내는 그 은혜를 회복하지 못했노라고 하면서 자신의 사역을 후회하는 말을 들었습니다.

그래서 필자가 이렇게 말했습니다. 목사님! 목사님은 탈진을 다른 목사님들을 통하여 해결하려고 한 것이 잘못된 것입니다. 안수 한 번에 탈진을 해결하려고 시도한 것이 잘못입니다. 한 곳에 정착하시면서 하나님께 기도하여 세미한 음성을 들었어야 했습니다. 하나님의 음성을 듣고 순종했으면 탈진은 회복이 되었을 것입니다. 성경에 나오는 모세나 엘리야나 예레미야나 히스기야나 모두 하나님의 음성을 듣고 탈진을 극복하였습니다. 이렇게 말씀을 드렸더니 당시에는 그런 영적인 비밀을 알지 못했다는 것입니다. 이 분은 영적인 안목이 넓지 못하여 목회를 포기한 것입니다. 지금 교계에는 사모님이 영육으로 탈진에 빠져서 목회를 하지 못하는 분들도 많습니다. 우울증, 조울병, 조현병으로 고생합니다. 이런 분들의 간증을 들을 때 분명 영적 탈진은 목회에 있어서 어두운 그림자임에 틀림없습니다. 목회자가 탈진이 찾아왔다면….

**첫째로 하나님과 사람과 함께 이제는 "자신"를 돌아봐야 할 시점이 되었다는 것입니다.** 갑자기 이기적인 사람이 되라는 말이 아닙니다. 탈진이 밀려오면 그런 증세가 나중에 후유증이 되어 큰 병이라는 부메랑으로 되돌아오기도 합니다. 탈진은 에너지가 바닥이 났음에도 전력질주를 했다는 신호입니다. 차에 기름이 없으면 기름을 채워주어야 하는데 기름도 없이 전력질주를 하면 차는 순간 망가지거나 멈추고 맙니다. 차일피일 미뤄두었던 것들을 처리하지 않으면 안 된다는 신호가 탈진입니다. 탈진을 부정적으로 보면 안 됩니다. 프랑스의 대체의학자이며 심리치료사인 기 코르노는 마음의 치유에서 그런 말을 하였습니다. 모든 병은 몸이 급사(急死)하지 않도록 몸이 만들어낸 대체물이라는 것입니다. 고로 모든 병은 메시지입니다. 그래서 병이 하는 말을 들으면, 살아나지만 병이 하는 말에 귀 기울이지 못하면 그는 죽고 만다는 것입니다. 그러니 병에게 감사하라는 역설적인 말을 하였습니다. 즉 탈진에 지쳐하지 말고 탈진에 감사해야 합니다. 하나님께서 탈진한 당신의 종들에게 뭔가 새롭게 말씀하실 것이 있다는 메시지가 바로 탈진이기 때문입니다. 영적으로 한 단계 업그레이드가 되는 계기가 된다는 것입니다. 카리스마적인 권능을 갖게 되는 계기가 됩니다.

**둘째로 자신의 내면세계를 성령으로 정리하라는 신호입니다.** 탈진이 찾아오는 것은 자신의 내면세계가 부실하다는 영육의 신호입니다. 탈진의 주범은 스트레스입니다. 스트레스가 쌓였다는 것은 잠재의식에 상처와 영적인 문제와 이성적인 문제가 복합적으로 뒤엉켜서 영육이 자기 기능을 하지 못하게 방해한다는 것입니다. 이들로 인하여 스트레스를 더 많이 받게 되는 것입니다. 이것을 성령으로 정리하라고 탈진이 찾아오는 것입니다. 반드시 영에서 성령의 역사가 일어나야 잠재의식이 정화되는 것입니다. 자신의 노력이나 능력으로 잠재의식을 정화할 수가 없습니다. 전문적으로 성령 치유하는 곳에 가셔서 성령으로 세례를 받으면서 생명의 말씀과 성령의 역사로 치유를 받으면 빠른 시간 내에 정상으로 회복이 되는 것이 보통입니다.

빠른 시간 내에 내면세계를 정화하지 않고 시간을 끌면 만성스트레스에 걸리게 됩니다. 만성스트레스에 걸리면 회복하는데 시간이 많이 걸리고 정도에 따라서 회복을 하지 못할 수도 있습니다. 우리 크리스천들은 마음 안에 성전의식을 가지고 내면관리에 관심을 갖아야 합니다. 탈진에 빠졌다가 생명의 말씀과 성령으로 내면이 강화되면 카리스마적인 권능이 강하게 나타납니다. 그렇기 때문에 탈진은 나쁜 것만은 아닙니다.

**셋째로 육신에 건강검진이 필요하듯 전인적인 건강검진이 필요한 때가 되었음을 자각해야 합니다.** 우리나라 사람들은 모이면 먹습니다. 모임의 장소가 먹는 곳입니다. 이 때 음식을 아무것이나 먹지 말라는 것입니다. 반드시 음식을 조절해야 합니다. 아무 음식이나 먹으면 안 됩니다. 당뇨나 지나친 복부비만은 적신호입니다. 필자는 먹는 것을 철저하게 절재합니다. 그리고 미뤄두었던 운동도 하나님의 일이라는 확신을 갖고 임해야 합니다. 얼마 전 타계하신 클레어몬트 신학대학의 목회상담학 교수인 하워드 클라인벨은 평소 운동을 하는 것은 몸에 선물을 주는 행위라고 말하였습니다. 몸에 그간 못 준 선물을 주어야 할 때가 온 것입니다.

**넷째로 세미한 음성을 들어야 합니다.** 즉 재 소명에 대한 부르심입니다. 흔히 말하는 첫사랑의 회복입니다. 주님이 나를 불러주신 그 부르심을 기억하며 지금 있는 현장에서 다시 한 번 재 소명(Re-Calling)을 받을 필요가 있습니다. 가능하다면 첫 부르심을 받았던 기도원이나 교회에 가서 성령으로 충만한 가운데 깊은 영의기도를 해보는 것도 은혜를 회복하는데 중요한 계기가 될 수 있을 것이라고 봅니다. 엘리야가 동굴에서 세미한 음성을 듣고 살아나고 소명을 회복했듯 각자의 "영적 동굴"로 들어가서 기다리며 성령으로 기도하는 마음자세가 필요하다고 봅니다.

성경의 엘리야는 모세와 함께 구약의 양대 기둥이고 예수님이 변화산에서 불러내기도 하셨지만, 극한 탈진 속에 삶의 의미를 상실 했습니다. 왕상 17,18장에 엘리야는 하나님께 기도해 국가에 비가 오지 않게도, 오게도 했고, 또 영적대결을 청하여 기도로 하늘에 불이 떨어져 이방 선지자들을 다 죽이고 영적 승리로 큰 역사를 이루고는 19장에서 갑자기 영적 난조에 빠집니다.

**첫째, 엘리야의 탈진 원인**. 왜 엘리야가 이렇게 나약한 존재가 되고 말았을까요? 본문에 그 이유를 추정할 수 있는 단서가 나타납니다. 본문 10절입니다. "저가 대답하되 내가 만군의 하나님 여호와를 위하여 열심히 특심하오니 이는 이스라엘 자손이 주의 언약을 버리고 주의 제단을 헐며 칼로 주의 선지자들을 죽였음이오며 오직 나만 남았거늘 저희가 내 생명을 취하려 하나이다." 자신이 하나님의 일을 열심히 했지만, 이제 "자신 혼자 밖에 남지 않았다."라는 한탄을 하고 있는 것입니다. 말로 할 수 없는 고독감이 그를 찾아왔고, 그는 '자신 밖에 없다.'라는 두려움에 빠진 것입니다.

우리도 비슷한 경우에 빠집니다. 열심히 살아갑니다. 항상 최선을 다하고, 자신에게 주어진 일을 잘 감당합니다. 그런데 어떤 계기에 '자신 밖에 없다.' 라는 생각에 빠지면 주저앉게 됩니다. '나 혼자 아무리 열심히 해도 소용이 없다.' 라는 생각에 빠지면 모든 의욕을 잃어버리고 맙니다. '혼자만 남았다.'라는 고독감은 그렇게 힘든 것입니다.

또한 엘리야는 육체적으로 탈진했을 것입니다. 그동안 열심을 가지고 하나님의 일을 했습니다. 우리가 같이 읽은 10절에도 "여호와를 위해 열심히 특심하오니" 라는 단어가 이를 증명합니다. 그러다가 그는 지친 것입니다. 그것을 탈진, 영어로 Burn out 이라고 합니다. "열심으로 살다가 다 타버리고 재만 남았다." 라는 뜻으로 그렇게 말하는 것입니다. 엘리야는 지금 사방에 적이고 자기를 도와줄 사람이 없다는 생각에 그만 우울증에다가 탈진이 찾아온 것입니다. 혼자라고 할 때 두려움은 배가합니다. 그렇기 때문에 하나님께서 항상 함께하신다고 알려주시는 것입니다. 필자도 탈진에 빠졌을 때 깊은 기도 가운데 하나님께서 함께하고 계시다는 음성을 들은 다음부터 탈진이 서서히 해소가 되었습니다.

**둘째, 엘리야의 탈진현상들.** 본문에 엘리야의 탈진 원인은 없지만 그는 영적인 대승리, 인생의 클라이막스 뒤에 오는 영육의 탈진감(스트레스)을 이기지 못했습니다. 그는 성경에 흠 없는 사람이라고 나오지만 본문에서 겁쟁이, 비겁자 도망병이 됩니다. 우리 인간은 아무리 의인이고 완벽해서 죄인이고 흠집이 있습니다. 엘리야라는 위대한 종의 실패를 통해 유한한 죄인의 한계를 발견합니다. 엘리야가 영적인 탈진이 생길 때 보여주는 6가지 모습이 본문에 나옵니다.

**1. 형편이 크게 보입니다.** 사람이 영적으로 건강하고 힘이 있으면 삶의 문제들을 스스로 극복할 수 있다고 생각하지만 탈진이 되면 자신은 작게 보이고 환경과 문제가 크게 보입니다. 베드로는 예수님을 보고 물에 들어갔지만 풍랑을 보고 물에 빠졌고, 이스라엘 백성은 가나안 땅에 거인(Giant)인 아낙 자손을 보고 자신이 메뚜기처럼 보였습니다. 본문 3절에 "저가 이 형편을 보고"가 나오는 것처럼 엘리야는 아합과 이세벨이란 환경이 크게 보여 탈진 했습니다.

**2. 생명에 대한 두려움입니다.** 인간은 자기 생명 존재의 안정감이 깨져 버릴 때 두려움이 엄습하고, 두려움은 하나님을 떠난

모든 인간들이 가진 기본적 본능입니다. 하나님은 성경 말씀을 통해 "두려워하지 말라"고 말씀하십니다. (여호수아1:9)"두려워 말라", (이사야41·43장)"너는 내 것이고 너와 함께 하리라", (시편27편)"여호와는 나의 빛과 구원"입니다. 본문 3절 "그 생명을 위해 도망하여"라고 나옵니다. 사람이 성령, 용기, 믿음이 충만하면 생명을 돌아보지 않지만, 탈진에 빠지면 목숨을 보존하고 싶어집니다.

**3. 현실 도피입니다.** 본문 3절 중반에 "도망하여"가 나옵니다. 영적 탈진에 빠진 엘리야는 갈멜산과 사마리아의 사역이 다 싫어지고 하나님도 귀찮아져 갈멜과 브엘세바까지 140km를 단순에 달려갑니다. 그는 자기 사환을 거기 놔두고 하룻길 쯤 더 가서 깊은 광야 로뎀나무 밑에서 생활하며 거기서 힘을 얻어 호렙산까지 40일을 갑니다. 사람이 탈진되면 주위의 모든 것(남편, 부모, 아이들, 목사, 친구, 직장, 학교, 교인)이 다보기 싫어집니다. 탈진에 빠진 요나는 배 밑창으로 도망쳤고, 다윗도 현장이 힘들어 블레셋에 도망쳤습니다.

**4. 극단적 선택입니다**. 본문 4절에 "죽기를 구하여 가로되"가 나옵니다. 사람이 탈진에 빠지면 극단적인 생각(이혼, 사표, 자살)을 합니다. 탈진으로 부정적인 생각이 사로잡힐 때 행동이 달라지고 이건 위험 합니다.

**5. 비교 의식입니다**. 본문 4절 하반절에 "나는 내 열조보다 낫지 못하니이다"가 나옵니다. 성경에 엘리야를 모세와 버금가는 사람이라고 나와 있는데 그는 열조(아브라함, 이삭, 야곱, 모세,

갈렙, 여호수아)보다 자기를 보며 비교의식이 생깁니다. 모든 사람이 이명박, 조용기, 빌리 그래함(Billy Graham), 베니힌 같은 위대한 거구들이 되는 것이 아니라 자기만의 길(My Way)이 있습니다. 탈진은 비교의식을 가지게 합니다.

6. **자기 연민에 빠집니다.** 본문 10절에 "저가 대답하되 내가 만군의 하나님 여호와를 위하여 열심이 특심하오니 이는 이스라엘 자손이 주의 언약을 버리고 주의 단을 헐며 칼로 주의 선지자들을 죽였음이오며 오직 나만 남았거늘", 14절에 "오직 나만 남았거늘" 이라고 나옵니다. 상담심리학적으로 내가 아니면 안 되는 메시야 콤플렉스(Complex)가 있습니다. 엘리야는 자신을 혼자 주님의 일을 떠맡았다고 십자가의 메시야로 생각했고 이런 생각이 자기 연민에 빠지게 했습니다. 자기 동정과 연민은 건강치 못한 증거입니다.

**셋째, 엘리야의 탈진 회복.** 하나님께서 탈진에 빠진 엘리야를 회복시키시는 5가지 과정이 있으셨습니다.

1. **잠을 자며 쉬어야 합니다.** 본문 5절에 "로뎀나무 아래 누워 자더니"가 나옵니다. 엘리야가 마음으로 기도하다가 잠을 자는 것입니다. 절대로 잠만 자는 것이 아닙니다. 마음으로 기도하며 영육이 쉼을 갖는 것입니다. 사람은 낮에 활동 할 때 혈압이 올라가고 몸의 균형이 깨지는데 8시간 이상 잠을 자므로 자율신경이 균형을 잡아 건강해 집니다. 또한 잠을 충분히 자야 면역 기능이 향상되어 병균을 이길 힘도 생기고 스트레스(Stress)도 날려 버립니다.

**2. 먹는 것입니다**. 본문 5절에 "천사가 어루만지며 이르되 일어나서 먹으라 하는지라"가 나오고 호렙에 이르러 두 번 먹었다는 기록이 나옵니다. 사람은 영적 존재이고 육체의 존재여서 몸과 영혼은 떨어 질 수 없습니다. 크리스천은 영-혼-육이 균형이 잡혀야 합니다. 한쪽으로 치우치면 문제가 발생합니다. 전인격을 성령께서 지배해야 합니다. 우리는 세상 것으로 만족하지 말고 하나님께서 주시는 것을 먹어야 합니다. 엘리야는 하나님께서 주시는 것을 먹었습니다. 예수님은 낙심한 제자들에게 갈릴리 바닷가에서 구운 생선과 떡을 먹이셨고, 엠마오에서 십자가 죽음을 보고 낙심한 제자들에게 떡을 떼시며 위로해 주셨습니다.

**3. 어루만짐 입니다**. 본문 5절 중반에 "천사가 어루만지며", 7절에 "여호와의 사자가 또다시 와서 어루만지며"가 나옵니다. 주님께서 안수를 통하여 잠재의식의 스트레스를 처리하고 소진한 영적능력을 충전한 것입니다. 엘리야가 로뎀나무 아래서 잠잘 때 하나님의 사자가 그를 어루만졌습니다. 이는 안수로 영적충전과 스트레스를 정화했다는 말입니다. 힘들고 아파하는 사람은 말보다 안수하여 영적충전과 스트레스를 정화하면 새 힘을 얻게 됩니다. 동물들 뿐 아니라 사람들도 어루만짐(skin ship)을 통해 영적충전과 스트레스 해소와 위로를 느낍니다.

**4. 부드러운 말씀의 위로입니다.** 탈진을 극복하는 최고의 치료제입니다. 본문 9절 "엘리야가 그 곳 굴에 들어가 거기서 유하더니 여호와의 말씀이 저에게 임하여 이르시되 엘리야야 네가 어찌하여 여기 있느냐", 13절에 보면 "엘리야야 네가 어찌하여

여기 있느냐"라고 하시면서 하나님이 부드러운 터치로 엘리야에게 위로해 주시는 내용이 나옵니다. 하나님은 우리를 몽둥이로 때리시고, 쫓아다니며 심판하시고 골탕 먹이시는 분이 아니라 인자와 자비로 우리를 이끄시는 분이십니다. 필자도 하나님의 음성을 듣고 탈진이 해소되기 시작을 했습니다.

**5. 두 번째 기회를 주시는 소명(Calling)입니다.** 하나님께서 함께 하심을 알려주십니다. 혼자가 아니라는 것을 확인 시키십니다. 하나님은 굴에 숨어 있는 엘리야에게 "너는 돌이켜 하사엘과 예후에게 가라! 엘리사에게 기름을 부어 일하게 하라!"고 명령하십니다. 우리는 하나님의 일을 하다가 그만두고 싶은 마음이 있고 탈진이 되어 다 놓고 싶어집니다. 그럼에도 하나님은 우리에게 돌이 킬 수 있는 두 번째 기회를 주십니다.

**넷째, 하나님의 소명을 받는다.** 호렙산(시내 산)은 모세가 하나님을 만난 장소이고, 하나님의 계명을 받은 곳이고, 이스라엘의 선조들이 하나님의 임재 앞에서 하나님을 성실하게 섬기겠다고 언약을 체결했던 거룩한 곳입니다. 즉 호렙 산은 하나님이 이스라엘 백성에게 자신을 처음으로 드러내 보이셨던 곳입니다. 하나님은 호렙 산의 동굴에 있던 엘리야에게 말씀하십니다. "엘리야야 네가 어찌하여 여기 있느냐(왕상 19:9)"

이 질문에서 핵심은 '여기'라는 부분입니다. 하나님은 엘리야에게 허락하신 사명지인 이스라엘을 떠나 도망하여 여기 호렙 산에 있는 이유를 질문함으로 엘리야에게 자신의 현주소를 다시 생각해 보고 자기의 사명을 다시 붙잡게 하려고 한 것으로 보입니다. 탈진한 예언자는 하나님께 자기중심적인 불평을 터뜨리며 오직 사태의 어두운 면만을 주시하고 있습니다. "오직 나만 남았거늘 그들이 내 생명을 찾아 빼앗으려 하나이다(왕상 19:10)"

엘리야의 탄식에는 하나님에 대한 무언(無言)의 비난이 서려 있습니다. 그러나 하나님은 엘리야를 불러 당신 앞에 세웁니다. "너는 나가서 여호와 앞에서 산에 서라(왕상 19:11a)" 하나님은 탈진하여 고장 난 당신의 종 엘리야를 재소환하십니다. 하나님은 엘리야를 '리콜'(recall)하십니다. 고장 난 자동차만 리콜 대상이 아니라, 탈진한 인간도 리콜 대상이 됩니다. 영적 탈진에 빠진 사람들이 보통의 말로 혹은 지금까지의 방식으로 설득되어 그들의 암울한 영적인 동굴 밖으로 걸어 나오는 일은 거의 없습니다. 하나님은 지금까지 엘리야의 사역을 이끌었던 전통적인 방식인 바람과 지진과 불이 아니라(참고 출 19:16~18), 새로운 방식인 '세미한 소리(음성)'를 통하여 그를 다시 세웁니다(왕상 19:11b~12). 영력을 충전하니 소명을 다시주십니다.

그리고 하나님은 엘리야에게 새로운 임무를 맡기십니다. 다메섹의 하사엘에게 기름을 부어 아람 왕이 되게 하고, 예후 장군에게 기름을 부어 이스라엘의 왕으로 세우고, 엘리사에게 기름을 부어 엘리야의 후계자로 삼으라는 것입니다(왕상 19:15~16). 하나님은 우상 숭배자들에게 내릴 심판을 세 가지 방식으로, 곧 이스라엘의 대적(하사엘)과 장래의 통치자(예후)와 장래의 예언자(엘리사)를 통해 집행하려고 하십니다. 엘리야의 새로운 사역은 이전 사역보다 보다 확대됩니다. 사역 영역이 국제적으로 확장되고, 국가의 최고 지도자를 교체하고, 후임자를 세움으로 엘리야 자신의 사역이 유종의 미를 거두도록 해야 합니다. 그리고 하나님은 영적 탈진으로 좁아진 엘리야의 시야를 교정하여 바알에게 무릎 꿇지 아니한 칠천 인의 동역자를 보게 합니다(왕상 19:18). 그의 제2기 사역은 더 이상 외롭지 않을 것입니다.

이어지는 열왕기상 19:19~21은 엘리야가 이스라엘로 되돌아가 엘리사를 만나 그를 후계자로 부르는 사건과 엘리사의 순종을 보여 줍니다. 엘리야는 하나님의 명령이 자기에게 구체적으로 전해지자 호렙 산에서의 쉼과 재충전의 시간을 청산하고 거기서 떠나 자기가 임해야 할 사역지로 주저하지 않고 나아갑니다. 처음 왔던 길로 되돌아가는 엘리야의 장도는 그가 그에게 새롭게 부여된 사명을 받아들였음을 통지하고, 그의 개인적 위기가 끝났음을 알려 줍니다.

**다섯째, 탈진을 치유하시는 하나님.** 하나님은 음성을 통하여 새로운 사명을 고취시킴으로써 엘리야의 영적 탈진을 치유하십니다. 엘리야의 불평을 압도하는 새로운 사명 의식의 고취가 그의 입을 막게 됩니다. 엘리야의 사역 포기와 생명 포기는 하나님의 직접적인 재위임에 의해서 극복됩니다. 하나님이 그에게 새로운 사명을 주셨을 때 의심은 끝나고 걱정은 사라집니다. 하나님은 탈진한 엘리야를 '리콜'(recall)하셔서 '리콜링'(recalling, 재소명, 제2의 소명)하심으로 그를 치유하시고 새롭게 사용하십니다. 사역 속에서 경험하게 되는 탈진과 우울증과 좌절감으로 말미암아 자기 의와 자기 연민에 빠져 영적 탈진에서 헤매는 사람이 치료받을 수 있는 최상의 방법은 새로운 사명을 발견하여 매진하는 것입니다. 하나님의 음성을 듣는 것입니다. 인간은 밥만 먹고 사는 게 아니라 의미를 먹고 삽니다. 인간은 의미 없음을 견딜 수 없습니다. 인간을 살게 하는 힘은 '의미에의 의지'입니다. '왜 사는지를 아는 사람은 어떻게든 살 수 있습니다.' 엘리야는 이때 왜 살아야 하는지를 재발견한 것입니다.

**여섯째, 새로운 삶을 사는 엘리야.** 엘리야의 제2기 사역에는 동역자가 바뀝니다. 지금까지의 사환과는 결별하고 후임자가 될 엘리사와 함께 동역합니다. 그의 새로운 사역은 전통적인 하나님의 현현 양식인 바람과 지진과 불이 아닌 새로운 방식인 세미한 음성으로 시작됩니다. 영적 탈진은 지금까지의 삶의 방식을 떨어내는 진통의 과정이기도 합니다. 진통의 과정이 끝나면 새롭게 탄생하여 새로운 일을 감당할 수 있게 됩니다. 그리고 사역의 범위가 더 확대됩니다. 탈진을 극복하니 하나님의 카리스마적인 권능을 가진 사역자가 됩니다. 엘리야에게 음성을 들려주심으로 엘리야가 하나님께서 함께 하신다는 믿음으로 담대함을 갖게 하십니다. 하나님께서 동행하시니 자신에게 카리스마적인 권능이 있다는 것을 확인합니다. 엘리야 시대뿐만 아니라, 현대에도 사람들은 때때로 탈진과 우울증 그리고 극한 고독감과 좌절감을 경험하게 됩니다. 그런데 이때 영적으로 회복시키시고 재기할 수 있게 해 주시는 하나님으로부터 두 번째 소명을 발견하면 삶에 대한 새로운 의지와 희망을 얻을 수 있게 됩니다. 탈진은 영적으로 한 단계 업그레이드 하는 계기가 되는 것입니다.

# 4장 바울 탈진극복과 카리스마와 권능

(행18:1-17)"(9-10)밤에 주께서 환상 가운데 바울에게 말씀하시되 두려워하지 말며 침묵하지 말고 말하라. 내가 너와 함께 있으매 어떤 사람도 너를 대적하여 해롭게 할 자가 없을 것이니 이는 이 성중에 내 백성이 많음이라 하시더라."

바울은 이 고린도에서 심한 영적 탈진과 위기를 경험하게 됩니다. 다른 곳에서는 바울이 그렇게 힘들어 한 적이 별로 없었는데 이 고린도지역에서만은 매우 나약하고 두려워 떨었습니다. 그러나 하나님께서는 이런 바울을 인격적으로 도와주시고, 그의 심령을 회복시켜 주셔서 고린도 가운데 놀라운 성령의 역사를 이루어 주셨습니다. 우리들도 믿음생활을 하다가 보면 어느 순간에 갑자기 영적 육체적 탈진과 고갈과 탈진을 경험할 때가 있습니다. 내면이 심히 위축이 되고 어떤 세력에 짓눌려서 아무것도 하지 못하고 괴로워 할 때가 있습니다. 저희들이 오늘말씀을 통해 우리가 이러한 때에 어떻게 영적탈진을 벗어나서 영적으로 도약을 하고, 카리스마와 권능을 나타내는 성장을 할 수 있는 가 배울 수 있기 바랍니다.

먼저 1절과 2절을 보시겠습니다. 바울이 아덴을 떠나 고린도에 이르렀을 때에 아굴라와 브리스길라 부부가 로마로부터 와서 바울과 합류하게 되었습니다. 이들은 로마의 황제 글라우디오가 "유대인들은 모두 로마에서 떠나라"는 칙령을 듣고 어쩔 수 없이 이곳 고린도까지 내려온 자들이었습니다. 그들은 오랫동안 생활하던 삶의 터전 로마에서 쫓겨나 생면부지의 고린도 땅에 와서 새 삶을 시작해야 할 때에 얼마나 힘들었겠습니까? 그러나 그들에게는 믿음이 있었습니다. 그들이 언제 누구로부터 복음을 전해 들었으며 어떻게 신앙생활을 시작하게 되었는지 잘 알려져 있지 않습니다. 그러나 어쨌든 그들은 일찍이 복음을 전해 듣고 로마에서도 가정교회를 이루며 신앙생활을 하다가 고린도로 내려왔습니다. 그런데 마침 그곳에 바울사도가 왔다는 말을 듣고 바울과 합류하게 된 것입니다. 더구나 아굴라와 바울의 직업이 똑같이 장막 만드는 일이어서 서로 쉽게 동역할 수가 있었습니다.

5절에 보면 그동안 마게도냐에 있던 실라와 디모데도 고린도로 내려와서 함께 동역하게 되었습니다. 이제 바울은 아굴라가정과 실라, 디모데등 4명의 동역자들과 함께 고린도 개척역사를 섬기게 되었으니 얼마나 힘이 되고 위로가 되었겠습니까? 이에 바울은 하나님의 말씀에 붙잡혀서 유대인들에게 예수는 그리스도라고 밝히 증명하였습니다. 바울은 아덴에서 주로 변론을 많이 하고 체험적인 실제적인 메시지를 전했습니다. 물론 아덴사람들에게는 그런 철학적인 메시지도 필요했겠지만 왠지 그 메시지에는 힘이 없었습니다.

그래서 고린도에서는 단순하고 분명한 복음의 핵심을 전파하였습니다. "우리 죄를 위해 십자가에서 죽으시고 부활하신 예수님은 우리 모든 인생들의 참다운 그리스도요, 구원자가 되십니다." 실제로 고린도전서 2:1,2절에 보면 그가 고린도에서 복음을 전파할 때에는 "말과 지혜의 아름다운 것으로 아니 하였나니 이는 그가 예수 그리스도와 그의 십자가에 못 박히신 것 외에는 아무 것도 알지 아니하기로 작정하였다"고 고백하였습니다. 그는 이처럼 예수 그리스도의 십자가의 복음과 부활의 복음에 사로잡힌바 되어 담대하게 말씀을 선포하였습니다. 살아계신 하나님을 증명하는 복음을 전했습니다.

사람이 무엇에 사로잡힌바 되는가 하는 것은 매우 중요합니다. 돈에 사로잡힌바 된 사람은 자나 깨나 돈 벌 궁리만 합니다. 돈에 사로잡힌 자는 모든 것이 돈벌이로 보입니다. 모든 것이 돈으로 보입니다. 노름에 사로잡힌 자는 밥도 안 먹고 잠도 안자고 눈에 쌍심지를 켜고 노름을 합니다. 밤에 눈을 감으면 화투짝이 왔다 갔다 합니다. 실제로 서울 수유리 어느 병원 영안실에서 있었던 일입니다. 어느 초상집에 문상을 간 한 문상객이 갑자기 장례식장에서 친구들과 밤을 새며 화투를 치던 도중에 심장마비로 죽는 사고가 발생하였습니다. 그런데 그 사람이 오른손에 뭔가를 꽉 쥐고 있더라는 것입니다. 그래서 의사들이 몇 사람 달려들어서 그 시신의 주먹을 펴 봤습니다. 그랬더니 그 손안에 무엇이 있었는지 아십니까? 화투 두 짝이 있었는데 바로 삼팔 광땡이었다는 것입니다. 그는 남의 집 문상을 와서 내기화투를 치는데 삼팔 광땡이 걸린 것입니다. 밤새도록 돈을 잃기만 하다가 마침내 싹쓸이를 하게 된 것입니다. 그는 그 화투 두 짝 삼 팔 광땡을 보는 순간 너무 흥분을 한 나머지 심장마비로 죽어 버린 것입니다. 이처럼 노름이나 게임에 사로잡히게 되면 무슨 일이 일어날지 모릅니다.

바울은 과거에 교만과 자기 의에 사로잡힌바 된 사람이었습니다. 때문에 그는 복음을 전하는 스데반집사를 돌로 쳐 죽이는데도 눈 하나 깜짝하지 아니하고 진두지휘를 하였습니다. 예수 믿는 자들을 발본색원하여 잡아 가두기 위해서 저 멀리 다메섹까지 원정핍박을 갔던 냉혈한이었습니다. 이처럼 그가 인간적인 혈기와 야심에 사로잡힌바 되었을 때에 그는 예수 믿는 성도들을 못 살게 굴던 사단의 똘마니 이었습니다. 그러나 이제 그가 말씀에 사로잡힌바 되었을 때에 그는 담대하게 예수님의 생명의 복음, 진리의 복음, 부활의 복음을 전파하는 복음의 투사가 되었습니다. 예수 그리스도의 좋은 군사가 되었습니다. 한 영혼을 구원하기 위해 목숨을 거는 선한 목자가 되었습니다. 사람은 그 무엇인가에 사로잡힐 수밖에 없습니다. 자신이 주체가 되어서 인생을 살아가는 것 같지만 실상은 그 어떤 세력에 사로잡혀서 조종되고, 움직여지고 있는 것입니다. 저희들이 세상욕심과 죄의 세력에 사로잡힌바 되어, 추하고 더럽고 냄새나는 인생을 살지 아니하고, 하나님의 거룩한 말씀에 사로잡힌바 되어서 생명의 말씀을 전파하는 향기 나는 인생을 살 수 있길 기도합니다.

그러나 바울의 말씀선포를 들은 유대인들의 반응이 어떠했습니까? 6절 말씀을 보시겠습니다. "저희가 대적하여 훼방하거늘 바울이 옷을 떨어 가로되 너희 피가 너희 머리로 돌아갈 것이요 나는 깨끗하니라. 이후에는 이방인에게로 가리라 하고." 유대인들은 하나같이 귀를 막고 복음을 듣지 않고자 하였습니다. 아니 거기서 그치지 않고 이제는 바울을 대적하여 훼방하기까지 하였습니다. 그러나 바울은 마음이 힘들어지거나 위축되지 않았습니다. 오히려 하나님께서 자신을 이방인 복음역사에 부르셨던 그 처음 사명을 영접하고, 옷을 떨어 버리며 말했습니다. "이후에는 내가 이방인에게로 가리라."

바울이 이처럼 이방인 중심의 사역방향을 잡았을 때에 하나님께서는 그의 믿음을 어떻게 축복하셨습니까? 7절을 보십시오. "거기서 옮겨 하나님을 공경하는 디도 유스도라 하는 사람의 집에 들어가니 그 집이 회당옆이라." 하나님께서는 하나님을 공경하는 이방인 디도 유스도라는 순수한 양을 준비해 놓고 계셨습니다. 뿐만 아니라, 그는 유대인들의 회당 옆에 살고 있었기 때문에 자연스럽게 회당장인 그리스보라는 사람과도 연결이 되어서 그들이 복음을 영접하는 성령의 역사가 일어나게 되었습니다. 결국 이 두 사람이 계기가 되어서 수다한 사람들이 믿고 세례를 받게 되었습니다.

그러나 8절에서 9절로 넘어가면서 우리는 쉽게 이해가 되지 않는 대목을 만나게 됩니다. "밤에 주께서 환상 가운데 바울에게 말씀하시되 두려워하지 말며 잠잠하지 말고 말하라." 이 말씀을 통해 볼 때 바울의 내면가운데 순간적으로 두려움이 엄습한 것을 볼 수가 있습니다. 바울은 그동안 1,2차 전도여행을 통해서 많은 지역을 순회하며 복음을 전파해 왔습니다. 안디옥교회에서 파송을 받은 이후로 실루기아, 바보, 버가, 비시디아 안디옥, 이고니온, 루스드라, 더베등 소아시아지방과 빌립보, 데살로니가, 베뢰아, 아덴, 고린도에 이르기까지 여러 유럽지역들을 개척하였습니다. 어떤 곳에서는 성공적인 복음역사를 이루기도 하고, 어떤 곳에서는 돌에 맞아 죽을 고비를 넘기기도 하고, 광주리에 담겨져 피신을 하기도 하고, 교도소에 갇히기도 하고, 유대인들의 훼방 때문에 야반도주를 하기도 하였습니다. 그러나 이 모든 역경과 어려움 속에서도 바울은 지금까지 잘 견뎌왔습니다.

아마도 그의 마음속에 구원의 은혜와 부르심의 은혜가 분명했기 때문에 이 모든 어려움들을 잘 극복할 수 있었을 것입니다. 그러나 어느 순간에 이르러 바울의 마음속에 힘든 생각, 연약한 생각이 들기 시작하였습니다. "내가 언제까지 이처럼 힘들게 복음역사를 섬겨야만 하는가?" "언제까지 훼방하는 사람들과 싸우며 개척역사를 이루어 나가야만 하는가?" 몸은 연약하고 나이는 들어가는데 동역자도 없이 독신의 몸으로 선교역사를 이루어 나아가고자 할 때 힘든 생각이 들었을 것입니다.

바울은 결혼을 안 했기 때문에 피곤에 지칠 대로 지쳐서 돌아와도 따뜻한 밥 한 끼니 챙겨 주고, 꿀 차라도 한 잔 대접해 줄 동역자가 없었습니다. 그러니 얼마나 외롭고 힘들었겠습니까? 지난 빌립보에서 교도소에 갇혔을 때에 맞은 채찍자국도 자꾸만 욱신거렸을 것입니다. 루스드라에서 돌에 맞았던 자리도 자꾸만 쑤셔서 밤에 잠을 잘 수가 없었을 것입니다. 평생 동안 그를 괴롭혀온 고질병 안질은 점점 눈을 침침하게 만들었고 오랫동안 성경을 읽을 수도 없게 하였습니다.

그러나 이러한 육체적 고통보다도 그를 더 힘들게 하는 것은 마음에 파고드는 두려움과 연약한 생각이었습니다. 온 힘을 다해서 복음을 전파해 보지만 시도 때도 없이 나타나서 복음역사를 훼방하는 유대인들의 방해공작들은 그에게서 의욕과 열정을 빼앗아 갔습니다. 언제 또 어디서 돌멩이가 날아올지, 누구의 고소로 체포되어, 매를 맞고, 교도소에 갇히게 될지 모를 일이었습니다. 물론 지난날에는 믿음으로 이 모든 어려움들을 잘 극복해 왔지만 핍박과 시련이 계속될 때 사람이 지치게 되고, 피곤한 생각, 두려운 생각이 몰려오게 됩니다.

실제로 고린도 전서 2:3절에 보면 바울은 이때의 심정을 이렇게 토로하고 있습니다. “내가 너희 가운데 거할 때에 약하며 두려워하며 심히 떨었노라.” 또 고린도후서 1:8,9절에서는 이렇게까지 말하였습니다. “형제들아 우리가 아시아에서 당한 환난을 너희가 알지 못하기를 원치 아니하노니 힘에 지나도록 심한 고생을 받아 살 소망까지 끊어지고 우리 마음에 사형선고를 받은 줄 알았으니.” 얼마나 힘들었으면 살 소망까지 끊어졌다고 말했겠습니까? 이런 현상을 가리켜서 우리는 영적 탈진이다, 영적 고갈이요, 위기다 이렇게 말합니다. 우리 선교사님들 중에도 이런 경험을 한 분들이 많이 있다고 합니다. 처음 선교지에 나갔을 때는 성령이 충만해서 출발을 합니다. “세계는 우리의 밥이라, 나는 시베리아의 아버지다. 중국의 12억 영혼이 나를 부른다.” 이렇게 외치며 부푼 가슴을 안고 선교지에 나갑니다. 그러나 막상 선교지는 만만치가 않습니다. 언어의 장벽, 물질자립의 어려움, 학문의 십자가, 자녀교육의 어려움, 문화적 충격, 거기다가 현지인들의 냉대와 테러에 대한 위협까지 다가올 때, 얼마나 힘들겠습니까? 우리도 그렇습니다. 처음 예수님을 만나고 목동이 되고 목자가 됐을 때는 뭐든지 다 할 수 있을 것 같습니다.

그래서 신발 밑창이 다 닳도록 전도를 다니고 심방 다닙니다. 필자도 그랬습니다. 새벽 5시에 일어나 새벽기도를 하고, 저녁 12시, 1시까지 기도를 하면서 말씀을 묵상해도 피곤한 줄을 모릅니다. 다음날이면 또 어김없이 일어나서 교회로 달려옵니다. 김치 하나에 밥을 먹어도 하나님께 감사를 하고, 사명감이 넘치는 생활을 합니다. 그러나 아무리 전도해도 전도가 되지 않고, 성령의 역사도 일어나지 않고, 설교하는 일도 힘이 들고, 거기다가 몸도 여기저기 아프고, 교회에서 다른 이들이 별로 관심과 사랑을 보여주지 않으면 지치고 피곤하고 힘든 생각이 듭니다. 거기다가 주변 사람들의 방해와 가족들로부터 냉대를 받게 되면 두려움과 염려가 파고들어 옵니다. 이것이 바로 우리에게도 찾아오는 영적위기요, 스트레스에 걸리고 탈진이 찾아오는 것입니다. 그러나 한편으로는 우리가 이 부분을 읽을 때에 마음에 위로가 되기도 합니다. 왜냐하면 그 유명한 바울도 힘들 때가 있었다는 사실자체가 우리에게는 위안이 되기 때문입니다. "아 바울도 이런 때가 있었구나. 바울은 슈퍼맨이요, 철인인줄 알았는데 바울도 힘들 때가 있었네! 헤맬 때가 있었네! 탈진할 때가 있었네!" 이렇게 생각하면 위로가 됩니다. 그러면 하나님께서는 이런 바울을 어떻게 도와주셨습니까? 사도행전 18장 9,10절 말씀을 보시겠습니다. "밤에 주께서 환상가운데 바울에게 말씀하시되 두려워하지 말며 잠잠하지 말고 말하라. 내가 너와 함께 있으매 아무 사람도 너를 대적하여 해롭게 할 자가 없을 것이니 이는 이 성중에 내 백성이 많음이라 하시더라." 하나님께서 함께하신다는 음성을 들려주십니다. 절대 혼자가 아니니 두려워하지 말라는 것입니다. 필자가 탈진에 처했을 때 하나님은 동일하게 음성으로 저를 위로하여 주셨습니다.

**첫째, 하나님께서는 바울에게 두려워하지 말라고 말씀하셨습니다.** 바울에게 있어서 지금 가장 큰 문제는 바로 두려움이었습니다. 또 돌에 맞지 않을까라는 두려움, 교도소에 갇히지 않을까라는 두려움, 유대인들이 훼방을 놓지 않을까라는 두려움, 이런 두려움들이 바울의 마음을 어둡게 하고 위축되게 하고 연약하게 하였습니다. 그러나 이런 두려움은 바로 사단이 심는 무기입니다. 사단은 할 수 있는 대로 우리의 마음속에 두려움을 심어서 더 이상 투쟁하지 못하도록, 복음역사를 힘 있게 섬기지 못하도록, 헌신하지 못하도록, 힘을 빼고 움츠려들게 합니다. 사람이 한번 두려움의 세력에 사로잡히게 되면 주변 환경이 큰 성벽처럼 느껴지게 되고, 자기 자신은 마치 메뚜기와 같다는 심정이 듭니다. 그래서 하나님께서는 바울에게 말씀하셨습니다. "두려워하지 말라." 하나님께서는 바울의 마음속에 침투하기 시작한 두려움의 세력과 싸워주신 것입니다. 우리도 영적으로 지치고 탈진되고 낙심이 될 때 가장 먼저 싸워야 할 요소가 바로 내적인 두려움의 세력인 것입니다. 그러면 우리가 어떻게 두려워하지 않을 수 있습니까? 실제로는 힘들어 죽겠는데 실제로는 두려운데 어떻게 두려움과 싸워 이길 수 있습니까? 내면을 강하게 하여 하나님의 음성을 듣는 것입니다.

10절을 보십시오. "내가 너와 함께 있으매" 하나님께서는 바울과 함께 계신다고 약속하셨습니다. 바울은 지금 자기 주위에 아무도 없다고 생각하였습니다. 다른 사람 다 있는 아내도 없다고 생각하였습니다. 그러나 하나님께서 바울과 함께 계신다고 약속해 주십니다. 나와 함께 하시는 하나님, 나의 아픔을 아시고, 외로움을 이해하시고, 슬픔과 고통을 이해하시는 하나님께서, 천지를 창조하신 하나님께서 나와 함께 하십니다. 이 든든하신 하나님께서 나와 함께하신다는 사실을 생각할 때에 우리는 두려워하지 않을 수가 있습니다. 두려움의 세력과 싸워 이길 수 있습니다. 하나님께서는 완악한 이스라엘백성들에게 심판의 메시지를 전하다가 지치고 한계에 부딪힌 이사야에게 이렇게 말씀하셨습니다. "두려워 말라. 내가 너와 함께 함이니라. 놀라지 말라. 나는 네 하나님이 됨이니라. 내가 너를 굳세게 하리라. 참으로 너를 도와주리라. 참으로 나의 의로운 오른손으로 너를 붙들리라(사41:10)." 가나안정복전쟁을 앞두고 긴장하고 있는 여호수아에게도 하나님께서는 말씀하셨습니다. "내가 네게 명한 것이 아니냐! 마음을 강하게 하고 담대히 하라. 두려워 말며 놀라지 말라. 네가 어디로 가든지 네 하나님 여호와가 너와 함께 하느니라. 하시니라(수1:9)." 디모데후서 1:7절에 보면 하나님이 우리에게 주신 것은 두려워하는 마음이 아니라고 하였습니다. 오직 능력과 사랑과 근신하는 마음이라고 하였습니다. 나와 함께 하시는 하나님께서 내게 능력을 주시고, 사랑을 주시고, 근신의 영을 주실 것을 생각할 때에 우리는 두렵지 않습니다.

**둘째, 하나님께서는 바울에게 '잠잠하지 말고 말하라'고 하셨습니다.** 사람이 두려움에 휩싸이게 되면 말이 없어집니다. 입이 잘 안 떨어지고 입에서 말이 잘 나오질 않습니다. 그래서 자꾸 숨게 되고, 핸드폰도 꺼놓고 사람들을 피해서 숨게 됩니다. 말씀 공부에 와서도 굳게 입을 다물고 한마디도 말을 하지 않습니다. 찬송가도 잘 부르지 않습니다. 그러나 하나님께서는 어떻게 말씀하십니까? "잠잠하지 말고 말하라" 가만히 잠잠히 있지 말고 적극적으로 입을 벌려서 말을 하라는 것입니다. 권투선수가 시합을 할 때도 자꾸만 주먹을 뻗어서 잽을 날려야만 상대방의 예리한 공격을 막을 수가 있습니다. 태권도할 때도 자꾸만 기합을 지르고 발을 뻗어야만 상대방을 제압할 수가 있습니다. 이처럼 우리가 자꾸만 입을 벌려서 말을 할 때에 담대해지고 성령으로 충만함이 생겨서 영적 위기와 탈진에서 벗어날 수 있습니다. 특히 소리 내서 성경을 읽고, 통성으로 기도를 하고, 큰 소리로 찬송가를 부르는 것이 좋습니다. 그래서 시편 42:5절에서도 이렇게 권면하고 있습니다. "내 영혼아 네가 어찌하여 낙망하며 어찌하여 내 속에서 불안하여 하는고. 너는 하나님을 바라라 그 얼굴의 도우심을 인하여 내가 오히려 찬송하리로다." 시편기자는 하나님만을 바라보고 찬송을 부르라고 자신의 영혼에게 명령하고 있습니다. 저희가 이처럼 적극적으로 복음을 전하고, 소리 내어 기도하고 찬양하고, 말씀을 읽고, 공부할 때에 자기도 모르는 사이에 성령으로 충만해져서 두려움을 극복하고 영력이 생겨나서 어려운 환경과 싸워 승리할 수 있습니다.

**셋째, 하나님께서는 바울에게 승리의 확신을 심어 주셨습니다.** 사도행전18장 10절 말씀을 보시겠습니다. “내가 너와 함께 있으매 아무 사람도 너를 대적하여 해롭게 할 자가 없을 것이니 이는 이 성중에 내 백성이 많음이라 하시더라.” 바울은 이 고린도지역이 너무나 음란하고 강포했기 때문에 자신을 대적하고 해롭게 할 자들이 많을 것이라고 생각하였습니다. 실제로 항구도시에는 깡패들이 많고 사람들이 말도 거칠고 미신이 성행하잖습니까? 하나님께서는 아무사람도 바울을 대적하여 해롭게 할 자가 없을 것이라고 말씀하십니다. 하나님께서 바울을 보호하시기 때문에 아무도 그를 해치지 못할 것이라고 약속해 주셨습니다. 바울은 이 말씀에 힘을 덧입게 되었을 것입니다.

그래서 바로 이 고린도지역에서 로마서를 집필했는데 로마서 8:31절에서 이렇게 외쳤습니다. “만일 하나님이 우리를 위하시면 누가 우리를 대적하리요.” “우리가 종일 주를 위하여 죽임을 당케 되며 도살할 양같이 여김을 받았나이다. 함과 같으니라. 그러나 이 모든 일에 우리를 사랑하시는 이로 말미암아 우리가 넉넉히 이기느니라(롬8:36,37).” 우리를 사랑하시고, 우리를 도우시며, 우리를 위하시는 하나님을 생각할 때에 우리는 결코 두렵지 않습니다.

아프리카 선교사 리빙스턴도 이 비슷한 말을 하였습니다. "하나님께서는 우리가 사명을 다하는 날까지 결코 죽게 하지 않으신다." 하나님께서는 고린도 땅에 복음의 대적자들보다도 오히려 내 백성, 즉 하나님의 백성이 더 많다고 말씀하셨습니다. 이것은 말씀을 듣고자 마음이 준비된 자들, 복음의 진리에 갈급한 자들, 영적인 소원이 많은 자들이 많다는 것입니다. 우리 눈으로 볼 때는 분명히 대적자들이 많고, 좋은 양들은 없는 것 같은데, 하나님의 눈으로 볼 때는 대적자들이 없고, 오히려 가능성 있는 양들이 많다는 것입니다.

우리도 마찬가지입니다. 우리가 얼른 볼 때는 내가 처한 환경이 너무나 열악하고, 힘들고, 어렵게 보이지만 하나님께서 보실 때는 그렇지 않습니다. 얼마든지 환경을 극복할 수 있는 길이 있고, 오히려 내가 처한 그 곳에서 하나님의 놀라운 능력을 체험할 수 있습니다. 하나님께서는 우리가 실패의 인생을 살기 원치 않으십니다. 환경이 힘들고 어렵다고 뒤로 물러서고 낙심하고 좌절하는 인생을 살기 원치 않으십니다. 오히려 힘들게 보이는 그 곳에서 절망과 낙심을 극복하고 승리의 인생, 열매 맺는 인생을 살기 원하십니다.

바울이 만약에 이 힘든 도시 고린도에서 지치고 낙심하고 좌절하여 주저앉아 버렸다면 그의 선교사역은 실패의 짐이 되어 별 볼일 없이 끝이 났을 것입니다. 그러나 그가 승리의 확신을 주신 하나님을 믿고 의지하여 다시 일어섰을 때에 그는 도약의 날개를 달고 고린도지역에서 가장 활발한 복음역사를 섬길 수 있었습니다. 그래서 후에 보면 고린도 성도들을 위해서 쓴 고린도전후서가 얼마나 깁니까? 서신서중에서 고린도서가 가장 양이 많습니다. 그것은 그 많은 고린도교회에 권면할 말도 많아서였겠지만 그만큼 고린도교회가 크고 많은 성도들이 있었다는 증거입니다. 11절을 보십시오. 바울은 이곳 고린도에서 일 년 육 개월을 유하며 그들 가운데서 하나님의 말씀을 힘써 가르쳤습니다. 이것은 바울이 고린도 지역을 떠나지 않고 하나님께서 주신 말씀을 그대로 영접하고 적극적으로 순종하여 영적 위기와 탈진을 극복했다는 것을 말해줍니다.

12절부터 17절에 보면 또다시 유대인들의 핍박이 찾아왔습니다. 아가야지방에 총독이 교체되는 시기를 틈타 신임총독 갈리오에게 유대인들이 바울을 고소한 것입니다. 그러나 갈리오는 유대인들의 종교적인 고소사건을 받아들이지 않고 각하시켜 버렸습니다. "만일 문제가 언어와 명칭과 너희 법에 관한 것이면 너희가 스스로 처리하라. 나는 이러한 일에 재판장되기를 원치 아니하노라." 이는 갈리오가 정의로운 재판장이어서 이렇게 했다기 보다는 하나님께서 바울과 함께 하사 대적자들로부터 바울을 보호하셨기 때문입니다. 이를 볼 때 밤에 환상가운데 나타나사 바울에게 주셨던 하나님의 말씀이 그대로 성취된 것을 볼 수가 있습니다. 이렇게 하나님께서 함께하신다는 것을 체험한 바울은 강한 카리스마적인 권능을 나타내면서 주님께서 주신 사명을 감당합니다. 탈진은 자신의 영성을 한 단계 업그레이드하는 계기가 되는 것입니다.

# 5장 목회자 탈진 극복과 카리스마적 권능

(왕상 19:8-10)“이에 일어나 먹고 마시고 그 음식물의 힘을 의지하여 사십 주 사십 야를 가서 하나님의 산 호렙에 이르니라. 엘리야가 그 곳 굴에 들어가 거기서 머물더니 여호와의 말씀이 그에게 임하여 이르시되 엘리야야 네가 어찌하여 여기 있느냐? 그가 대답하되 내가 만군의 하나님 여호와께 열심이 유별하오니 이는 이스라엘 자손이 주의 언약을 버리고 주의 제단을 헐며 칼로 주의 선지자들을 죽였음이오며 오직 나만 남았거늘 그들이 내 생명을 찾아 빼앗으려 하나이다.”

하나님은 개척교회 목회자들이 무기력이나 탈진을 통과하면 사용하십니다. 우리들 대부분은 탈진을 경험했거나 들어본 적이 있을 것입니다. 사실은 교회지도자들뿐 아니라 모든 직업군의 사람들에게서 영적 육체적 탈진현상은 나타나고 있습니다. 주변을 돌아보면, 특히 교회 사역자들 가운데는 바쁘고 과중한 짐을 지고 견디다 못해 탈진현상을 경험하는 이들이 많습니다. 아직 젊음에도 건강을 잃거나 넘어지는 경우입니다. 탈진하는 이유는 개인차가 있고 상황마다 다르겠지만, 교회지도자들의 경우에는, 교회의 외적성장에 주로 관심과 에너지를 집중해 왔기 때문입니다.

교회가 “성공해야 한다.”는 성장병에 걸려 노력하느라고, 영육의 쉼의 기회를 얻지 못하거나 건강을 챙기지 못하게 급하게 살아왔기 때문입니다. 또한 가장 본질적인 내적 중심(inner Center)

의 영적욕구가 있음에도 그것을 만족할 만큼 채우지 못했기 때문입니다. 더구나 개 교회와 교인들이 교회지도자들을 보호하려는 노력을 기울이지 않는 것도 문제입니다. 목회자를 통하여 자신들의 문제만 해결하려고 한다는 말입니다. 신학을 졸업하고 목회자가 되거나 여러 가지 훈련과정을 거쳐 목사고시, 장로고시 같은 시험들을 통과하고 평신도 지도자로 안수 받고 사역하면 보람 있는 인생이 될 것이라고 여깁니다. 그러나 얼마 지난 후 부터는 자신들의 사역이 만만치 않다는 것을 느끼게 됩니다.

교회 안의 많은 문제들을 속속들이 알고 성도들의 불행에 개입하다 보면 심리적으로 혹은 육체적으로나 영적으로 지치게 됩니다. 버클리의 캘리포니아대학교에서 200 여명의 의사와 목회자, 심리학자, 상담가, 사회사업가들을 조사한 결과를 보면, 대부분 그런 직종에서 일하는 사람들이 문제를 가진 사람들과 일함으로 생기는 감정적인 스트레스를 치료하는데 어려움을 겪고 있다는 사실을 발견했습니다. 교회지도자들 역시 기진하며, 무력해하고, 피곤과 신경과민, 좌절감 등을 갖는다는 것입니다.

탈진(脫盡)은 기운이 다 빠져 없어진 상태입니다. 영어로는 '번아웃 증후군'(burnout)으로 표현합니다. UC 버클리대 교수이며 탈진연구 전문가인 크리스티나 매슬랙은 탈진을 '일종의 사람을 돕는 일'을 하는 사람들에게서 발생할 수 있는 감정적 소진(Exhaustion)과 비인격화(Depersonalization) 그리고 개인적 성취감의 감소라고 정의하였습니다. 사람을 도와주는 일에 종사하는 사람들이 겪는 이상과 활력과 목적의 점진적인 상실이라고 설명합니다. 사람들이 일의 의미를 추구하면서 생활하는 것이 아니라, 단지 생존을 위해 무의미하게 일하는 상태를 의미합니다.

그렇다면 왜 목회자가 탈진에 관심을 가져야 할까요? 교회와 목회자는 불가분의 관계를 가지고 있습니다. 목회자가 영육으로 건강을 유지하고 있으면 교회의 모든 부분이 생기가 넘치며 건강한 모습을 가지게 됩니다. 반대로 목회자가 탈진하게 되면 교회도 균형 잡힌 성장을 이룰 수 없게 됩니다.

필자는 항상 이렇게 말합니다. 제가 영육으로 건강하지 못한다면 성도들이 은혜를 받겠느냐는 것입니다. 자신도 건강하지 못하면서 성도들에게 영육의 건강을 말하는 것은 언어도단인 것입니다. 탈진은 목회 사역에 대한 의욕을 저하시키고 사역을 포기하거나 사역지를 떠나게 만들 뿐 아니라, 신체적 질병과 장애, 부부 및 가정 갈등의 주범이 되고 있기 때문입니다.

목회자는 개인적으로 신체적인 면, 정신적인 면, 감정적인 면, 그리고 영적인 면에서 건강해질 수 있도록 힘써야 합니다. 모든 면에 있어서 목회자가 건강할 때 목회자 자신뿐만 아니라, 교회 전체가 건강해질 수 있습니다. 탈진 극복과 더불어 탈진에 빠지지 않기 위한 예방에 많은 노력을 기울여야 할 것입니다.

목회자의 탈진은 부끄러운 일이나 실패가 아닙니다. 목회자는 본질상 그 자신이 연약한 존재이며, 그렇기 때문에 날마다 하나님의 능력과 은혜로 치유 받고 극복될 수 있는 존재라는 것을 기억해야 할 것입니다. 우리는 탈진을 개인적 범위 안에 놓으려는 경향이 있습니다. 그러나 탈진은 개인적 범위의 문제가 아닙니다. 목회라는 현장에 있는 사람은 누구나 탈진에 빠질 잠재적 위험요소를 않고 있는 것입니다. 더욱이 탈진에 빠진 사람은 혼자서 벗어나기가 매우 힘이 듭니다. 그렇기 때문에 탈진에 빠졌다면 빠른 시간 내에 전문가를 만나서 도움을 받아야 합니다.

탈진을 벗어나기 위해서는 첫째, 절적한 휴식이 필요하고, 둘째는 목회현장에서 현실적인 목표설정과 삶의 우선순위를 바로 설정하는 것이 중요합니다. 셋째, 영적인 충전을 받는 시간을 가져야 합니다. 일주일에 하루는 자신의 영적충전을 받는 일에 시간을 투자해야 된다고 생각합니다. 과도한 업무를 혼자 감당하다 탈진 하지 않도록 목회 사역을 전문화해가고 평신도 사역을 개발하여 동역하려 하는 마음이 중요합니다.

탈진이 반드시 부정적인 것만은 아닙니다. 탈진은 신학적으로 더 높은 영적 상승을 위한 기회입니다. 탈진의 극복을 통하여 영적인 능력이 한 단계 업그레이드 될 수가 있습니다. 예수님을 닮아가는 기회입니다. 필자도 한 단계 도약을 경험했기 때문입니다. 탈진이라는 신호를 통하여 다시 한 번 목회를 돌아보고 자신을 점검할 수 있는 기회로 삼을 수 있다는 말입니다. 탈진은 모두 한번은 거쳐야 한다고 생각합니다. 그래서 하나님은 “우리가 알거니와 하나님을 사랑하는 자 곧 그의 뜻대로 부르심을 입은 자들에게는 모든 것이 합력하여 선을 이루느니라.”(롬 8:28).

고혈압 진단을 받으면 식사를 조절하고, 운동을 하여 건강을 회복하는 것처럼 ‘탈진’과 만나는 일이 생긴다면 우리들은 그것을 신호 또는 건강검진의 결과임을 깨닫고, 자신을 돌아보며, 해야 할 일들을 점검하며 새로운 계획으로 우리들의 인생에 도전해야 할 것입니다. 물론 '탈진'을 만나기 전에 미리 예방하는 것이 중요할 것입니다. 그러나 탈진을 만나게 되더라도 지쳐 쓰러지지 말고, 그 기회를 '일어남의 기회'로 바꾸려는 긍정적인 자세가 필요합니다. 병에도 대부분 증상이 나타나는 것처럼, 탈진 직전에도 나타나는 현상들이 있습니다. 탈진에 대하여 전문가들은 10가지 증상을 들고 있는데 자신은 그중 몇 가지 해당되는지 체크해 보시기 바랍니다.

첫째는 고립입니다. 사람을 만나기가 싫어집니다. 누구와도 대화하고 싶은 마음이 없어집니다. 사회에서 분리되어 독립적으로 살아가고 싶어집니다.

둘째는 의욕상실입니다. 전에는 열정이 넘친다는 이야기를 자주 들었는데, 어느 순간부터 의욕이 사라졌습니다. '내가 무엇 때문에 이 일을 하고 있지?' 하는 마음마저 듭니다.

셋째는 공감피로입니다. 타인의 고통을 들어주는 것은 좋은 일이지만, 그들이 겪는 어려움이 마치 내가 겪는 어려움인 듯 착각합니다. 그들의 고통을 공감하지만, 그 고통을 공감함으로 급격히 피로를 느끼게 되는 '2차적 외상 스트레스'입니다.

넷째는 감사와 기쁨의 상실입니다. 어느 날부터 마음의 기쁨이 사라집니다. 감사할 이유도 없다고 생각됩니다. 마음에는 원망과 불평이 자리 잡기 시작합니다.

다섯째, 예민함입니다. 평상시 같았으면 쉽게 넘어갈 일도 탈진 직전에는 예민해집니다. 운전을 하다가도 신호도 지키지 아니하고 새치기하는 차를 보면 쫓아가서 박아버리고 싶습니다. 그렇게 예쁘던 아이들이 던지는 말 한마디가 이제는 신경을 자극합니다. 친한 척하며 던지는 농담 한마디 때문에 그 사람을 보고 싶지 않습니다.

여섯째, 집중력 결여입니다. 전에는 주어진 시간에 일을 마쳐놓고 여유를 갖기도 했는데 일을 하기도 싫고 집중이 되지 않습니다. 그렇다보니 기억력도 나빠집니다.

일곱째, 수면장애입니다. 어떤 일로 인해 잠을 이룰 수 없습니다. 도무지 화가 나서 잠을 이룰 수 없습니다. 어떻게 해서든지 똑같이 복수해 주고 싶습니다. 분노가 마음에 차오릅니다.

여덟째, 식사장애입니다. 식사장애는 두 가지로 나타나는데 식욕감퇴와 식용증가 현상입니다. 아무리 맛있는 것을 봐도 군침이 돌지 않습니다. 반대로 배탈이 날 때까지 먹습니다. 이것은 마음 깊은 곳에 자리한 공허함을 채우려고 하는 욕구의 연장선입니다.

아홉째, 눈물이 많아집니다. 오래전 이남이 씨가 부른 '울고 싶어라'를 연상하면 됩니다. 가장 사랑하고 존경하는 아버지가 갑작스레 세상을 떠났습니다. 그 충격이 너무 커서 아버지만 생각하면 눈물이 나고, 삶의 의욕을 잃어버립니다. 아니면 사랑하는 남편이 먼저 세상을 떠나 외롭고 슬퍼 몇 년을 눈물로 보내기도 합니다.

열째는 부정적사고입니다. 전에는 긍정적으로 세상을 보기도 했습니다. 그런데 언제부터인지 매사를 부정적으로 바라보게 됩니다. 현재를 바라보는 것도, 미래를 예상하는 것도 부정적입니다.

혹시, 10가지 증상 가운데 5가지 이상 해당된다면 탈진에 빠져 있다고 보셔도 됩니다. 그 탈진은 분명 자신을 불행한 삶으로 인도해 갈 것입니다. 하지만 그 탈진의 위기를 극복할 때 자신은 지금보다 더 나은 행복한 삶을 누리게 될 것입니다. 왜 이런 영적인 탈진상태 있을까요?

**첫째, 성령님을 앞세우라.** 성령님을 따라가는 목회를 하라는 것입니다. 하나님보다 내가 앞서서 일하면 결국은 지치고, 피곤합니다. 필자는 사역의 특성상 개척목회자들이 많이 찾아오고 그들에게 영적인 노하우를 제공합니다. 필자의 사명이 목회자를 깨우는 것이기 때문입니다. 필자가 강조하는 것이 있습니다. 첫째로 부부가 예수님으로 하나 되지 않았으면 전도도 하지 말고 놀아라. 부부가 하나 되지 않았는데 교회가 성장할 리가 만무합니다. 예수님은 하나를 강조하십니다. “아버지여, 아버지께서 내 안에, 내가 아버지 안에 있는 것 같이 그들도 다 하나가 되어 우리 안에 있게 하사 세상으로 아버지께서 나를 보내신 것을 믿게 하옵소서, 내게 주신 영광을 내가 그들에게 주었사오니 이는 우리가 하나가 된 것 같이 그들도 하나가 되게 하려 함이니이다.” (요 17:21-22). 하나가 되려고 노력을 해야 합니다. 두 번째는 자신의 관리에 힘쓰라는 것입니다. 사역을 하려면 시간을 정해서 시간 내에 만 사역을 하고, 자신의 영성을 관리하라는 것입니다. 절대로 성령사역은 자신의 관리가 되지 않으면 지속할 수가 없기 때문입니다. 그런데도 말을 듣지 않습니다. 한마디로 순종하지 않습니다. 어느 목사님은 부목사를 하다가 교회가 문제가 생겨서 사임하고 저희 교회에 오셔서 10개월 정도 훈련을 하였습니다. 그러다가 서울에 개척을 했습니다. 개척하고 나서 사역을 하는데 성령의 역사가 강하게 일어난 것입니다. 집회를 하면 200명이상이 모였다는 것입니다. 저녁에 집회를 하는데 사역이 끝났는데도 돌아가지 않고 상담이나 안수를 받으려는 분들을 모두 상담과 안수를 했다는 것입니다. 1년이 지나고 2년이 될 무렵에 교회는 100명 정도가 주일 예배를 드릴 정도가 되었다는 것입니다. 필자는 항상 이렇게 말합니다. “개척교회는 살아계신 하나님의 역사가 눈으로 보이게 나타나야 성장한다. 살아계신 하나님이 역사를 일으켜라.” 이분도 살아계신 하나님의 역사가 일어나니 교회가 단시일 내에 부흥한 것입니다. 그런데 문제가 생겼습니다. 자신의 몸이 정상이 아닌 것입니다. 탈진이 찾아온 것입니다. 분명하게 찾아오게 되어있습니다. 이유는 자기관리(충전)를 하지않고 사역을 한 것입니다. 너무 힘이 없고 말하기도 싫더라는 것입니다. 한의원에 가서 진맥을 받은 결과 온 몸의 진액이 다 빠져서 1년 이상 보충해야 정상으로 돌아온다는 것입니다. 그래서 집회를 하지 않고 주일만 지키다가 보니 슬슬 성도들이 빠져서 결국 목회를 중단하고 자신의 몸을 돌보았습니다. 사람은 육체가 있습니다. 강철로 만든 것이 아닙니다. 관리하면서 사용해야 합니다. 필자는 철저하게 시간을 지키고 저를 관리합니다. 자기 관리가 습관이 되어야 합니다.

**둘째, 사람을 믿지 말라**. 하나님보다 사람과의 관계를 더 친밀하게 가지면 믿고 신뢰했던 사람에게 이런 상처를 받게 됩니다. 사울왕의 경우와 같은 경우입니다. 필자는 우리 성도들에게 사람의식하지 말고 하나님만 의식하라고 강조합니다. 아예 주보에 다가 기록해 두었습니다. 사람은 사랑의 대상이지 믿음의 대상이 아닙니다. 절대로 목회자는 사람을 믿으면 안 됩니다. 하나님보다 사람을 의식하면 성령님께서 그 사람을 통해서 고난을 당하게 하시든지, 다른 곳으로 보내버리십니다. 자신이 신뢰했던 사람이 어느날 갑자기 떠나니까, 마음 고생하다가 탈진에 빠질 수가 있습니다. 그래서 목회자나 사모가 상처가 많아서 나이 들면 성인병으로 고생하는 것입니다. 상처를 제때 치유하지 않고 쌓아 두어서 생기는 병입니다. 그래서 목회자와 사모는 성령으로 깊은 영의기도를 통하여 자신을 정화할 수 있는 영성을 길러야 합니다.

**셋째, 하나님이 하시고 하신다**. 일부 목회자들이 내가 이루어 놓았다는 성취욕에 빠지면 채워지지 않는 허전함을 갖게 됩니다. 일부 체험이 없는 목회자들이 자신이 했다고 말합니다. 어느 여 목회자가 집중치유를 받겠다고 지방에서 올라왔습니다. 상태를 보니 너무나 심각했습니다. 영적인 눌림과 탈진이 깊어져서 제대로 생활을 할 수가 없을 정도였습니다. 필자가 진단을 해보니 목소리를 낼 수가 없어서 설교를 하지 못한 경우도 있었습니다. 그래서 이정도이면 목소리가 나오지 않아서 설교도 하지 못했을 텐데 어떻게 목회를 했느냐고 질문을 하니 서럽게 우는 것입니다. 어찌 이지경이 되도록 두고 지냈느냐고 물었습니다. 그러니 작년에 너무 목이 아파서 소리가 나오지 않아 정말 힘들었다는 것입니다.

그러면서 하는 말이 자신이 교회를 지었다는 것입니다. 자신이 하나님의 교회를 지으려니 얼마나 고생을 했겠습니까? 교회는 하나님께서 지으시는 것입니다. 자신이 하려고 하다 보니까, 영적으로 침체되고, 침체를 해결하지 않으니 영적으로 눌리고, 눌림을 해결하지 않으니 탈진이 찾아온 것입니다. 필자가 진단한 결과로는 2년 정도 지나야 정상으로 회복이 가능했습니다. 그것도 자신의 관리에 집중했을 때 2년 걸립니다. 필자를 만났을 때 마지막 정말 기회를 주신 것 이였습니다. 조금만 지났으면 탈진으로 쓰러져서 일어나지도 못했을 것입니다. 그렇게 조언을 했더니 자기 관리에 관심을 갖겠다고 했습니다. 자기가 쓰러져버리면 교회 지은 것이 무슨 소용이 있겠습니까? 물론 다른 목회자가 목회는 하겠지요. 그러나 자신은 망가져 버린 것입니다. 우리가 알아야 할 것은 몸도 자신의 것이 아닙니다. 하나님의 소유입니다. 청지기입니다. 청지기답게 몸도 관리를 잘해야 합니다. 분명하게 "평강의 하나님이 친히 너희를 온전히 거룩하게 하시고 또 너희의 온 영과 혼과 몸이 우리 주 예수 그리스도께서 강림하실 때에 흠없게 보전되기를 원하노라"(살전 5:23). 말씀하셨습니다.

**넷째, 하나님 소리보다는 사람 소리에 귀 기우렸다는 것입니다.** 우리도 누군가의 말 한마디에 좌절감을 느끼고, 두려움을 느끼고, 의욕을 잃고, 삶을 포기하는 자리에 서게 되기도 합니다. 영적으로는 기도도 잘 안 되고, 봉사의 기쁨도 없고, 교회생활도 재미가 없습니다. 이것이 신앙의 탈진입니다. 어떤 대형교회 목사님의 고백을 들은 적이 있습니다. 교회에 나가 수천 명 앞에서 설교하고 사역을 할 때는 복음의 능력이 나타납니다. 성도들은 그를 존경합니다. 사람들이 회개하고 돌아옵니다. 병이 나았다고 합니다. 교회는 몇 배 부흥되었습니다. 자신은 필요한 사람이라고 느낍니다. 그러나 집에 들어갔는데 사모님이 목사님을 그렇게 괴롭힙니다. 그때 사역을 계속 해야 할지 고민을 했다고 합니다.

혹은 교회는 부흥되는데 성도 한두 사람이 자기를 괴롭힙니다. 그리고 장로님들이 자기에게 힘을 실어준다는 느낌을 받지 못했습니다. 그때도 당연히 사역을 계속해야 할지 고민을 하게 되었다고 합니다. 우리도 마찬가지입니다. 물질의 문제, 질병의 문제, 사업의 어려움, 자녀의 문제, 진로의 문제로 좌절감에 빠지고 기도의 문이 막히고 영적탈진에까지 이를 수 있습니다. 이러한 탈진현상을 치유하지 못하면 더 깊은 절망의 수렁에 빠지게 됩니다. 목회는 하나님이 하시는 것입니다. 절대로 사람의식하지 말고 하나님께서 하라는 대로 하면 됩니다. 자기관리, 가정관리를 하면서 사역해야 합니다.

**다섯째, 자기를 보지 못한다.** 자기를 들여다보는 시간을 갖지 않은 것입니다. 한마디로 기도하지 않았다는 것입니다. 바른 기도는 성령으로 충만한 가운데 자신을 들여다보는 것이라고 생각합니다. 기도는 구하는 것만이 기도가 아닙니다. 자신을 들여다

보면서 하나님의 음성을 듣는 것입니다. 자기를 보지 못하기 때문에 탈진에 빠지는 것입니다. 목회자가 특별하게 주의해야 할 것은 강단에 서있으면 모든 사람이 자신보다 못한 사람들로 보입니다. 그래서 목회자는 강단에서 하나님의 입장에서 성도들을 바라보아야 합니다. 정말로 위험한 자리가 강단에 서있는 목회자의 자리입니다. 자칫 잘못하면 방종할 수가 있기 때문입니다. 필자는 자신을 정확하게 보는 것이 가장 강한 능력이라고 생각하며 실천하려고 노력하고 있습니다. 자신을 보는 시간을 많이 가져야 합니다. 그렇지 않으면 자신의 영적인 상태를 주기적으로 진단받아 내면세계를 정화해야 할 것입니다. 필자가 체험한 바로는 저에게 귀신이 역사하고 있었어도 환자들에게 역사하는 귀신들이 축귀가 되었다는 것입니다. 귀신축사하면 다되었다고 생각하지 말고 자신을 보는 눈을 열어 달라고 기도해야 합니다.

**여섯째, 받은 만큼 사용하라.** 자기 자신의 영적 충전하는 것을 잊은 것입니다. 능력사역자는 하나님께 받은 만큼 사용하고 충전시키는 습관이 되어야 합니다. 공급받은 만큼 사용하는 것입니다. 그런데 그렇게 알려주어도 순종하지 않고 막 돌아 다니면서 사역을 합니다. 그러다가 탈진되어 찾아옵니다. 자신의 관리를 할 수 있는 사역자가 되어야 합니다. 자신의 관리를 깊은 영의 기도를 통하여 가능합니다. 내면을 강하게 하는 기도를 해야 합니다. 필자는 기도의 90% 이상이 내면을 강하게 하는 기도를 합니다. 항상 내면을 강하게 하는 기도를 한다고 보아도 무리가 없을 정도입니다. 진정한 권능은 자신 안에 계시는 하나님으로 보터 나오는 것입니다. 성령으로 기도해야 합니다. 습관이 되어야 합니다. 습관이 되지 않으면 중도에 사역을 하지 못할 경우가 생깁니다. 마귀의 공격을 이겨내지 못하기 때문입니다. 우리 교회에서 훈련받고 가신 목회자들이 권능이 나타나니 자신의 충전을 모르고 사역하다가 다시 찾아오는 것을 볼 때 안타깝기 짝이 없습니다. 자기 교회 관리하지 않고 부흥회로 돌아다니다가 교회가 망가진 목회자들도 있습니다.

**일곱째, 하나님의 창조의 법칙을 준수하지 않는 결과입니다.** 하나님은 6일 동안 일하시고 하루는 쉬셨습니다. 낮에는 일하시고 밤에는 쉬었습니다. 이것을 지켜야 탈진에 빠지지 않습니다. 어느 목회자는 매일 철야하지 않는 목회자는 목회자가 아니라고 생각했다는 것입니다. 그러다가 탈진에 빠져서 목회를 할 수가 없을 지경에 이르러서 생각하니까, 그분들이 진정한 목회자였다고 말하는 목회자도 있었습니다. 이분은 너무나 강하게 탈진에 빠져서 목회를 하실 수가 없을 지경에 이르렀습니다. 참으로 안타깝습니다. 이런 분들은 영적인 사역을 시작하기 전에 내면세계에 대하여 정확하게 알고, 정화시키는 기간을 충분하게 가졌다가 사역을 시작했으면 100살까지 쓰임을 받을 수 있을 것인데, 준비를 하지 못해서 중도에 중단된 것입니다. 교만한 결과이자 자기 관리를 하지 못한 결과입니다. 성령의 역사가 일어나니 다 된 줄로 착각하고 마구잡이로 사용하다가 망가진 것입니다. 앞에서도 설명했지만 자신에게 귀신이 있어도 축사하면 상대방의 귀신이 축사됩니다. 착각하지 말아야 합니다. 준비를 잘해야 합니다. 목회는 마라톤입니다.

골3장에서 바울은 땅의 것을 버리고, 위의 것을 취하고 옛 생활, 옛 습관을 버리고 새 사람을 입으라고 말합니다. 그리고 결론적으로 "그리스도의 평강이 너희 마음을 주장케 하라"는 것입니다. 이렇게 내 마음을 주장할 수 있는 방법은 모든 것을 할 때 주께 하듯하라는 것입니다. 저는 우리교회에 오셨던 모든 목회자들이 영적인 탈진상태(엘리야의 신드름)에 빠지지 않기를 원합니다. 영적인 탈진상태에 빠진 형제, 자매를 위해서 그와 동일한 마음과 아픔으로 기도하기를 부탁드립니다. 저도 그렇게 기도할 것입니다.

하나님은 엘리야의 상태를 너무나 잘 알고 계셨고 찾아오셨습니다. 그리고 먹을 것을 주시며 먹고 마시고 먹고 마시고 하면서 피곤한 몸을 어루만져 주심으로 새 힘을 얻게 하셨습니다. 우리가 탈진을 극복하기 위해서는 먼저, 몸과 마음의 건강을 회복하고 유지해야 합니다. 분주함도 탈진의 이유가 될 수 있습니다. 육체의 건강과 정신적인 안정을 취해야 합니다. 마음을 강하게 하고 담대히 해야 합니다. 우리가 탈진을 극복하기 위해서는 다음으로, 하나님의 세미한 음성을 들어야 합니다. 크고 강한 바람이 지나가면서 바위를 부수었지만 그곳에 하나님이 계시지 않았습니다. 바람 후에 지진이 났지만 그곳에도 하나님이 계시지 않았습니다. 지진 후에 불이 나타났지만, 그곳에도 하나님이 계시지 않았습니다. 불후에 세미한 음성이 들렸습니다. 하나님께서는 말씀을 다가오시고 말씀으로 엘리야에게 새 힘을 주셨습니다.

혹, 지금 책을 읽는 분 중에, 엘리야와 같은 상황이라고 생각

되시는 분들이 계십니까? 해결되지 않는 문제 때문에 좌절하고, 갈등하는 문제로 의욕을 잃고 있지는 않습니까? 기도도 되지 않고 허우적거리고 있지 않습니까? 그렇다면 무엇보다 깊은 기도를 하여 하나님의 음성을 들으십시오. 예배의 자리에 나와 하나님의 세미한 음성을 들으십시오. 탈진이 찾아왔다고 끝난 것이 아닙니다. 전화위복(轉禍爲福)의 계기가 되는 것입니다.

분명하게 탈진을 극복하면 카리스마적인 권능이 나타납니다. 하나님께서 새로운 사명을 주시기도 합니다. 탈진은 자신의 영적인 권능을 한 단계 업그레이드하는 계기라고 생각해야 합니다. 적극적으로 탈진을 극복하려고 노력해야 합니다. 분명하게 성령의 인도를 받는 영적인 방법을 택하여 탈진을 극복해야 합니다. 인간적인 방법으로 한 번에 탈진을 극복하려는 안일한 생각을 버려야 합니다. 성령의 인도를 받으면서 자신의 내면을 강하게 하면 탈진을 회복함과 동시에 강한 카리스마적인 권능이 나타나게 됩니다.

카리스마와 권능은 자신은 죽고 예수님이 자신을 통하여 하신다는 믿음이 중요합니다. 모세와 같이 하나님께서 하라는 대로 순종하면 카리스마와 권능이 나타납니다. 절대로 자신이 한다는 생각에서 탈피하지 못하면 카리스마와 권능은 행사할 수가 없습니다. 하나님께서 자신을 통하여 권능을 행사하신다는 믿음을 가지고 앞에 있는 비정상적인 것들에게 담대하게 예수님의 이름으로 선포하면 기적이 일어나는 것입니다. 반드시 성령의 임재가운에 하나님께서 자신을 통해 하신다는 믿음이 중요합니다.

# 2부 무기력과 탈진에 빠진 크리스천

## 6장 무기력과 탈진에 빠졌던 목회자

(시42:5)"내 영혼아 네가 어찌하여 낙심하며 어찌하여 내 속에서 불안해하는가 너는 하나님께 소망을 두라 그가 나타나 도우심으로 말미암아 내가 여전히 찬송하리로다."

하나님은 살아계십니다. 하나님께서 사용하실 일꾼들은 하나님께서 직접 훈련하십니다. 그래서 하나님께서는 영적인 눌림에도 빠지게 하십니다. 영적인 침체에도 빠지게 하십니다. 영적인 무기력도 체험하게 하십니다. 영적인 탈진에도 빠지게 하십니다. 여러 가지 영적인 고통을 당하면서 자신의 나약함을 알게 하십니다. 무기력이나 탈진에 빠져 고통하면서 여러 가지 방법을 동원하여 극복하려고 노력하게 하십니다. 결국 하나님께 기도하여 하나님께서 알려주신 방법으로 해결되게 하십니다. 그러면서 영적인 능력을 한 단계 업그레이드 하십니다. 카리스마적인 권능을 나타내는 크리스천이 되게 하십니다. 한편으로 자신의 마음대로 하면 어떠한 결과를 초래한다는 것을 체험하게 하시어 독단으로 행동하지 못하게 하십니다. 자신의 나역함을 알게 하시고 하나님께 의지하면서 살아가게 하십니다. 하나님의 말씀에 순종하는 일꾼이 되게 하십니다. 이렇게 성령의 인도에 깨어지고 순종하는 크리스천을 통하여 하나님의 일을 하십니다. 하나님은 살아계십니다. 필자는 목회자로 부름을 받고 이와 같은 훈련을 모두 경험하고 내린 결론은 하나님께서 친히 훈련하신다는 것입니다. 필자가 무기력과 탈진이 찾아와 체험한 사실입니다.

**첫째, 기도하기가 힘들어 집니다.** 무기력과 탈진에 빠져서 영혼이 자유 함을 누리지 못하면 기도의 문이 막혀서 기도하기가 힘듭니다. 이성적인 기능이 비정상적으로 되기 때문에 분노와 혈기와 찌증이 심해집니다. 가장 신뢰하고 사랑해야 할 부부 사이에 불화가 생깁니다. 자기의 잘못을 인정하기보다 다른 사람에게 책임 전가를 하는 이기주의자가 됩니다. 하는 일마다 잘 되지 않아 경제적인 고통이 찾아옵니다. 살아가는 것이 짐으로 느껴집니다. 거짓말을 스스럼없이 하고 삽니다. 하나님보다 사람의 눈치를 보며 삽니다. 습관적인 죄에 빠지며 삶의 변화가 없는 입술의 고백만을 하고 삽니다. 마음이 불안하고 답답하며, 심각한 정신 질환인 우울증, 조울증, 공황장애, 불안장애, 치매 등으로 고통을 당하기도 합니다. 시기 질투가 강하여 다른 사람을 죽이고 싶은 충동까지도 종종 느끼게 됩니다. 약을 사용해도 아무 효력이 없는 원인 모를 육신의 질병으로 고생하기도 합니다. 이곳저곳에 뼈와 신경의 질병과 근육통이 생깁니다. 영적인 질병으로 발전이 되어 가위눌림을 당하기도 합니다. 필자도 가위눌림을 당하여 죽는 줄만 알았습니다. 귀신들림으로 고통을 당할 수도 있습니다. 육신이 병든 증거로 고통이 극심함과 같이, 영혼이 병들은 증거도 이와 같이 영적 고통이 임하는 것입니다. 영에서 병이 드니 정신으로 육체로 병이 진전되는 것입니다. 그래서 크리스천이 영혼의 만족은 참으로 중요합니다.

필자는 교회만 개척하면 하루에 삼천 명씩 구름 떼와 같이 사람들이 모여들 것이라고 확신했습니다. 그런데 교회를 개척하고 한 주일, 두 주일 지나면서 낙담과 좌절이 찾아오기 시작했습니다. 교회를 찾아오는 사람들이 끊기고 몇 명 안 되는 교인들 앞에 섰을 때 침체의 그림자가 저를 엄습했습니다. 개척한 지 4개월 만에 불안 장애가 찾아왔습니다. 손이 부들부들 떨리는 것입니다. 사모에게 이야기를 하지 못했습니다. 약국에 가서 청심환을 많이 사서 먹었습니다. 무슨 이유인지를 알지를 못했습니다. 나중에 발견한 사실이지만 그것은 영적 탈진과 함께 두려움, 염려와 근심이었습니다. 불안이 가슴에 차고, 좌절감에 사로 잡혔습니다. 무력감이 찾아 왔습니다. 삶의 의욕을 상실했습니다. 좋아하던 책도 보기 싫고, 교회 개척도 의미를 못 느꼈습니다.

믿음이 상실되고, 누구든 저를 괴롭히는 사람으로 보였습니다. 피해의식이 저를 괴롭혔습니다. 비전을 잃기 시작했습니다. 포기하고 싶었습니다. 죽고 싶었습니다. 그런데 문제는 돌이킬 수 없는 환경이었습니다. 피하려야 피할 수 없는 현실이 저를 더욱 괴롭혔습니다. 힘들어하는 모습을 지켜보고 있는 가족들에게 더욱 심한 죄책감을 느꼈습니다. 무엇 때문에 교회를 개척하여 이런 고생을 하는지 이유를 알지 못했습니다. 영적인 무기력과 탈진이 찾아온 것입니다. 기도가 되지 않는 것입니다.

새벽이든 낮이든 기도하려고 하면 할수록 더욱 기도가 안 되고 답답하기만 합니다. 그래서 결국은 기도를 포기하고 말았습니다. 이렇게 되면 그 다음의 기도에도 역시 마찬가지로 힘이 들게 되며, 이런 날이 계속 되다 보면 마침내 깊은 영적 탈진에 빠지는 것입니다. 시간이 경과되자 영적인 눌림에서 무기력으로 탈진으로 진전이 되었습니다. 지하철을 타고 은혜를 받으러 가다가 지하철에 뛰어들고 싶은 적이 한두 번이 아니었습니다. 죽으려다가 "지옥가기 싫고 어린 자녀들을 사모가 어떻게 양육할 수가 있을까! 아니다 죽지 말자." 다시 교회에 가면 희망이 사라지는 것입니다. 정말 그런 날들을 수없이 겪었습니다. 하나님께서는 이사야서43장1-2절의 말씀으로 저를 위로하셨습니다. 그렇게 성령의 음성을 듣고 힘을 얻어 목회를 하다가 여기까지 오게 된 것입니다. 뒷장에 무기력과 탈진을 극복한 체험을 적을 때 상세하게 기록할 것입니다. 지금 생각하면 영적인 무기력과 탈진은 나쁜 것이 아니라는 것입니다. 전화위복(轉禍爲福)의 계기가 된다는 것입니다. 그래서 하나님은 "우리가 알거니와 하나님을 사랑하는 자 곧 그의 뜻대로 부르심을 입은 자들에게는 모든 것이 합력하여 선을 이루느니라."(롬 8:28). 말씀하셨습니다.

**둘째, 말씀이 들리지 않고 보이지 않습니다.** 필자가 교회를 개척하고 한동안 이런 체험을 했습니다. 성령집회에 참석하여 은혜를 받노라면 강단에서 전하는 목사님의 말씀이 하나도 들리지를 않습니다. 잡념이 머리에 가득하여 말씀을 듣는 중에 다른 곳에 가있는 것입니다. 다른 곳에서 생각하며 놀다가 다시 돌아와서 말씀을 듣는 것입니다. 저에게 역사하던 귀신들이 장난을 치는 것입니다. 참으로 두려운 문제입니다. 어떻게 보면 가장 두려운 것입니다. 영혼이 잠자고 있어서 하나님으로부터 오는 말씀이 들리지 않다가 끊어지는 겁니다. 우리 인생에서 가장 끔찍한 하나님의 심판 중에 무서운 심판이 하나 있는데 그것은 말씀을 거두어가는 것입니다. 무서운 저주입니다. 이 사실에 대해서, 구약성경 아모스서 8장에서 한번 말씀을 살펴보겠습니다. "주 여호와께서 가라사대 보라 날이 이를지라. 내가 기근을 땅에 보내리니 양식이 없어 주림이 아니며, 물이 없어 갈함이 아니요, 여호와의 말씀을 듣지 못한 기갈이라. 사람이 이 바다에서 저 바다까지, 북에서 동까지 비틀거리며, 여호와의 말씀을 구하려고 달려 왕래하되 얻지 못하리니, 그 날에 아름다운 처녀와 젊은 남자가 다 갈하여 쓰러지리라."(암8:11~13).

이렇듯 가장 두려운 심판은, 하나님으로부터의 말씀이 끊어지는 것입니다. 양식이나 물이 문제가 아니라, 여호와의 말씀을 듣지 못한 기갈이라. 이런 때가 오면 정말 비참해지는 것입니다. 사역자나, 한 개인의 삶에서도, 이런 비극은 얼마든지 일어날 수 있습니다. 예를 들면, 사사시대의 마지막 사사요, 제사장이었던 엘리 제사장이 있었습니다. 이스라엘 민족의 가장 최고 지도자였는데, 이 엘리 가문이 타락을 했습니다. 말하자면 하나님께 순종하지 아니하고, 자식들을 엉만 진창으로 키워서 얼마나 사악한 행동을 했습니까?

하나님을 조롱하는 짓을 다 하는데, 제사장, 성직자가 이런 짓을 했다는 말입니다. 직분이나, 신학적 지식이나. 이런 것으로, 타락한 인간의 악을 막을 수는 없습니다. 그러니까 직분을 가지고 안심할 수 없는 겁니다. 교회에 직분을 가지고 있다고, 그 사람이 저절로 거룩해지는 게 아닙니다. 위험천만한 일입니다. 말씀과 성령으로 거룩해지는 것입니다.

그 때 엘리 가문에 저주가 임했는데, 엘리 제사장이 이스라엘 백성을 대표하는 귀가 되어서, 하나님의 음성을 대표로 들어야 했었는데, 무서운 저주가 임했습니다. 밥을 못 먹는 게 아닙니다. 몸도 건강했습니다. 허우대는 멀쩡했으나, 문제는 하나님의 종으로 세움을 받은 사람에게 가장 무서운 저주는 하나님의 말씀이 임하지 않는 것이었습니다. 말씀을 들을 수 없었습니다. 얼마나 어처구니없는, 비참한 지경에 있는지를 보여주시기 위해서 사무엘이라는 어린 아이가, 엘리 제사장이 있는 성막에 와서 지내게 될 때 놀랍게도 나이 먹은 제사장이 못 듣는 하나님의 음성을, 어린 아이가 들은 것입니다.

엘리 가문에 대한 심판의 말씀을, 제사장에게 들려준 게 아니라, 어린 아이에게 들려주신 것입니다. 이 얼마나 비극적인 일입니까. 상황이 이렇게 되는 겁니다. 인간이 타락하여 영혼이 불만족스러우면 이 지경이 되는 겁니다. 무슨 직분을 갖든 어떤 위치에 있든 상관없습니다.

교회가 아무리 대단하고, 위세를 떨치고, 굉장한 조직을 가지고 있다고 해도 만약에 이런 비극이 임하면… 진짜 끔직한 일입니다. 가장 무서운 심판이 임한 것입니다. 그 다음엔 나머지 수

순만 남아 있을 뿐입니다. 엘리 가문에는 이미 저주가 약속이 되어 있었던 겁니다.

그 다음에 이스라엘의 초대 왕이었던 사울 왕이 있었습니다. 똑똑한 사람이었고, 역사에 선택을 받은 이스라엘 나라를 세운, 초대 왕이 되는 특권을 받았습니다. 아주 인물 좋고, 키도 크고, 똑똑한 사람이었습니다. 그런데 놀랍게도 자아와 탐욕의 구덩이를 벗어나지 못한 채 하나님께 대한 경외보다, 하나님을 이용하는 권력에 미쳐서, 권력에 중독되면, 기본적인 양심도 작동을 안 합니다.

그래서 미친 왕 사울은, 하나님의 백성 이스라엘의 왕이었음에도 불구하고 그 생애 가운데 무서운 저주, 즉 하나님의 말씀을 들을 수 없어서 나라가 도탄에 빠졌을 때도, 왕은 아직도 왕의 자리에 남아있긴 한데 이미 벌써 폐위된 왕입니다. 아직도 왕이라는 자리에 있지만, 하나님으로부터는 이미 버림받은 것입니다. 그래서 미쳐서 발광하던 귀신 들린 왕 사울이, 나중에는 무슨 짓을 하냐면, 나라의 미래가 어떻게 되는지 알 수 없어서… 점치는 무당에게 가서, 하나님의 말씀, 음성을 구합니다. 들으려고 합니다. 하나님의 말씀이 임하지 않고, 하나님의 말씀을 듣지 못하는 사람은 그 자리에 있어도, 벌써 폐위된 왕처럼, 이제 망하는 수순만 남았다는 겁니다. 우리 각자가 두려워해야 할 일입니다.

필자역시 교회를 개척하고 부흥되지 않아 영적인 무기력과 탈진에 빠지니까, 무엇보다도 괴로운 것은 말씀이 들리지 않고 보이지 않는 것입니다. 은혜를 받겠다고 성령집회에 찾아가면 말씀을 들을 수가 없었습니다. 잡념과 졸음으로 집중을 하지 못하였습니다. 그렇게 6개월여를 고통을 하다가 하나님께 지혜를 구했습니다. 그랬더니 이렇게 감동하시는 것입니다. 말씀을 받아쓰기를 하라는 것입니다. 그리고 녹음을 하라는 것입니다. 이유는 이렇습니다. 받아쓰기를 하면 집중할 수가 있기 때문입니다. 녹음을 하는 이유는 받아쓰기를 못한 부분은 교회에 돌아와 저녁에 녹음한 것을 들으면서 보강하라는 것입니다.

무엇이든지 공짜로, 거저 되는 것은 하나도 없습니다. 영혼의 만족을 위하여 노력하라는 것입니다. 그래서 순종했습니다. 그렇게 순종하며 약 3개월이 지나니까, 서서히 말씀이 들리기를 시작했습니다. 설교에 집중이 되었습니다. 영혼이 소성되어 기도가 되었습니다. 영적인 탈진은 가만히 있어서는 10년이 되어도 해결되지 않습니다. 적극적인 노력을 해야 합니다. 필자가 만난 분들 중에 무기력과 탈진으로 목회를 하지 못하는 분들이 계십니다. 이분들이 하나같이 의지가 약했습니다. 다른 사람에게 안수한번 받아서 해결하려고 합니다. 자신이 기도하여 극복해야 합니다.

**셋째, 영육으로 무기력해 집니다.** 무기력과 탈진에 빠져서 영혼이 불만족한 사람은 방향감각이 없습니다. 필자가 항상 머리가 묵직하고 멍했습니다. 생각이 떠오르지 않는 것입니다. 육체는 망가져서 속은 쓰리고 아프고 조그마한 소리에도 참지 못하고 분을 발했습니다. 금방 굶어서 죽는 것과 같았습니다. 믿음이 아예 없었던 것입니다. 그래서 기도하기를 하나님! 교회는 날아가도 좋으니 22평짜리 아파트는 날아가지 않도록 해주세요. 그런데 반대로 아파트는 날아가고 교회만 남은 것입니다. 정신이 흐리멍텅하며 자신이 지금 어디로 향하고 있는지 위치 파악이 안 되는 것처럼, 이런 사람은 지금 자신이 가고 있는 방향이 어디인지를 모릅니다. 목표와 방향이 없기 때문에 왜 신앙생활을 해야 하는지를 모릅니다. 무엇 때문에 교회를 개척했는지 모릅니다. 무엇 때문에 말씀을 전해야 하는지도 모르고 전합니다. 기도가 되지를 않습니다. 필자가 제일 안타깝게 여기는 사건이 있습니다. 필자의 작은 아이가 초등학교 6학년 때부터 교회 뒤에서 4년을 살았습니다. 지금도 필자에게 원망하는 일이 있습니다. 어떻게 해서 그렇게 상황이 전개 되었는지 몰라도 작은 아이가 자장면을 사달라고 했다는데 제가 돈이 없다고 "자장면은 무슨 자장면! 밥 먹으면 되었지" 하면서 야단을 쳤다는 것입니다. 그것이 아이에게 상처가 된 것입니다. 정말 지금 생각하면 졸렬하기 짝이 없는 가장이었습니다. 그만큼 스트레스가 마음을 점령하여 마음에 여유가 없었던 것입니다. 아이들이 친구 집에 놀러갔다가 돌아오면 얼굴이 홍당무가 되는 것입니다. 왜요. 추운 곳(영상 2도)에서 지내다가 친구 집 아파트에 가서 놀다오니 얼굴이 그렇게 되는 것입니다. 참으로 안타까운 일들입니다. 인내하며 견디어야 하고 통과해야만 합니다.

지금도 잊지 못할 일은 잘 아는 집사님이 교회 뒤에서 자다가 얼어서 죽는다고 솜이불을 두체를 해서 보냈습니다. 참으로 고마운 분들입니다. 교회가 되지 않으니 어떻게 해야 할지 방향을 모르기 때문에 위치 파악이 되지 않고 주변의 분위기를 파악하지 못합니다. 이리 저리 방황하며 어찌 할 바를 몰랐습니다. 기도는 해야 한다는 사실은 알지만 어디서부터 시작해야 하고 어떻게 해야 하는지도 모릅니다. 무작정 닥치는 대로 이렇게도 해보고 저렇게도 해봅니다. 그리고는 쉽게 포기합니다. 지금 생각하면 참으로 아찔한 경험들을 했습니다. 그러나 기도하게 되고 성령의 음성을 듣고 순종하여 모두 통과했습니다.

**넷째, 아무도 찾아오는 사람이 없습니다.** 군대에 있을 때에는 도와달라고 전화도 하고 찾아오기도 하던 사람들이 한 사람도 찾아오지 않습니다. 교회가 어려우니 도와달라고 할까봐 찾아오지 못하는 것입니다. 세상에 불신자들이나 성도들이나 개척교회는 망한다고 알고 있습니다. 중대형교회 목사님들이 공공연하게 지금은 개척교회가 되지 않고 망한다고 했기 때문이라고 생각합니다. 그래서 찾지 않는 것입니다. 그런데 필자가 지금 깨닫고 보니까, 거기에도 하나님의 섭리가 있었다는 것입니다. 개척목회를 하는 필자에게 사람은 믿음의 대상이 아니라는 것을 깨닫게 하기 위하여 역사하시는 것입니다. 하나님만 바라보게 하기 위해서입니다.

필자가 체험한 것은 사람은 다 떠나고 한 사람도 찾지 않았지만, 하나님은 동행하시면서 기도할 때마다 찬송으로 환상으로 꿈으로 응답하여 주시고 물어볼 때 알려주셨습니다. 다음 장에 상세하게 설명할 것입니다. 하나님은 살아 계시다는 것을 체험하게 하셨습니다. 필자가 “살아계신 하나님을 증명하라” 책에 상세하게 설명한 바와 같이 하나님은 살아계시면서 필자의 기도에 응답하여 주시고 역사하셨습니다. 하나님께 기도하면서 동행의식을 가지는 것이 복입니다. 하나님의 뜻을 알고 행하는 습관을 들이기 위하여 훈련하십니다.

무기력과 탈진을 체험하게 하는 것은 하나님과 관계를 돈돈하게 하여 자신 안에 계신 하나님께 소망을 두고 목회와 삶을 살게 하기 위한 하나님의 섭리라고 믿습니다. 영적인 수준을 한 단계 업그레이드하기 위한 하나님의 섭리라고 믿습니다. 그렇기 때문에 영적인 무기력과 탈진은 나쁜 것만이 아니라는 것입니다. 성령의 인도를 받으면서 하나님께 기도하여 관계를 열면 전화위복의 기회가 되는 것입니다. 지금 영적인 무기력과 탈진에 빠진 분이 계시다면 사람 찾아다니면서 상처받지 마시고, 성령으로 기도하여 하나님과 관계를 여시기를 바랍니다. 이 책을 통하여 희망을 가지고 영적인 무기력과 탈진을 해결 받아 전화위복을 체험하시기를 랍니다.

**다섯째, 무기력과 탈진이 찾아오는 원인**. 필자가 체험한 바로는 영적인 무기력과 탈진이 찾아오는 근본적인 원인은 자기에게 있다는 것입니다. 자신이 예수님으로 하나 되지 못한 연고로 무기력이나 탈진이 찾아오는 것입니다. 필자도 마찬가지 이였지만, 일부 목회자들이 하나님께서 원하시는 수준이 되지 못했는데 자기 나름대로 판단하여 다 된 것으로 생각하는 것입니다. 목사 안수만 받았으면 예수님이 함께 해주는 대단한 사람으로 착각하는 것입니다. 귀신만 쫓아내면 다된 것으로 믿습니다. 그래서 교회를 개척하면 금방 부흥 성장할 것으로 생각하는 것입니다. 한 마디로 자기요망사항인줄 모르고 덤비는 것입니다. 그러다가 생각대로 되지 않으니 스트레스를 받다가 영적인 무기력과 탈진에 빠지는 것입니다. 자신의 내면의 능력이 약해서 일어나는 현상입니다. 쉽게 설명한다면 성령의 지배와 이끌림을 받지 않고 예수로 하나 되지 못한 연고입니다. 그래서 교회를 개척하여 찾아오는 영적인 무기력이나 탈진은 자신의 과오로 당하는 것입니다.

필자가 이 책을 집필하는 것은 먼저 목회자가 깨닫고 필자와 같은 고통을 당하지 말라는 취지입니다. 다음은 성도들이 험한 세상에서 살아가면서 시시각각 찾아오는 스트레스를 이기기 이위하여 어떻게 해야 하는 지 방향을 알려드리기 위해서 책을 집필하는 것입니다.

필자가 지금까지 성령의 인도를 받으면서 체험한 바로는 이런 경우에 크리스천에게 문제가 생깁니다. 하나님께서 직접 상황을 조성하시면서 체험하게 하시는 것입니다. 첫째로, 자신이 주체가 되어 사역할 때 탈진합니다. 성령의 인도를 받지 않고 자신의 능력과 지혜로 사역을 하면 탈진하는 것입니다. 영적인 목회는 어디까지나 성령께서 이끌어가시게 해야 합니다. 필자가 내 힘과 열심가지고 사역하다가 무기력과 탈진에 빠져서 고생한 것입니다. 둘째로, 영적인 권능은 사역을 통해 소모되고 탈진됩니다. 사역을 할수록 능력을 새롭게 받아야 할 필요가 있습니다. 자신 안에 계신 하나님께 받은 만큼 사용해야 합니다. 바쁠수록, 신앙이 깊어질수록 능력은 새롭게 공급되어야 합니다. 다른 사람에게 은혜를 베푼 나머지 자기 자신은 영적으로 고갈 될 수가 있습니다. 특히 주님의 일을 하는 사람은 새로운 성령의 기름 부으심을 매일 공급받아야 합니다.

셋째로, 육적이고 이성적인 일에 참여함으로 탈진됩니다. 크리스천이 세상 적이고, 세속적인 만남, 대화, 인간적인 사업 등을 하면 할수록 우리의 영, 육은 부담을 느끼다가 탈진상태에 이르게 됩니다. 그런데 처음에는 알아차리지 못하는 것이 특징입니다. 자신의 영-혼-육에 문제가 생긴 다음에 알아차리는 것이 보통입니다. 사람을 만나더라도 성령의 사람을 만나야 하고, 성령의 인도를 받아야 합니다. 부득이 세상 사람을 만나야만 한다면 영적인 조치를 취하면서 만나야 할 것입니다. 넷째로, 부부간에 하나 되지 않을 때 탈진됩니다. 특별하게 목회자가 부부간에 화합하지 못할 때 쉽게 탈진합니다. 부부가 분리, 분열, 분란, 비판적 태도, 분노의 생각, 용서하지 못함이 영, 육을 고갈시킵니다. "하나님의 성령을 근심하게 하지 말라 그 안에서 너희가 구속의 날까지 인치 심을 받았느니라."(엡4:30). 그래서 하나님은 "남편들아 이와 같이 지식을 따라 너희 아내와 동거하고 그를 더 연약한 그릇이요, 또 생명의 은혜를 함께 이어받을 자로 알아 귀히 여기라. 이는 너희 기도가 막히지 아니하게 하려 함이라"(벧전 3:7). 말씀하시는 것입니다. 부부간에 불화하면 기도를 못하게 하는 귀신이 역사한다는 말씀입니다. 부부가 화합해야 성령께서 강하게 역사하십니다.

다섯째로, 하나님의 말씀에 순종하지 않을 때 탈진됩니다. 하나님이 하라는 것은 하고, 하지 말라는 것은 안해야 됩니다. 불순종할 때 우리의 영과 육은 죽어갑니다. 교회 안에서 뿐만이 아니고, 세상에서도 말씀 안에서 삶을 살아야 합니다. 말씀은 크리스천을 보호하는 울타리입니다. 삶은 말씀 안에서 살아야 하고, 필요하면 레마를 받아야 합니다. 여섯째로, 교만은 영적 능력을 탈진 시킵니다. 특별하게 탈진에 잘 빠지는 크리스천의 유형은 보이는 면(나타나는 현상)에 치중하는 분들입니다. 즉, "천국을 보고 왔다. 지옥을 보고 왔다. 환상을 본다. 음성을 듣는 다, 사람의 심령을 들여다본다." 등 등 말씀 중심에서 이탈한 신비를 추구하는 분들이 영적인 탈진에 잘 빠집니다. 성령의 역사가 전인격을 장악하지 못하여 심령이 메말라서 보이던 것이 보이지 않고 들리지 않을 때 탈진에 잘 빠집니다. 자신 안에 계신 하나님과 관계가 열리지 않은 연고입니다. 말씀을 무시하고 신비를 추구하는 사람들에게 자주 나타납니다. 자기가 천국에 갔다가 왔으니 자기보다 영적으로 깊은 자가 없다는 자기도취에 빠진 사람들이 탈진에 잘 빠집니다. 사탄은 교만 때문에 타락했습니다. 하나님은 교만한 자를 물리치시고 겸손한자에게 은혜를 주십니다. 교만은 자신을 멸망시키는데 첫 번째가 됩니다.

일곱 번째로, 습관적인 죄악을 통해 탈진됩니다. "내가 내 마음에 죄악을 품으면 주께서 듣지 아니하시리라"(시66:18) 죄악은 하나님과 나 사이를 가로막는 벽의 역할을 합니다. 하지 말라는 것을 하지 말아야 합니다. 죄를 지었으면 성령의 임재 가운데 회개하고 다시 죄를 짓지 말아야 합니다.

영적인 무기력과 탈진에 빠지는 것은 자신의 내면이 부실하기 때문입니다. 자신의 내면을 강하게 하는 것입니다. 내면이 약하기 때문에 환경의 스트레스를 감당하지 못하여 발생하는 것입니다. 하나님이 보증하지 않는 증거입니다. 영적인 무기력과 탈진에 빠지지 않으려면 내면세계를 알고 생명의 말씀과 성령으로 잠재의식의 상처를 정리해야 합니다. 그리고 혈통을 타고 역사하는 세상 신들이 장난하지 못하도록 성령으로 충만해야 합니다. 자신의 마음 안에 성전이 견고하게 지어져야 합니다. 자신 안에 하나님께서 주인이 되어있지 못하니까, 상처를 받게 되고 스트레스를 이기지 못하여 결국 영적인 무기력이 발생하고 탈진에 빠지는 것입니다. 더 나아가면 정신적인 질병이나 육체적인 질병으로 나타나는 것입니다. 그렇기 때문에 영적인 무기력이나 탈진은 자신이 생각하는 방향에 따라 축복도 되고, 고난도 될 수가 있는 것입니다. 축복으로 생각하는 목회자는 영적인 무기력과 탈진을 이기고 승리하여 하나님께 쓰임을 받습니다. 반대로 고통으로 생각하는 목회자는 영적인 무기력과 탈진을 이겨내지 못하여 목회를 포기하는 것입니다.

# 7장 무기력과 탈진을 극복한 목회자

(사 43:1-2)"야곱아 너를 창조하신 여호와께서 지금 말씀하시느니라 이스라엘아 너를 지으신 이가 말씀하시느니라. 너는 두려워하지 말라 내가 너를 구속하였고 내가 너를 지명하여 불렀나니 너는 내 것이라. 네가 물 가운데로 지날 때에 내가 너와 함께 할 것이라 강을 건널 때에 물이 너를 침몰하지 못할 것이며 네가 불 가운데로 지날 때에 타지도 아니할 것이요 불꽃이 너를 사르지도 못하리니"

하나님은 무기력과 탈진을 통과하면서 카리스마적이고 권능 있는 사역자가 되게 하십니다. 영적인 무기력과 탈진을 다른 사람(능력자)을 통해서 빠져나오는 것에는 한계가 있습니다. 다른 사람을 통하여 70%까지는 해결할 수가 있습니다. 나머지 30%는 자신이 자신 안에 계신 하나님과 관계를 열어서 해결해야 합니다. 필자는 전문 치유센터에서 내면을 치유 받아 어느 정도 영적인 기준이 선 다음부터는 무기력과 탈진을 해결하기 위하여 다른 사람을 의지 하지 않았습니다. 자기 스스로 하려면 기도를 바르게 해야 하고, 내면세계에 대하여 바르게 알아야 하니 정확한 멘토링를 받아야 합니다. 어느 정도 기초가 된 다음부터는 밤을 새워가면서 기도했습니다. 기도는 머리를 사용하고 목을 사용하는 기도가 아니라, 영적인 상태에 들어가서 하나님께 질문하는 마음으로 하는 형식의 기도를

7-10개월 정도 했을 것입니다. 마음으로 하나님을 찾고 질문하는 기도입니다. 강단 앞에서 의자 위에 올라가서 기도를 했습니다. 의자위에서 기도하는 것은 깊은 잠을 자지 않기 위해서입니다. 절대적으로 자기 안에 계신 하나님과 통로가 열려야 영적인 무기력과 탈진이 해소되기 때문입니다. 필자도 내 안에 계신 하나님과 통로가 열려서 깊은 영의기도가 되기 시작하고 하나님의 음성이 들리니까, 탈진이 해소되기 시작을 했습니다. 내 안에서 성령의 기름부음이 올라오니 서서히 탈진에서 회복이 되었습니다. 알아야 할 것은 영적인 무기력과 탈진을 해소하지 않으면 목회를 할 수가 없습니다. 통과해야 합니다. 주변에 탈진에 빠져 있다가 해소하지 못하여 목회를 포기한 분들이 있습니다. 필자가 지금 생각해보니 보통 의지를 가지고 영적인 무기력과 탈진을 극복하지 못합니다. 한마디로 강한의지를 가지고 성령님의 인도와 도우심을 받아야 한다는 말입니다.

**첫째, 불안장애로 고통당하다.** 필자는 교회만 개척하면 하루에 삼천 명씩 구름 떼와 같이 사람들이 모여들 것이라고 확신했습니다. 내 힘으로 교회를 성장시키려고 했습니다. 열심히 하면 교회가 성장하는 줄로 알고 믿었습니다. 그런데 교회를 개척하고 한 주일, 두 주일 지나면서 낙담과 좌절이 찾아오기 시작했습니다. 교회를 찾는 사람들이 끊기고 몇 명 안 되는 교인들 앞에 섰을 때 침체의 그림자가 나를 엄습했습니다. 개척한 지 4개월 만에 불안장애가 찾아왔습니다. 망하여 거지가 되는 것이라는 생각이 저를 주장하였습니다. 손이 부들부들 떨리는 것입니다. 사모에게 이야기를 하지 못했습니다. 놀라서 걱정하다가 필자와 똑같은 경우에 처할 것 같았습니다. 약국에 가서 청심환을 많이 사서 먹었습니다. 무슨 이유인지를 알지를 못했습니다. 나중에 발견한 사실이지만 그것은 영적 탈진과 함께 두려움, 염려와 근심이었습니다. 교회가 망하면 우리 식구모두 거지가 된다는 생각 때문에 불안한 것입니다. 불안이 가슴에 차고, 좌절감에 사로 잡혔습니다. 아마 교회를 개척한 것에 대한 자책과 후회도 있었을 것입니다.

무력감이 찾아 왔습니다. 삶의 의욕을 상실했습니다. 좋아하던 책도 보기 싫고, 교회 개척도 의미를 못 느꼈습니다. 믿음이 상실되고, 누구든 나를 괴롭히는 사람으로 보였습니다. 교회가 망해서 식구들이 거지가 된다는 생각만 저를 주장하였습니다. 피해의식이 저를 괴롭혔습니다. 비전을 잃기 시작했습니다. 포기하고 싶었습니다. 죽고 싶었습니다. 그런데 문제는 돌이킬 수 없는 환경이었습니다. 피하려야 피할 수 없는 현실이 나를 더욱 괴롭혔습니다. 힘들어하는 모습을 지켜보고 있는 가족들에게 더욱 심한 죄책감을 느꼈습니다. 가장으로서 책임을 다하지 못한 것에 대한 자책도 느꼈습니다.

영적인 공격이 심하여 정신을 차릴 수가 없어서 강대상 뒤에서 잠을 자면서 카세트에 대적기도를 녹음하여 오토매틱으로 틀어놓고 잠을 자고 기도를 했습니다. 지금 생각하면 아찔합니다. 얼마나 영적인 공격이 심했으면 저녁내 카세트를 열어 놓고 잠을 자며 기도했겠습니까? 정말 영적인 탈진에서 회복되는 것은 강한 영적인 싸움입니다. 그러나 하나님께서 함께 하시니 반드시 이깁니다. 강하고 담대할 이유입니다. 필자는 아사야 43장 1-2절을 아주 좋아합니다. 이 때 성령께서 들려주신 말씀이기 때문입니다.  지금 생각하면 광야 훈련인 영적 탈진을 통과하면서 개척교회 지도자로서 치른 또 하나의 대가는 열등의식이었습니다. 개척할 때보다 개척하고 나서 더 많은 열등의식을 가졌습니다. 개척교회를 시작하고, 담임지도자가 되었을 때 가장 큰 문제는 비교할 대상이 없다는 것이었습니다. 개척한지 3년이 지나면서는 교회가 생각보다 성장하지 않으면서 실력에 대한 평가를 받는 것을 느꼈습니다. 또한 새롭게 일어나면서 급성장하는 교회의 지도자들과 저를 비교하면서 별 생각 없이 이야기하는 교인들의 말을 듣고 있으면 심한 열등의식으로 고통을 받아야 했습니다.

제가 개척교회 지도자가 된 이후에는 재정에 대한 부담, 교회에서 일어나는 모든 문제에 대한 책임을 감당해야 했습니다. 순간순간 내려야 할 결정들이 많았습니다. 성도들이 영적인 문제를 가지고 찾아와서 질문할 때 영적인 눈이 열리지 않아 영적세계에 대하여 알지 못하니 더욱 답답했습니다. 개척교회 지도자가 받는 압박 중에서 하나는 돈입니다. 돈을 우습게 알고 시작한 개척, 돈이 인생의 전부가 아니라면서, 돈으로 목회하는 것이 아니라고 생각하면서 시작한 개척 현장에서 정말 현실적으로 부딪치는 것은 재정문제였습니다. 임대료를 주는 한 달이 일주일 만에 다가오는 것 같습니다.

그러한 중에도 개척교회 지도자의 과제는 하나님만 의지하는 것입니다. 개척교회 지도자에게 어려운 문제는 밖에 있기보다는 자신의 의식구조 안에 있는 것을 보게 되었습니다. 그것은 핍절 의식입니다. 가난 의식입니다. 하나님은 부요하시고 풍부하십니다. 그런데 개척 현장에서 부딪치는 것은 가난입니다. 한 달을 살아가는 것이 정말로 막연합니다.

하나님이 개척교회 목회자에게 부과하시는 훈련은 사람을 의지하지 못하게 하는 것입니다. 특별히 제 자신이 아주 신뢰했던 사람들이 도와주지 않는 것입니다. 교회를 개척할 때 평소에 제가 사랑하고 신뢰했던 사람들의 목록을 적어놓고 기도를 드렸습니다. 그런데, 제가 생각할 때 가장 믿음직스러웠던 몇 가정은 교회를 시작할 때 오지 않았습니다. 아니 친척들도 아예 발을 뚝 끊었습니다. 한 사람도 찾지 않는 것입니다. 또한 필자가 특정한 사람을 의지하게 되면 그 사람이 어떤 이유든지 교회에서 떠나는 것을 경험했습니다. 심방을 많이 한 가정일수록 교회를 일찍 떠나는 것도 경험했습니다. 너무 많은 부담을 느끼거나, 직분을 둔다거나, 어떤 일을 맡기겠다는 약속을 하고 지키지 못하지 때문이라고 생각합니다.

개척과 함께 치른 대가는 컸습니다. 몸도 많이 상했고, 마음도 약해지는 경험을 했습니다. 불안장애와 우울증을 경험했습니다. 정신 신경성질병을 극복하기 위하여 처방약을 먹어보기도 했습니다. 이런 고통의 과정에서 하나님은 신실하셨고, 선하셨습니다. 하나님은 떠나지 않으시고 함께하시면서 저를 위로 하셨습니다. 하나님은 고통의 대가를 지불하는 과정에서 저를 영적으로 변화시키셨고, 영적으로 성장시키셨습니다. 또 해결책을 찾는 지혜를 주셨습니다. 그것이 바로 하나님께 기도하며 물어보아 음성을 듣는 것입니다.

**둘째, 찬양으로 위로와 응답을 주시다.** 필자는 교회를 개척하고 목회할 때 하나님의 음성에 순종할 때 기적 같은 역사를 일으켜 주셨습니다. 2001년도 어느 날이었습니다. 제가 이렇게 능력도 있고 열심히 해도 교회가 성장하지 않아 하루는 전도하고 돌아와 하나님에게 저 목사 못하겠다고 하소연을 하며 기도했더니 하나님이 위로를 하여 주셨습니다. 하나님! 저를 아마도 잘못 부르신 것입니다. 그리고 그때 환상 중에 만나게 한 십자가에 달린 주님도 거짓이구요, 저 지금도 젊습니다. 세상으로 내 보내 주셔서 세상일을 하면서 장로 되어 하나님 섬기게 하여 주세요. 이거 가장 체면이 무엇입니까? 전도를 아무리 해도 온다고 말만 하고 한명도 오지 않으니 이제 내말은 다 거짓으로 판명이 나고 있습니다. 저를 도와주세요. 어떻게 합니까? 계속 그렇게 하소연을 하다가 깊은 경지에 들어갔습니다. 그때 저는 한창 내적치유를 받으면서 깊은 기도에 이를 줄을 알았습니다. 한참 하소연을 하는데 갑자기 제 속에서 찬양이 올라오는 것입니다.

**1절. 죄 짐 맡은 우리 구주 어찌 좋은 친군지 걱정 근심 무거운 짐 우리 주께 맡기세 주께 고함 없는 고로 복을 얻지 못하네 사람들이 어찌하여 아뢸 줄을 모를까**

**2절. 시험 걱정 모든 괴롬 없는 사람 누군가 부질없이 낙심 말고 기도드려 아뢰세 이런 진실하신 친구 찾아볼 수 있을까 우리 약함 아시오니 어찌 아니 아뢸까**

**3절. 근심 걱정 무거운 짐 아니 진 자 누군가 피난처는 우리 예수 주께 기도드리세 세상 친구멸시하고 너를 조롱하여도 예수 품에 안기어서 참된 위로 받겠네…. 아멘**

아멘 까지 불러주었습니다. 그 찬양을 들으니까 가슴이 시원하고 정말 날아갈 것 같았습니다. 그래서 이것이 찬송인가 복음송인가 하여 찾아서 자랑을 하려고 우선 찬송가부터 들고 찾았습니다. 1장부터 한 구절 한 구절 읽으면서 찾아갔습니다. 그러다 마침내 찾아냈습니다. 찬송가 487장 죄 짐 맡은 우리 구주였습니다. 찬송을 읽어보고 부르고 읽어보고 부르니까, 결론이 내가 전부다 하려니까 힘이 드는 것이었습니다. 그래서 이제 주님에게 맞기고 열심히 전도하고 치유 받고 능력 받아 사명을 감당하자! 하나님이 나와 함께 동행 하시면서 찬양으로 위로를 해주니 얼마나 감사합니까?

**셋째, 나아갈 방향을 알려주시다.** 하나님에게 불림을 받아 훈련을 받으면서 제 자신의 초라함을 스스로 깨달았습니다. 2001년도 7월로 기억이 납니다. 제가 하도 힘이 들어 새벽에 사모 외에 아무도 오지 않은 새벽기도 시간에 하나님에게 기도를 드렸습니다. 하나님 어떻게 해야 합니까? 어떻게 해야 합니까? 하고 물어보니까, 소리가 들리는 음성으로 앞으로는 영성이다. 21세기에는 영성이다. 영성! 영성! 영성! 그래서 영성이라. 영성은 내가 신대원 다닐 때 조직신학 교수님이 이단이라고 했습니다. 그때 가정 사역을 하시는 교수님이 치유에 관한 책을 나누어 주셨는데 다 돌려주라고 해서 돌려 준 생각이 났습니다.

저는 제가 직접 알아보겠다하고 인터넷을 들어가 영성이라고 쳤더니 한 영성원이 나왔습니다. 그래서 자료들을 하루 종일 읽어 보니 제 수준으로는 이단성을 발견할 수가 없었습니다. 그래서 그곳에 전화를 했습니다. 여성분이 전화를 받는데 아주 친절하게 안내하여 주었습니다. 매주 목요일 날 여전도 회관에서 집회가 있다는 것입니다. 그래서 사모를 대동하고 갔습니다.

그래서 목요일 날 가서 강의를 들었습니다. 그랬더니 우리 사모의 반응이 아주 좋았습니다. 솔직하게 개척교회 사모님들이 죽을 지경입니다. 목사님의 설교가 수준이하이기 때문입니다. 강의를 듣더니 자기가 듣고 싶은 말씀이었는데 여기서 듣는 다고 아주 좋아했습니다. 집회가 끝나고 상담하실 분들은 상담하러 오시라고 하면서 앞에 있는 건물 이층으로 오라고 했습니다.

그래서 가슴도 답답하고 어찌할 바를 잘 모를 때라 순서를 기다리다가 목사님의 상담을 들어보니까 저보고 마음이 아주 답답하다고 하셨습니다. 맞습니다. 어떻게 해야 합니까? 여기 있는 테이프를 빌려다가 계속 보면서 영성의 눈을 뜨라고 하셨습니다. 그래서 사모에게 테 잎을 빌려 가지고 해서 한 보따리를 들고 와서 그것을 보고 들었습니다. 처음에는 무슨 말인지를 모르다가 차츰 들리고 익숙하게 되어 갔습니다.

목요일 날 계속 다니다가 그곳에서 11월 마지막 주에 3박 4일 집회가 있다고 해서 그곳에 가서 3박 4일 집회를 참석했습니다. 참석해서 목사님 강의를 들으니까, 제가 지금까지 마귀 귀신 짓을 한 것이 보이기 시작했습니다. 그래서 회개도 많이 했습니다.

그리고 수요일 날이 되었습니다. 이날은 상담과 예언기도를 받는 날입니다. 목사님은 상담하시면서 은사를 알려주시고, 목사님 장녀인 젊은 사모님은 예언을 해주었습니다.

먼저 목사님에게 들어갔더니 저보고 방언기도를 해보라고 하시더니 제 어깨에 손을 얹으시더니 이렇게 말씀을 하시는 것입니다. 목사님 목사님은 말만 선포하면 이루어지는 권능을 받았습니다. 그런데 성령께서 지금 슬퍼하십니다. 예~ 성령께서 성령의 감동에 순종하지 않는다고 한번만 더 감동에 순종하지 않으면 떠나신다고 하십니다. 성령의 감동에 순종하세요. 몇 번 불순종을 하셨습니다. 성령께만 순종하면 성령께서 역사를 일으키며 아주 크게 사용하신답니다. 그러고는 되었다고 나가라고 해서 나왔습니다.

제가 성령의 감동에 순종을 하지 않았다니 이게 무슨 말인가 하고 곰곰이 생각을 해보니까, 생각이 났습니다. 우리 성도가 몇 명 되지 않은데 저보고 부흥회를 안도하라는 것을 두 번 거역을 했습니다. 왜냐고요. 부흥회 한다고 해봤자 한두 명 올 것이 환한 일인데 그래도 제가 누구인데 두 명 놓고 부흥회를 한단 말인가 하고 하지 않았습니다. 제가 부교역자 시절에도 집회를 제법 잘 인도 했습니다. 성도들이 막 울고 하면서 은혜들을 받았다고 했습니다. 그래서 성령의 감동에 불순종한 사실을 인정하고 앞으로 철저하게 순종하겠습니다. 하고 회개를 했습니다.

이제 젊은 사모님에게 들어갈 순서가 되어 사모님에게 갔습니다. 사모님 역시 저보고 방언기도를 해보라고 하더니 함께 기도하며 방언을 하다가 되었습니다. 하시더니 목사님 정말 열심히 하십니다. 예! 아주 열심히 합니다. 목사 되고 처음 열심히 한다는 말을 들으니까 기분이 좋았습니다. 그러더니 하는 말이 목사님은 고기를 잡으러 다니는 것이 아니고, 뒤에서 고기를 쫓고 다니십니다. 예! 그것이 무슨 이야기 입니까? 한 참 한심하다는 눈으로 제 얼굴을 보더니만, 이렇게 말하는 것이었습니다. 지금 생각하니 그때 저는 목사는 되었지만 정말로 영적인 무지한이 따로 없었습니다. 그 목사를 하나님이 영성을 알게 하시여 십 수년 동안 연단하시면서 훈련하시어 지금의 수준으로 올려놓으신 하나님께 영광을 돌립니다.

사모님이 하시는 말이 누가복음 5장에 보면 예수님이 베드로를 부르신 장면이 있지요, 그때 베드로가 저녁 내내 동안 고기를 잡았지만 고기를 잡았습니까? 예 한 마리도 못 잡았지요, 목사님도 마찬가지입니다. 목사님의 인간적인 수단과 방법을 동원하여 열심히 고기를 잡으러 몰고 다녔지만 거의 허탕을 치셨습니다. 이제 베드로 같이 기도하여 주님의 음성을 듣고 고기를 앞에서 막아서 잡아보세요. 그래서 아~ 하나님의 음성을 들어야 되고, 성령의 인도에 순종해야 하는구나 하고, 그때부터 무조건 기도하다가 감동이 오면 병원에도 가서 전도하고, 아파트도 가서 전도하였습니다. 아파트 전도를 하다가 욕설도 많이 들었습니다. 하루는 주공 아파트로 전도하려갔더니 노인이 입구에 앉아 계셔서 '할아버지 예수 믿으세요.' 그랬더니 야~ 이놈아 얼굴은 멀쩡하게 생기고 젊은 놈이 나가서 일이나 하지 예수는 무슨 예수야

~ 돌아서는데 막 욕설을 하시는 것입니다. 제가 생각해도 정확합니다. 멀쩡하게 생긴 놈이니까, 좌우지간 그 집회에 참석한 후 성령의 인도의 중요성을 알고 성령의 인도를 받는 사람이 되려고 노력하였습니다.

차츰 영성과 영적세계에 눈을 뜨기 시작했습니다. 그곳에서 영성에 대하여 조금 눈을 뜨니 책들도 사서 읽게 되었습니다. 그리고 신유에 대하여 관심도 많이 가지게 되었습니다. 그래서 병원 전도를 열심히 하였습니다. 일주일에 5일 아침 10시부터 오후 4시 반까지 약 3년간 다녔습니다. 이즈음에 새벽기도를 하는데 성도들이 한명도 오지를 않았습니다. 그래서 하나님 성도들 좀 보내주세요 하고 항변을 하다가 깜박 졸았습니다. 그런데 꿈속에서 교회를 보니까 성도들이 많이 와서 예배를 드리려고 기다리고 있지를 않습니까, 그래서 놀라가지고 예배를 드리려고 성경을 찾으니까 강대상 위에 성경이 한 권도 없었습니다. 당시 강대상에는 성경이 세 권이 있었는데 한 권도 보이지를 않았습니다. 다급해져서 이곳저곳을 다 찾아봤으나 종이쪽지만 나오고 성경이 없었습니다. 꿈을 깨고 난 다음에 저는 정신이 번쩍 들었습니다.

하나님이 성도들을 보내려고 해도 자네가 말씀이 없으니 어떻게 보내겠느냐는 하나님의 응답입니다. 그래서 그때부터 성경을 읽기를 시작했고 말씀세미나도 참석하고 세미나 교재도 만들고 하여 말씀을 찾아 준비하기 시작하였습니다. 지금 생각하면 그때 그렇게 저의 상태를 보여주지 않았더라면 저는 착각을 하고 목회를 했을 것입니다. 왜냐하면 부교역자도 3년이나 하면서 대

심방도 다녔습니다. 그때마다 성도들이 말씀에 은혜를 받았습니다. 그래서 저는 다된 줄 알았습니다. 제가 착각한 것입니다. 지금 생각하면 하나님께서 저를 통하여 살아계심을 증명하게 하려는 깊은 뜻이 있었다는 것입니다. 개척교회는 살아계신 하나님을 증명하는 역사가 일어나야 교회가 자립하기 때문입니다.

**넷째, 내면을 정리하게 하셨다.** 병원전도를 열심히 하고 다니던 어느 날 신경성 위장병으로 고생하던 남 집사를 위해 기도하게 되었습니다. 그런데 성령의 역사가 강하게 나타나서 악한 영이 발작을 일으켜 악을 쓰고 토하게 하였습니다. 악쓰는 소리에 놀라 간호사가 달려왔습니다. 병실 문을 잠가 버렸습니다. 다 마무리를 하고 병실을 나와 다른 병실로 가는데 이상하게 제 속이 쓰리고 아팠습니다. 아침 먹은 것이 잘못된 것 같다고 생각하고 전도를 마친 후 교회에 들어갔더니, 아내 밥풀만한 눈곱이 눈에 달렸다고 떼어 내라고 했습니다. 그때 내 영육의 질병이 그 환자로부터 왔음을 직감하고 슬슬 걱정되기 시작하였습니다. 계속적으로 속이 아프고 소화도 잘 안 되어 고생하였습니다. 무기력해지고 기도도 안 되고 항상 머리가 묵직했습니다. 영육이 탈진한 것입니다. 내 힘으로 교회를 부흥시키겠다고 열심히 노력한 결과입니다.

그러던 즈음에 어떤 자매가 영적인 질병으로 고통당하고 있었습니다. 축사를 하고 나면 정상으로 돌아왔다가도 이상하게도 2-3일이 지나면 다시 원위치로 돌아가 고통을 당하기 시작하였습니다. 그래서 어느 목사님에게 전화로 물어봤더니 내적 치유를 먼저 하라는 것이었습니다. 이 자매의 일과 저의 질병 상태를 놓고 기도하면서 생각해 보니 그냥 축사하고 안수 기도할 것이 아니었습니다. 그래서 서점에 가서 내적 치유에 대한 책을 사서 보니 무엇보다도 먼저 자신의 내면 치유가 이루어져야 한다는 것이었습니다.

또 그 책을 아내가 읽더니 감동을 받아 내적 치유를 받아야 한다는 마음으로 동요되기 시작했습니다. 그래서 서울에서 하는 치유기관에 일 년여 동안 아내와 같이 다니면서 내적 치유를 받았습니다. 많은 영적 체험과 치유를 경험했습니다.

그런데 그렇게 내적 치유를 일 년을 받아도 해결되지 않는 부분이 있었습니다. 아주 이것 때문에 굉장한 고생을 하였습니다. 위의 통증입니다. 전도하러 다녀도 꾹꾹 찌르고 설교준비를 하다가도 아팠습니다. 이것을 고치려고 7개월을 잠을 자지 않으면서 기도하였습니다. "하나님, 왜 이렇게 위의 질병이 치유되지 않습니까? 하나님 알려주세요. 하나님 알려주세요. 하나님, 도와주세요."

어느 날 하나님이 완벽하게 치유하여 주셨습니다. 그런데 그냥 치유하여 주신 것이 아닙니다. 저의 지나온 과거 속에서 상처받은 곳을 하나하나 구체적으로 보여주셨습니다. 상처받은 곳을 조목조목 보여 주시고 설명해 주시기를 무려 일곱 번을 하시더니 상처의 근원지를 보여주십니다. 근원지를 보니까 전부 저에게 문제가 있었다는 것을 깨달았습니다.

성장 과정의 문제로 제가 상처를 받고 응어리를 품고 살았던 것입니다.  모두 저에게 문제가 있었습니다. 하나님께 그대로 고백하고 인정하니까 하품이 막 나더니 배가 시원해지면서 위장병을 깨끗하게 치유하여 주셨습니다. 내적인 치유는 자신과의 영적 싸움입니다. 의지를 가지고 성령의 임재가운데 해결하고 치유하여 뿌리를 뽑아야 합니다. 마지막 뿌리에 대한 내적 치유는 자신이 직접 하나님께 물어 가며 치유해야 합니다.

**다섯째, 기도하며 무기력과 탈진을 극복했다.** 깊은 영의기도를 하려고 굉장한 노력을 했습니다. 깊은 영의기도 세미나에 세 번이나 참석하여 기본을 숙지하고, 실제 체험하려고 7개월 동안 교회 강단에서 의자위에서 자면서 기도를 숙달했습니다. 의자위에서 자는 것은 의자위에서 잠을 자면 깊은 잠을 자지 못하기 때문에 의자위에서 잠을 잔 것입니다. 그러다가 의자에서 떨어지기도 몇 번 했습니다. 그러나 포기하지 않고 꼭 깊은 영의기도를 숙달하고 말겠다는 의지를 가지고 계속 기도했습니다. 그러던 어느날 서서히 기도가 깊어지는 것을 체험적으로 느꼈습니다.

말로 설명하기가 좀 어렵지만 대략 설명하면 이렇습니다. 기도가 깊어지고 영의 통로가 뚫리니까 처음 괴로운 것이 상처가 떠오르는 것이었습니다. 정말 지난날의 상처들이 막 떠오르는데 정말 봐주어야 할 사람들이 많았습니다. 그것을 다 용서하며 회개하며 차유하여 해결하고 나니까, 이제 이런 현상이 나타났습니다. 기도가 깊어지니까, 무의식에서 찬양이 올라왔습니다. 너무나 은혜로웠습니다. 그래서 이 찬양을 내가 어디에서 불렀더라하고 생각을 하니까, 찬양이 끊어졌습니다. 이와 같은 현상은 이렇게 설명할 수 있습니다. 어디에서 찬양을 불렀더라하고 생각하니까, 의식이 살아나게 됩니다. 즉 육적인 상태가 되는 것입니다. 그러니까 자연히 영의 활동이 끊어지는 것입니다. 깊은 영의기도를 하려면 자신의 의식, 생각과 관계를 끊어야 합니다. 자신의 생각을 가지고 머리로 깊은 영의기도를 하겠다고 생각하고 기도하면 절대로 깊은 경지에 들어갈 수 없습니다. 깊은 기도를 하고 싶으신 자신의 생각이나 의지나 의식과 관계를 끊으시고 내적침묵과 외적 침묵이 된 상태에서 숨을 들이쉬고 내쉬면서 기도에만 집중하는 것입니다. 기도를 다른 말로 표현하면 하나님에게 집중하는 것이라고 저는 생각이 됩니다. 필지는 이렇게 내 의식을 가지고 생각을 가지고 기도하다가 아 내 의식을 가지고 기도하면 절대로 깊은 기도에 들어갈 수 없구나 생각하고 이제 아무런 생각이나 의식을 갖지 아니하고 오직 기도에만 집중하여 기도를 하니까, 어느날 깊은 영의기도에 들어갔습니다. 그러면서 내면에서 올라오는 성령의 기름부음으로 영적인 무기력과 탈진이 서서히 약화되기 시작을 했습니다. 내 안에 계신 하나님과 관계가 열리니 성령께서 저의 전인격을 장악하신 것입니다. 전인격이 성령으로 장악되면서 성령의 권능으로 무기력과 탈진이 해소되기 시작한 것입니다.

깊은 영의기도에 돌입하면 말로 표현하기 어려운 평안과 기쁨을 맛보게 됩니다. 온몸을 성령께서 만져주시고 마음속에서 불이 올라오는 경험을 하게 되고 상처와 질병이 치유되고 영안이 열립니다. 그리고 차츰 성격도 변하여 온유한 주님의 성품으로 바뀌게 됩니다. 글로 설명하기가 어렵습니다. 체험하여 보는 수밖에 없다고 말하고 싶습니다. 그러면 알게 됩니다.

# 8장 영적인 눌림에 고통 하는 크리스천

(약 4:6-7)"그러나 더욱 큰 은혜를 주시나니 그러므로 일렀으되 하나님이 교만한 자를 물리치시고 겸손한 자에게 은혜를 주신다 하였느니라. 그런즉 너희는 하나님께 복종할지어다 마귀를 대적하라 그리하면 너희를 피하리라"

하나님은 영적인 눌림으로 고생하는 크리스천을 도와주기 원하십니다. 영적으로 눌리게 되면 마음이 답답하고 우울함을 느낍니다. 감정도 다운이 되고 마음속에 기쁨이 사라지며, 세상일에 대한 의욕도 감소가 됩니다. 기도를 제대로 하지 못하여 영혼과 마음이 메말라질 뿐만 아니라, 육적으로도 몸이 무겁고 피곤함을 느낍니다. 영적으로 눌리는 것은 우리들 마음이 세상적인 것으로 더럽혀져 어둠의 세력으로 하여금 틈탈 기회를 제공하여 자리 잡도록 했기 때문입니다. 마음이 하나님 중심에서 떠난 생활을 했기 때문에 양심에 가책을 받음으로 생기는 현상입니다.

영적으로 눌리게 되면 영적인 활동에 좋지 않은 영향을 끼치게 됩니다. 마음속에 평안과 평강이 사라지고 불안해지며, 하나님이 허락하시는 마음의 평정심을 잃게 됩니다. 특히, 하나님과의 관계가 막혀져 영적으로 둔화되고 부딪히며 막히는 것을 경험하게 됩니다. 이 현상은 "영적 침체"와 비슷한 것이지만, 영적 침체는 영적 눌림 현상이 해결되지 않고 계속되는 경우 생기는 것입니다. 그러므로 영적 눌림은 영적 침체의 가벼운 증상이라고 생각할 수 있겠습니다.

어둠의 세력은 여러 가지 방법을 통해 우리들 마음속에 역사하려고 그 기회와 틈을 노립니다. 그렇기 때문에 우리들 마음속에 하나님과의 관계를 가로막고 영적으로 상해를 주는 어둠의 세력의 유혹과 미혹된 부분들을 날마다, 성령으로 기도하면서 마음을 정화하고, 예수님의 보혈의 은혜를 의지함으로 깨끗이 씻김을 받아야 합니다. 그대로 방치하게 되면 어둠의 세력이 그러한 부분을 통해 우리들의 마음속에 역사하다가 집을 짓기 때문입니다.

어둠의 세력이 틈타 상해를 입힌 우리들의 영적인 부분들은 회개 기도를 통해 하나님의 치유하심을 받지 못하면 회복되기가 어렵습니다. 세상적인 부분들을 통하여 이를 잠시나마 회복시키려고 하는 노력들은 오히려 상해 입은 우리들의 영적인 부분들을 더욱 상처 나게 할 뿐입니다. 그렇기 때문에 영적으로 막히고 눌릴수록 하나님 앞에 나아가 자신이 짊어지고 있는 모든 부분들을 내려놓고 순수한 마음으로 기도하며 자신의 그릇된 부분들을 회개하면서 하나님의 치유하심을 받아야 합니다. 수고하고 무거운 짐을 주님께 자복하고 내려놓아야 합니다.

영적으로 눌리는 것은 성령의 역사와 예수님의 보혈의 은혜 외에 세상적인 그 어떤 것으로도 치유되거나 깨끗함을 받을 수 없습니다. 왜냐하면, 세상적인 것에는 어둠의 세력과 역사를 물리치고 제거할 수 있는 힘과 능력이 없기 때문입니다. 오히려 세상적인 부분을 통해 이를 회복하려고 한다면 어둠의 세력이 하나님과 우리들의 사이를 이전보다 더욱 멀어지게 하고 이간질시키며 마음으로부터 하나님을 떠나가게 할 것입니다.

그렇기 때문에 영적으로 흔들리거나 문제가 있다고 느낄 때 이를 대수롭지 않게 여기거나 적당하게 대처하려고 한다면 영적인 부분에 피해를 입기 쉽습니다. 이런 부분을 느낄 때 우리들의 영혼의 치유 자가 되시는 하나님을 찾아 그 문제들을 내놓고 하나님께 치유와 회복을 받는 것이 가장 현명하고 옳은 방법이라고 믿습니다.

영적으로 눌리는 것을 방치하게 되면 영적으로 눌리는 것을 넘어 영적으로 매이게 됩니다. 즉, 어둠의 세력에게 사로잡히게 된다는 것입니다. 자신도 모르는 사이 영적으로 멍들고 상처입고, 영적으로 병들고 무기력해져 어둠의 세력에 대항할 수 있는 기력마저 행할 수 없게 된다는 것입니다.

그렇기 때문에 우리들 마음속에 틈을 타 역사하려고 하는 어둠의 세력을 회개 기도와 대적 기도를 통해 우리들 심령 가운데 역사하지 못하고, 자리 잡지 못하도록 물리치고 제거해야 합니다. 그렇지 않게 되면 스스로 물러가지 않고 우리들의 심령을 계속해서 틈타며 집을 짓고 왕 노릇 하려하기 때문입니다.

하나님께서 우리들의 영혼을 진리와 생명의 길로 인도하신다면 어둠의 세력은 우리들의 영혼을 사망과 멸망의 길로 인도합니다. 그러므로 우리들은 어둠에 의해 조종당하고 어둠의 역사에 종노릇 하지 않기 위해서는 날마다 예수님의 보혈로 새 옷을 입고 하나님이 베푸시는 영의 양식을 통해 튼튼하게 무장을 해야 합니다. 또한, 성령으로 하는 기도를 통하여 하나님과의 교제하며 하나님이 베푸시는 은혜를 충전 받아야 합니다.

영적으로 튼튼하게 무장되어질수록 우리들의 마음은 하나님께 집중하게 되지만 영적으로 흔들리고 약해질수록 하나님이외의 세상적인 것에 집중하게 된다는 사실을 간과해서는 안 될 것입니다. 그것은 곧, 어둠의 유혹을 통한 어둠의 세력에 집중하는 것과 다름이 없습니다.

하나님께 집중할수록 하나님을 찾고 구하며 의지하게 되지만, 영적으로 눌리고 세상적인 것에 집중할수록 하나님보다 세상적인 것을 찾고 구하며 자신의 생각과 판단을 의지하게 됩니다. 보이는 사람을 의지하거나 찾게 됩니다. 즉, 어둠의 영이 우리들의 영혼으로 하여금 하나님 중심적인 마음과 삶에서 세상중심적인 마음과 삶으로 우리들의 영혼과 마음과 삶을 변질시켜 버린다는 것입니다.

어둠은 관심을 갖고 수용하는 것이 아니라, 성령의 임재가운데 대적해서 물리치고 제거해야 하는 것입니다. 하나님은 어둠의 역사에 대항할 수 있는 방법을 우리들에게 허락해 주셨습니다. 하나님이 허락하신 방법인 성령으로 기도하고, 예수 이름으로 대적하고, 마음 안에서 성령의 역사가 일어나게 하여 귀신이 물러가게 해야 합니다. 이런 적극적인 활동을 통해 어둠에 맞서 이를 대적하여 물리치고 제거해 나가야 하는 것은 바로 우리들의 몫입니다. 하나님을 가까이 하시기를 바랍니다. 성령으로 기도해야 합니다. 마음 안에 계신 하나님께 주신되게 해야 합니다. 하나님 안에 이를 이기고 물리치고 제거하며 승리할 수 있는 모든 길과 방법이 있기 때문입니다.

**첫째, 영적인 눌림을 초래하는 일들**. 영적인 눌림의 시발은 자신의 과오에서 출발합니다. 필자가 그동안 사역을 하면서 상담하고 치유하면서 대화를 해본 결과 영적인 눌림을 체험하는 사람들이 부부싸움을 하고나니 기도가 되지 않고 가슴이 답답하여 고생을 했다는 것입니다. 그래서 하나님은 "남편들아 이와 같이 지식을 따라 너희 아내와 동거하고 그를 더 연약한 그릇이요 또 생명의 은혜를 함께 이어받을 자로 알아 귀히 여기라 이는 너희 기도가 막히지 아니하게 하려 함이라"(벧전 3:7). 말씀하시는 것입니다. 부부간에 불화하면 기도를 못하게 하는 귀신이 역사한다는 말씀입니다.

혈기를 낸 경우입니다. 대부분의 크리스천들이 혈기를 낸 다음에 기도가 안 되고, 마음이 답답해지고 짜증이 나고, 마음이 답답하고, 목에 무엇이 걸린 것과 같은 형상을 체험했다는 것입니다. 혈기를 낼 때 육체가 되어서 나타난 현상입니다. 하나님은 "분을 내어도 죄를 짓지 말며 해가 지도록 분을 품지 말고, 마귀에게 틈을 주지 말라"(엡 4:26-27). 고 경고하시는 것입니다. 혈기를 냈다면 하루가 지나기 전에 풀어야 할 것입니다.

크리스천들이 세상 사람들하고 같이 일하기 때문에 모임을 피할 수가 없습니다. 세상에서 동료들끼리 모이다가 보면 음주하고, 노래방가고 한 다음부터 마음에 가책으로 기도를 하지 못하다가 영적인 눌림으로 고생하는 경우도 있습니다. 더군다나 친구들과 모이다가 보니 밤 늦는 줄도 모르고 있다가 주일 범하고, 영적인 눌림으로 고생하는 경우가 많습니다. 많은 크리스천들이 그런 간증을 하시지요. 주일 범했다가 어떤 일을 당했다고…. 이런 일을 자신을 사랑하시는 하나님의 경고라고 받아들이면 됩니다. 영적인 눌림에 잘 빠지는 경우가 십일조 드리다가 수입이 늘어나서 십일조를 하지 못한 경우입니다. 예를 든다면 한 달에 100만원 십일조 하다가 수입이 들어나 300만원을 십일조 해야 하니 아까워서 십일조를 정확하게 드리지 않아 양심에 가책을 느끼고 영적인 눌림에 빠진 분들이 종종 있습니다.

밤에 외진 길을 가다가 사람이나 짐승에게 놀란 일이 있은 후부터 기도가 안 되고 마음이 답답하고 가슴이 두근거리고 불면증이 찾아오는 경우도 있습니다. 빨리 영적인 치유를 받아야 합니다. 시간이 경과하면 정신과 육체의 건강에도 심대한 문제를 야기할 수가 있습니다. 어느 여 집사님은 중국에 관광 가서 토속춤을 추는 것에 심취해 있다가 그 사람들이 옷을 빌려줘서 입고 춤을 추는 연습을 하고 귀국했는데 가슴이 답답하고, 기도가 되지 않고, 짜증이 심하고, 꿈을 많이 꾸고 불면증에 빠져서 한동안 고생하다가 필자에게 와서 내적치유 받고 정상으로 회복되었습니다. 귀신이 말로 표현 할 수 없도록 많이 떠나갔습니다.

다음 간증을 읽어보시기를 바랍니다. 저는 항상 믿음 생활하기가 너무나 힘들다고 불평하며 지낸 집사입니다. 제일 힘이 드는 것이 기도였습니다. 좀처럼 기도하기가 쉽지가 않았습니다. 다른 성도들은 몇 시간씩 기도를 한다고 자랑을 하는데 저는 십분을 하지 못했습니다. 집안에 일이 있어서 새벽기도에 가도 기도가 되지를 않아 그냥오기 일쑤였습니다. 기도를 하지 못하니 자연히 마음이 답답해지고 조그마한 소리에도 혈기를 잘 내는 것입니다. 남편이 한 마디 하면 저는 세 마디로 대꾸를 합니다. 남편은 교회 다니는 집사가 어떻게 그렇게 혈기가 심하냐고 할 정도입니다. 저도 혈기를 내지 말아야 하겠다고 생각은 합니다. 그러나 막상 사람과의 관계에서는 절제가 되지 않았습니다. 그래서 왜 제가 기도가 되지 않고 마음이 답답하고 혈기가 심할까! 혼자 고민을 하는데 구역 예배에 갔다가 구역장이 저의 이야기를 듣고 충만한 교회를 소개하여 주었습니다.

그래서 홈페이지에 들어가서 프로그램을 보고 집회에 참석을 했습니다. 집회에 하루 참석하여 말씀을 듣고 기도하니 조금 나아지는 것 같았습니다. 다음날 상담을 신청하여 저의 상태를 강 목사님에게 말씀을 드렸습니다. 강 목사님이 하시는 말씀이 마음의 상처로 인하여 영의 통로가 막혀서 기도도 안 되고 혈기도

심하다는 것입니다. 이런 상태로 계속 살아가다가 갱년기에 들어서면 육체의 질병과 우울증으로 고생을 할 것이라고 했습니다. 육신의 건강을 위해서라도 영의 통로를 뚫고 상처를 치유해야 한다는 것입니다. 어떻게 하면 영의 통로가 뚫리느냐고 질문을 했더니 계속 참석하면서 말씀을 듣고 기도를 하면 된다고 하시면서 기도 방법을 바꾸어 보라고 하셨습니다. 그냥 호흡을 들이쉬고 내쉬면서 배에서 나오는 소리로 주여! 를 계속하면 성령의 역사가 일어나 영의 통로가 자연스럽게 뚫리게 된다는 것입니다. 절대로 욕심을 부린다고 빨리 뚫리는 것이 아니니 성령께서 하라는 대로 따라가라는 것입니다. 그렇게 순종하고 기도하면 목사님이 돌아다니면서 안수하여 영의 통로가 뚫리도록 해준다는 것입니다. 그래서 순종하기로 했습니다. 무엇보다 두려운 것은 갱년기에 질병과 우울증으로 고통당할 수도 있다는 말 이였습니다.

집회에 참석하여 전하는 말씀을 열심히 들었습니다. 말씀을 들을 때 저의 가슴이 답답해지는 것을 느꼈습니다. 그래서 나는 이상했지만 성령의 역사로 인하여 나타나는 현상이라는 것을 알았습니다. 말씀을 듣고 찬양을 부르고 기도 시간이 되었습니다. 강 목사님이 알려주신 대로 숨을 들이쉬고 내쉬면서 배에서 나오는 소리를 열심히 했습니다. 숨을 들이쉬면서 배에서 나오는 소리로 주여! 를 계속했습니다.

이렇게 기도에 몰입을 했습니다. 그러자 저에게 진동이 오기 시작을 했습니다. 손이 떨리기 시작을 하더니 온몸이 떨리는 것입니다. 그래도 기도에 몰입을 했습니다. 그러자 이제 손가락이 움추려 들고, 오그라드는 것입니다. 그러면서 제 몸이 뒤틀리는 현상이 일어나는 것입니다. 가슴이 답답해 오는 것입니다. 이제 제의지로 무엇을 할 수가 없었습니다. 성령이 역사하는 대로 따라서 기도를 했습니다. 그러니까 제 안에서 불이 올라오는 것입니다.

아주 뜨거운 불이 올라옵니다. 온몸이 뜨거워집니다. 얼굴이 뜨거워집니다. 몸은 뒤틀립니다. 아주 정신을 차릴 수가 없이 성령이 역사를 하는 것입니다. 그러기를 한 30분 한 것 같습니다. 이제 제가 잠잠해지기 시작을 했습니다. 그러자 강 목사님이 오셔서 안수해 주셨습니다. "이렇게 뒤틀리게 했던 더러운 영은 물러갈지어다." "기침을 통해서 떠나갈지어다." 하며 명령을 했습니다. 그러자 기침이 사정없이 나오는 것입니다. 그러면서 내 속에서 방언기도가 터져 나오는 것입니다.

그때 저에게 감동이 오기를 이제 성령의 불세례를 체험하고 영에서 나오는 방언을 하는 것이라는 것입니다. 영의 통로가 뚫렸다는 생각이 나를 주장했습니다. 너무나 감사했습니다. 그래서 계속 방언기도를 하니 몸이 가벼워지며 머리가 상쾌해졌습니다. 너무나 좋아서 지금 두 달째 다니고 있습니다. 말로 표현 못하는 평안을 느끼고 있습니다. 성격이 유순해졌습니다. 혈기가 없어졌습니다. 기도 시간이 즐거워집니다. 저의 남편이 이제 집사 같다는 것입니다. 제가 지금 느끼는 것은 바른 신앙지도를 받으면 좀 더 빨리 깊이 있고 변화된 성도가 될 수 있다는 것입니다. 정말 하나님의 평안을 몸으로 느끼면서 삶을 살아가고 있습니다.

**둘째, 영적인 눌림으로 나타나는 현상**. 기도를 하려고 앉았지만 입이 열리지 않고 마음이 무거워 기도가 전혀 되지 않는 경우를 경험하였을 것입니다. 기도가 쉽게 풀리지 않고 힘들고 지금이 기도를 주님이 받으시지 않는 것 같은 느낌을 받아 더욱 기도가 어려워집니다. 이러한 현상을 영적 눌림이라고 표현합니다. 이 현상은 "영적 침체"와 비슷한 것이지만, 영적 침체는 영적 눌림 현상이 해결되지 않고 계속되는 경우 생기는 것입니다. 그러므로 영적 눌림은 영적 침체의 가벼운 증상이라고 생각할 수 있겠습니다. 영적 눌림에 이르면 가슴이 답답하고 기도는 해야 하겠는데 막상 기도하려고 하면 아무런 생각도 나지 않고 힘이 빠져 기도할 마음이 사라집니다.

기도는 해야 하겠는데 기도할 기분이 들지 않아 몇 분을 지나지 못해서 자리에서 일어나게 됩니다. 이러한 영적 눌림이 일어나는 이유가 무엇이겠습니까? 이럴 때 우선적으로 생각해 보아야 할 것이 그릇된 행동의 문제입니다. 주님의 말씀을 어기고 그릇된 행동을 하여 양심에 가책을 받을 때 이러한 현상을 경험하게 되는 것입니다. 가벼운 죄일 경우 가벼운 눌림 현상이 나타나지만 죄가 큰 경우 무거운 눌림 현상이 나타납니다. 주님이 원하는 것은 하지 아니하고 원하지 않는 것을 행하여 성령을 근심케 하였을 때 이러한 현상을 경험하게 됩니다.

영적 눌림은 자주 경험하는 흔한 일입니다. 이는 우리가 잘못했을 때마다 주님이 우리에게 주님의 마음을 깨닫게 하시기 위해서 이런 일을 행하시는 것입니다. 주님의 간섭을 통해서 우리는 주님의 마음을 깨닫고 옳고 그른 것이 무엇인지 깨닫게 되는 것입니다. 사람의 생각에는 올바른 것 같을지라도 하나님의 시각에서는 올바르지 못한 것이 많습니다. 주님이 제동을 걸지 않으면 우리는 자신의 생각이 올바르다고 생각하고 그 행동을 계속하게 됩니다. 그러므로 주님이 영적 눌림을 사용하여 우리에게 말씀하시는 것입니다. 자신의 행동이 아무리 선한 의도로 행하였다 하더라도 주님의 뜻에 어긋날 수 있습니다. 이런 사실들을 일일이 점검 받음으로써 우리는 주님의 마음에 더 가까이 다가가게 되는 것입니다. 그리고 주님의 시각에서 사물을 보고 행동하게 되는 것입니다.

영적 눌림 현상은 자신의 행동을 살펴보고 교정하라고 보내는 성령님의 신호입니다. 이를 무시하고 교정하지 않으면 서서히 영적 침체에 빠지게 됩니다. 영적 침체는 질병입니다. 그러므로 치유하기가 쉽지 않습니다. 영적 눌림이 영적 침체로 가기 전에 주님 안에서 교정 받아야 합니다. 기도가 되지 않는다고 해서 자리에서 일어나는 것은 오히려 성령을 근심케 하며, 주님을 실망시키는 일이 된다는 사실을 기억하십시오. 이런 경우 억지로 기도를 하려하지 말고 호흡을 들이쉬고 내쉬면서 예수님을 찾으세요. 하는 방법은 호흡을 코로 들이쉬고 호흡을 내쉬면서 아랫배에서 나오는 소리로 자연스럽게 주여! 다시 호흡을 코로 들이쉬고 호흡을 내쉬면서 아랫배에서 나오는 소리로 자연스럽게 주여! 다시 호흡을 코로 들이쉬고 호흡을 내쉬면서 아랫배에서 나오는 소리로 자연스럽게 주여! 이렇게 지속적으로 하시기를 바랍니다. 그러면 기침이 나오든지 하품이 나오든지 제체기가 나오든지 할 수도 있습니다. 그러면서 막힌 영의 통로가 열립니다. 마음이 열리면 찬양을 한다든지 방언으로 기도를 한다든지 하면 됩니다. 중요한 것은 목이나 생각이나 말이나 머리로 기도하려고 하지 말고 아랫배에서 올라오는 순수한 소리로 기도를 하는 습관을 들이시기를 바랍니다. 기도를 아랫배로 하는 습관이 되면 좀처럼 영적인 눌림에 빠지지 않습니다.

반드시 알아야 할 것은 기도가 바뀌지 않으면 맑힌 영의통로를 뚫을 수가 없습니다. 의지를 가지고 순수하게 순종해야 맑힌 영의통로가 뚫립니다. 기도가 바뀌지 않으면 2년이 되어도 영적인 눌림에서 해방될 수가 없습니다. 왜냐하면 자신의 기도가 잠재의식에서 나오는 혼적인 기도이기 때문입니다. 기도를 바꾸어서 영에서 올라오게 해야 영의통로가 열리는 것입니다.

다른 방법은 호흡을 들이쉬고 내쉬면서 예수님을 생각하고 찾는 것입니다. 하는 방법은 호흡을 들이쉬면서 예수님! 호흡을 내쉬면서 도와주세요. 호흡을 들이쉬면서 예수님! 호흡을 내쉬면서 사랑합니다. 호흡을 들이쉬면서 예수님! 호흡을 내쉬면서 사랑합니다. 지속적으로 하시기를 바랍니다. 어느 정도 하다가 보면 하품도 나오고 기침도 나오고 제체기도 나올 수가 있습니다. 마음이 열렸다고 생각이 되면 찬양을 하든지, 말로 기도를 하든지, 주여! 주여! 를 하든지, 방언으로 기도를 하든지 하면 됩니다. 문제는 빨리 눌림에서 빠져나와서 영적인 침체에 빠지지 않게 해야 합니다. 찬양을 하시면서 찬양의 가사를 묵상하십시오. 자신이 제일 잘 부르는 찬양을 일절만 계속하여 부르시기 바랍니다. 찬양이 되지 않는 사람은 조용히 묵상하십시오. 묵상의 방법은 제가 "기도 쉽게 바르게 하는 방법" 책에서 소개한 여러 가지가 있지 않습니까? 자신에게 맞는 묵상법을 가지고 묵상하십시오.

기도를 시작하면 먼저 말부터 하려는 사람들이 많습니다. 먼저 이렇게 해보시기 바랍니다. 호흡을 코로 들이쉬고 호흡을 내쉬면서 아랫배에서 나오는 소리로 자연스럽게 주여! 다시 호흡을 코로 들이쉬고 호흡을 내쉬면서 아랫배에서 나오는 소리로 자연스럽게 주여! 주여! 소리는 악을 쓰지 말고 자연스러운 소리가 좋습니다.

새벽기도는 아주 중요한 기도시간입니다. 많은 성도들이 새벽에 교회에 나와서 기도를 합니다. 성령이 충만하게 임재 된 가운데 기도를 해야 합니다. 그런데 기도 내용을 보면 머리로 생각한 내용을 가지고 육신적인 기도를 합니다. 육신적인 기도를 하니까, 시간을 드려서 기도해도 하나님의 음성을 듣지 못함은 물론이고 응답을 받지를 못하는 것입니다.

새벽 기도는 성령의 인도를 받아 성령으로 기도하므로 하나님의 음성을 듣고 하루 일을 준비하는 귀한 시간입니다. 그럼에도 불구하고 자기가 생각하고 있는 기도 제목만 하늘에 계신 한님에게 아뢰는 기도가 되고 있습니다. 이렇게 기도하니 기도응답도 받지 못하고 성령 충만도 받지 못하는 것입니다.

새벽기도에 가서도 과거 정안수 떠놓고 빌던 방식대로 기도를 합니다. "무조건 비나이다"입니다. 실제로 제가 부교역자 할 때 제가 잘 아는 권사님이 계셨습니다. 이 권사님이 새벽기도에 나와서 꼭 제 뒤에서 기도를 하십니다. 제 뒤에서 기도를 하면 기도가 잘 된다고 꼭 제 뒤에서 기도를 합니다. 이분이 하는 기도가 아무 재미가 있습니다. 기도하는 소리를 들어보면 이렇습니다.

"하나님! 우리 아들 직장생활 잘하게 해주시옵소서. 믿음생활도 잘하게 해주시옵소서. 손자들도 공부 잘하고 잘 자라게 해주시옵소서. 우리 큰 딸이 우울증에 걸려서 고생을 합니다. 우울증을 치유하여 주옵소서. 우리 큰 사위가 술을 끊지를 못하고 있습니다. 술을 끊도록 도와주시옵소서. 외손자 외손녀가 상처 받지 않고 잘 자라게 해주시옵소서. 하나님! 우리 작은 딸이 질병으로 고생을 합니다. 병을 치유하여 주시옵소서. 사위도 사업이 잘되고 믿음 생활도 잘하게 하여 주시옵소서. 외손자가 건강하게 잘 자라기를 원합니다."

이렇게 조랑, 조랑, 조랑, 조랑, 조랑, 조랑, 하며 주시옵소서. 기도를 하는 것입니다. 이것이 무슨 이유입니까? 샤머니즘의 영향입니다. 이와 같이 처음 교회에 들어올 때 기도에 대하여 바르게 가르쳐 주지 않으니 삼십년을 예수를 믿어도 샤머니즘적인 기도를 탈피하지 못하는 것입니다. 이런 기도를 하니까, 조그마한 일을 당해도 영적인 눌림에 빠지는 것입니다. 단순하게 예수님 사랑합니다. 하는 기도가 가장 좋은 기도입니다. 기동 대하여 더 상세한 것은 "기도 쉽게 바르게 하는 방법"을 보시고, 앞으로 출간될 "기도하는 습관과 자기치유"를 참고 바랍니다.

자신이 최근에 행한 일들을 묵상하면서 주님 앞에 내어놓고 주님의 말씀을 듣기를 사모하십시오. 묵상은 성령의 임재가운데 자난 일들을 영상으로 보면서 하는 기도입니다. 그러면 어떤 일이 생각나고, 그 일의 어떤 부분에서 주님의 뜻에 어긋났는지를 알게 됩니다. 알게 되었다면 성령의 임재가운데 회개하면 됩니다. 자연스럽게 떠오르는 내용을 마음에 간직하고 회개하면서 기도하기 시작하십시오. 반드시 축귀하세요. "예수님의 이름으로 명령한다. 내가 조를 지을 때 들어온 귀신은 떠나가라." 그러면 기도가 자연스럽게 시작되면서 갑갑하던 마음이 풀어지고 기도에 힘이 들어가게 됩니다. 기분이 상쾌해지고 억눌렸던 기분이 되살아납니다. 기도가 다시 자연스럽게 이어지고 무겁던 마음이 가벼워집니다. 이렇게 되면 영적 눌림은 사라진 것입니다. 주님의 가르침을 받아들이게 된 것입니다. 그러면 다음부터는 하나님의 말씀과 성령의 인도를 받아 영적인 눌림에 빠지지 말아야 할 것입니다.

# 9장 영적인 침체에 빠진 크리스천

(마11:2-11)"요한이 옥에서 그리스도께서 하신 일을 듣고 제자들을 보내어 예수께 여짜오되 오실 그이가 당신이오니이까? 우리가 다른 이를 기다리오리이까? 예수께서 대답하여 이르시되 너희가 가서 듣고 보는 것을 요한에게 알리되 맹인이 보며 못 걷는 사람이 걸으며 나병 환자가 깨끗함을 받으며 못 듣는 자가 들으며 죽은 자가 살아나며 가난한 자에게 복음이 전파된다 하라. 기록된 바, 보라 내가 내 사자를 네 앞에 보내노니 그가 네 길을 네 앞에 준비하리라 하신 것이 이 사람에 대한 말씀이니라. 내가 진실로 너희에게 말하노니 여자가 낳은 자 중에 세례 요한보다 큰 이가 일어남이 없도다. 그러나 천국에서는 극히 작은 자라도 그보다 크니라."

하나님은 크리스천들이 영적인 침체에서 빠져나오기를 원하십니다. 영적인 침체란 믿음의 진보가 없고 제자리에서 맴돌거나 영적 생명이 퇴보하는 것을 말합니다. 영적인 침체에 잘 빠지는 크리스천의 유형은 보이는 면에 치중하는 분들입니다. 즉, 천국을 보고 왔다. 지옥을 보고 왔다. 환상을 본다. 음성을 듣는 다. 사람의 심령을 들여다본다. 귀신을 본다. 등 등 말씀 중심에서 이탈한 신비를 추구하는 분들이 영적인 침체에 잘 빠집니다. 보이는 면에만 치중하고 자신의 내면에 관심을 두지 않아서 성령께서 자신을 장악하지 못하여 발생합니다. 성령의 역사가 전인격을 장악하지 못하여 심령이 메말라서 보이던 것이 보이지 않고 들리지 않을 때 침체에 잘 빠집니다. 말씀을 무시하고 신비를 추구하는 사람들에게 자주 나타납니다. 자기가 천국에 갔다가 왔으니 자기보다 영적으로 깊은 자가 없다는 자기도취에 빠진 사람들이 침체에 잘 빠집니다. 크리스천은 항상 말씀과 성령으로 기도하면서 자신을 들여다보는 생활을 해야 합니다.

영적인 침체가 왔을 때 나타나는 현상 가운데 많이 보이는 것이 마음이 강퍅해지고 교만해지는 것입니다. 스스로 자만하여 믿음의 조언을 귀찮아하거나 들으려 하지 않고 자신이 스스로 알아서 모든 부분을 다 할 수 있는 양 나름의 생각합니다. 또한, 별일 아니고 시간이 조금 흐르면 해소가 된다는 안일한 생각으로 지나쳐 버리거나 방관하기도 합니다.

영적 침체 중에는 들려줘도 들으려 하지 않을 뿐만 아니라, 오히려 믿음의 조언을 하는 것을 못마땅하게 여기기도 합니다. 하나님과의 관계뿐만 아니라, 다른 많은 부분이 막혀 버리기 때문에 마음이 참으로 답답합니다. 믿음의 조언을 들으면 그 믿음의 조언이 다 맞는 것은 인정할 수 있지만, 막상 자신이 그렇지 못하기 때문에 답답해합니다. 이런 분들은 자신이 자신을 볼 수 있도록 해야 합니다. 다른 사람들의 조언을 듣지 않을뿐더러, 역 효과를 초래할 우려가 있기 때문입니다. 시간이 흘러 영적인 눌림이 나타나고 영적인 무기력에 빠지기 시작하면 스스로 치유하려고 노력하게 됩니다. 영적인 침체기에 들어선 분들은 대부분 생각해서 들려주는 말들이 위로가 되지 못하고 믿음의 조언도 오래가지를 못합니다. 그렇기에 자신의 입장에서 생각하고, 부정적으로 바라보며, 자신의 입장에서만 생각을 고집하게 됩니다. 한마디로 이기주의자입니다. 영적인 침체는 더불어 육적인 침체를 함께 동반하기도 합니다.

몸이 많이 피곤하고, 감정이 가라앉으며, 의욕을 잃기도 합니다. 그렇기 때문에 영적인 침체 중에는 별것 아닌 말에 상처나 스트레스를 받기도 하고, 때로는 별일 아닌 것에 지나치다 싶을 정도로 예민하게 반응을 하며, 마음속에 오래 담아 두기도 합니다. 혈기가 심해지기도 합니다. 육체적인 침체로 인해 해야 할 일을 귀찮아하거나 게을러지는 대신에 자신이 세상 적으로 좋아하던 것에는 애착을 넘어 집착을 하게 되어 세상적인 것에 빠지기도 합니다. 이상하게 세상 사람들이 모이는 곳을 좋아합니다.

또한, 헛된 세상의 것들을 통해 기쁨과 즐거움을 얻고자 합니다. 그러나 그것은 잠시 육적인 만족을 줄지는 모를지언정 영적인 치유와 회복을 이룰 수 없고, 영적인 침체를 더욱 더 깊게 할 뿐입니다. 영적인 침체는 그 침체를 경험해 보지 않은 이상 침체에 대해 이렇다 저렇다 말할 수 없습니다.

영적인 침체가 얼마나 힘들고 외로운 것인가를 말입니다. 그렇기 때문에 영적인 침체 가운데 있는 사람에게는 영적인 침체를 이기고 승리한 친구나 조언자가 필요합니다. 영적인 멘토가 있어서 조언을 듣고 순종하면 금상첨화일 것입니다. 그런데 영적인 조언을 듣지 않고 순종하지 않습니다. 분명하게 세상적인 말과 조언으로는 영적인 침체 가운데 있는 마음에 위로가 되지를 않습니다.

영적인 침체를 하나님을 의지하며 승리하면 신앙생활이나 우리들 각자의 삶이 한 단계 업그레이드 되게 되지만, 반대로 이를 이겨내지 못하면 신앙생활이 후퇴하거나 하나님을 원망하며 예수를 떠나기까지 합니다. 목회자는 목회를 하지 못할 수도 있습니다. 그런데, 영적인 침체는 모든 사람들이 경험하는 것이라고 말할 수는 없어도 그렇다고 자신 혼자만 받는 것이라고 말할 수는 더욱 없습니다. 하나님의 뜻과 계획하심을 따라, 하나님의 때에 받게 될 수 있는 것이기 때문에 그렇습니다.

그래서 꼭 부정적인 것으로 여겨서는 안 됩니다. 영적인 침체를 통하여 자신을 발견하고 한 차원 깊은 영적인 수준으로 발전할 수가 있기 때문입니다. 영적인 침체 중에는 무엇인가에 많이 눌리는 것을 경험하게 됩니다. 그렇기 때문에 기도도, 찬양도, 말씀 묵상도, 예배드림도 하나님 앞에 온전한 모습으로 들이지를 못하고 막히는 것을 경험하게 됩니다. 그래서 하나님과의 교제를 포기하고픈 생각을 갖게 됩니다. 그런데, 그러한 생각은 하나님의 성령이 우리 영혼에 부어 주시는 것이 아니라, 악한 어둠의 영이 우리들의 마음속에 속삭이는 거짓말임을 깨달아야 합니다.

기도가 잘되든 되지 않던 기도나 말씀 묵상이나 예배드림을 포기하는 것은 어둠의 영의 계략에 완전히 넘어가게 되는 것임을 말씀드리고 싶습니다. 비록 힘들고 어려워도 다시금 하나님이 치유해 주시는 때까지 끈질기게 믿음으로 나아가야 합니다. 기도와 말씀과 예배를 포기하는 것은 더욱 침체를 깊게 할 수 있고 하나님과의 거리를 멀어지게 하여 치유와 회복을 받을 수 있는 길을 버리게 되는 어리석음을 범하게 됨을 간과해서는 안 될 것입니다. 하나님은 우리들에게 감당할 수 있는 부분을 허락하신다고 말씀하셨습니다.

영적인 침체 가운데 있을 때 이를 피할 수 있는 유일한 길은 바로 세상적인 방법과 수단이 아닌 성령의 역사와 예수님의 보혈의 능력 밖에는 없다는 것을 말씀드리고 싶습니다. 비록 기도가 안 되고, 말씀 묵상이 잘 되지 않아도 하나님은 그런 가운데서도 우리들의 신음까지도 버리시지 않으시고 들으시기에 하나님과의 연결된 끈을 내 자신 스스로 놓아 버려서는 안 될 것입니다.

영적인 침체는 세상적인 것을 통해 해소할 수도 없고 피할 수도 없습니다. 즉, 세상적인 것은 영적인 침체의 피난처가 되지 못한다는 것입니다. 영적인 침체 가운데 유일한 피난처는 예수님 밖에 없습니다. 자신 안에 계신 성령님께 집중하고 찾고 두드려야 합니다. 원인을 알아내야 합니다. 그 믿음을 가지고 끝까지 끈질기게 나아가야 합니다. 아마도 어둠의 영은 세상의 것들을 보이며 그것들을 통해 영적인 침체를 해소하라고 유혹할 것입니다.

그러나 그러한 어둠의 영이 가져다주는 것은 우리의 영혼을 회복시켜 주는 것이 아니라, 오히려 우리들의 영혼을 하나님으로부터 이간질시키며 타락과 멸망의 길로 인도한다는 사실을 잊지 마시기 바랍니다. 오로지 예수님과 성령님께만 치유와 회복과 길과 생명이 있음을 알아야합니다.

우리가 등산을 할 때 산에 올라 그 정상에 서는 기쁨은 이루 말할 수가 없습니다. 그러나 정상에 오르고 나면 다시 골짜기로 내려가야만 합니다. 지나온 우리 신앙생활도 가만히 살펴보면 정상과 골짜기가 반복되었음을 발견하게 됩니다. 지난날 우리는 정상에 올라 성령 충만한 가운데 하나님께서 베푸신 큰 축복 속에서 살 때가 있었습니다. 그러나 때때로 계곡과 골짜기로 내려가면서 영적으로 형편없는 삶을 살 때도 있었습니다. 믿음이 흔들려 영적인 무기력증에 빠져 지낼 때도 있었습니다. 우리는 영적인 침체기가 올 때 그것을 잘 극복하고 넘겨야 올바른 신앙생활을 할 수 있습니다.

**첫째, 영적침체로 나타나는 현상**. "성령 충만하다."라는 것이 하나님으로 우리들의 영혼과 삶이 충만한 것이라면, 영적인 침체는 그와 반대로 영적으로 메마르고 기근 현상이 나타나며, 우리들의 신앙이 제자리에 머무르거나 퇴보하는 것을 의미합니다. 영적인 침체가 그 무엇보다도 힘들고 고달픈 것은 은혜 충만한 우리들의 삶이 서서히 식어가면서 은혜의 소멸로 말미암아 지극히 영적으로 메마르면서 우리들의 영혼이 세상적인 모습으로 변질되어 가는데 있는 것입니다.

영적으로 침체 현상을 보이면 나타나는 현상이 있습니다. 첫째는 무엇보다 영적으로 게을러지고 나태해집니다. 둘째는 영적인 기갈로 말미암아 세상적인 것에 마음을 빼앗기며 세상적인 것을 기뻐하고 즐거워하게 됩니다. 셋째는 하나님과의 교제가 막히면서 하나님께 무관심하게 되고 하나님을 멀리하게 됩니다. 넷째는 지극히 자기중심적이고 세상중심적인 모습을 보입니다. 다섯째는 주변 사람의 조언을 귀담아 듣지 않습니다. 여섯째는 영적인 카리스마와 능력을 잃어 스트레스에 눌리게 됩니다. 일곱째는 죄에 대해 무감각해지면서 죄 된 삶을 살아가게 됩니다. 여덟째는 그 어느 때보다 무능력하다는 것과 무기력하다는 것을 느끼게 됩니다. 아홉째는 세상적인 것에 얽매이고 집착하는 모습을 보입니다. 열 번째는 위의 것들이 잘못되었다는 것을 알면서도 이를 통제하거나 이겨낼 수 있는 힘이 없습니다. 열한째는 감정적으로도 많이 다운이 되면서 자기정체성이 흔들리게 됩니다.

영적인 침체는 하나님의 뜻과 섭리가운데 있는 것입니다. 내 자신이 들어가고 싶다고 해서 들어갈 수 있는 것도 아니고, 들어가기 싫다고 해서 거부되어지지도 않는 것입니다. 무엇보다 내 자신이 영적인 침체 가운데 있다는 사실을 인지하지 못하고 살아가는 것이 마음을 힘들게 하고 안타깝게 할 따름입니다. 영적인 침체는 하나님에 의해서만 극복되어질 수 있는 것입니다. 그렇기 때문에 영적인 침체를 경험하게 될수록 하나님을 그 어느 때보다 더 찾아야 하고 의지해야 합니다. 비록 하나님의 응답이나 하나님의 어떠한 반응이 없을지라도 말입니다. 그러나 우리들이 명심해야 할 것은 영적인 침체가운데 있다고 하여도 하나님께서 우리들의 영혼을 포기하거나 버리시지는 않으신다는 것입니다. 영적인 침체 속에서도 우리들의 영혼을 바라보시고 함께 하시며 우리들을 떠나가시지 않는다는 것입니다. 다만, 우리들이 하나님을 못 느낄 뿐이고 하나님이 안 계신 것처럼 느낄 뿐입니다. 영적인 침체를 이기고 승리할 때 하나님께서 우리들에게 허락하시는 은혜와 사랑은 가히 말로 표현할 수가 없습니다.

우리들에게 주어질 하나님의 은혜는 그만큼 그 어느 때보다도 소중하고 귀하게 여겨질 것입니다. 그렇기 때문에 우리들은 실망과 좌절하지 말고 하나님이 허락하실 장래를 소망하면서 하나님만을 의지하고 바라보는 믿음을 가져야 합니다. 그것이 비록 힘들고 고달프고 어렵고 때로는 아플지라도 말입니다.

**둘째, 우리들도 영적인 침체를 겪을 수 있다.** 오늘 본문 말씀에서 우리는 하나님의 의해 놀랍게 쓰임 받았던 한 사람을 만납니다. 그는 세례요한입니다. 그런데 지금 세례요한이 영적인 침체 속에 있는 것을 보게 됩니다. 세례요한은 어떤 사람이었습니까? 세례요한은 주의 길을 예비하라고 하나님에 의해 보내심을 받은 사람입니다. 세례요한은 예수님을 보고는 “보라 세상 죄를 지고 가는 하나님의 어린양이다”(요1:29) 라고 확신에 찬 음성으로 말하면서 예수님께서 인류의 죄를 담당하시기 위해서 돌아가실 메시야이시며 구세주이심을 증거 했던 사람입니다. 세례요한은 언제나 확신과 열정을 가지고 말씀을 선포했었습니다. 그 누구도 세례요한의 생애 속에서 예수님에 대하여 털끝만큼도 의심하는 모습을 찾아 볼 수가 없었습니다.

그런데 지금 세례요한은 헤롯왕에 의해 교도소에 갇혀 있었을 때 제자들을 보내 예수님께 묻기를 "오실 그이가 당신이 오니이까? 우리가 다른 이를 기다리오리이까?"(3절) 라고 질문하는 것을 보게 됩니다. 지금까지 줄곧 예수님을 가리켜 "보라, 예수님은 하나님의 어린양이며, 우리가 그토록 기다렸었던 메시야시며, 구세주이시다" 라고 외쳤던 세례요한이 이제 와서는 예수님을 향하여 "정말 오실 메시야가 당신입니까?"라고 묻고 있는 것입니다. 참으로 너무나 충격적인 소식을 우리는 접하게 됩니다. 우리는 이 사실을 통하여 아무리 믿음이 강한 그리스도인이라 할지라도 오랫동안 영적인 침체 속에서 지내게 되면 믿음이 연약해 지고 흔들릴 수 있다는 것을 깨닫게 됩니다. 영적 침체에 빠지면 지금 돌아가시면 천국가실 수 있나요. 죽어보아야 알지요. 이렇게 대답하게 됩니다. 필자가 병원에 능력전도 다니면서 권사님에게 질문하니 그렇게 대답을 했습니다.

**셋째, 우리는 언제 영적인 침체에 빠지게 됩니까?**

**1) 나의 생각대로 일이 이루어지지 않게 될 때 영적 침체에 빠질 수 있습니다.** 세례요한은 하나님의 나라가 자기 당대에 속히 임하게 되기를 바랐던 것 같습니다. 그런데 자기 생각대로 하나님의 나라가 임하지 않았고 세례요한은 교도소에 갇히게 되었습

니다. 세례요한은 예수님이 오시면 곧바로 하나님의 나라가 임하게 될 줄 알았는데 그렇게 되지 않자 세례요한은 의심과 갈등 가운데 "예수님, 당신이 우리가 기다렸던 메시야입니까?"라는 질문을 하게 된 것입니다.

언제 우리의 신앙생활이 흔들리고, 언제 우리가 영적인 침체에 빠지게 되는지 아십니까? 어떤 일이 내 생각대로 되어져야 한다고 생각하는데, 그 일이 내 생각대로 이루어지지 않게 될 때 우리의 믿음은 흔들리기 쉽습니다. 우리의 사업이 잘되고, 가정이 잘되고, 건강하고, 직장에서 승진이 잘되고, 원하는 상급학교에 진학을 하게 될 때 하나님을 부인하고 의심하는 사람은 없습니다. 그때는 하나님께서 베풀어주신 일들로 인하여 감격하고 감사하면서 하나님을 찬양합니다. 그러나 때때로 우리의 생각대로 일들이 주어지지 않을 때가 있습니다. 바로 그때 자칫 잘못하면 우리는 영적인 침체와 신앙의 위기를 만날 수 있습니다.

**2)우리의 환경이 어렵게 바뀔 때 영적 침체에 빠질 수 있습니다.** 지금 세례요한은 교도소에 갇혀 있을 때 이런 말을 하고 있는 것입니다. 세례요한은 이전까지는 자유로운 몸으로 광야에서 하나님을 증거 하면서 하나님의 일을 행했었습니다. 그런데 이제는 환경이 바뀌어 교도소에 갇히게 되었습니다. 환경이 바뀌게 되니까 지금까지 예수님에 대해 확신에 찬 믿음을 가지고 있었던 세례요한은 믿음이 흔들리게 된 것입니다.

우리가 때때로 영적인 침체와 위기를 만날 때가 있었다면 그때가 언제였는지 생각해 보시기 바랍니다. 이사를 가서 한동안 영적인 침체에 빠지기도 합니다. 다른 때가 아니라, 우리에게 주어져 있는 환경이 바뀔 때였을 것입니다. 우리가 항상 열정과 감격을 가지고 하나님을 사랑하면서 예수님의 사랑 속에서 믿음의 확신 속에 살아야 하는 것이 정상적인 신앙생활입니다. 하지만 오랜 신앙 속에서 힘들고 어려운 환경이 계속되면 우리의 믿음도 흔들릴 수 있습니다.

**넷째, 어떻게 할 때 영적 침체에서 벗어날 수 있습니까?**

**1) 자신의 상태를 솔직하게 털어놓아야 영적 침체에서 벗어날 수 있습니다.** 세례요한은 제자들에게 자신이 영적으로 침체되어 있는 사실을 말했습니다. 그리고 제자들로 하여금 예수님께로 가서 다시 예수님이 정말 메시야 인지를 알아오라고 했던 것입니다. 세례요한의 제자들은 지금까지 줄곧 예수님을 메시야라고 증거 하는 확신에 찬 세례요한의 증거를 들어왔었습니다. 그런데 지금 세례요한은 "나에게는 예수님이 메시야라는 확신이 없으니 너희들이 가서 예수님이 메시야 인지를 다시금 확인하고 오너라"고 말했던 것입니다.

세례요한은 모든 자존심을 뿌리쳤습니다. 그리고 "나의 연약한 믿음을 다른 사람이 보면 뭐라고 평가할 것인가?"에는 별 관심을 갖지 않았습니다. 세례요한은 예수님이 어떤 분인지 확신하면서 다시금 흔들리지 않는 확고한 믿음 가운데 거해야 되겠다는 일념으로 예수님께 제자들을 보냈고 흔들리는 문제를 물었던 것입니다.

우리가 믿음이 흔들리는 영적 침체기를 맞을 때 아주 잘못 행하는 것 한 가지를 말한다면 그것은 사람의 눈을 너무 크게 의식하는 것입니다. 신앙생활은 하나님과 나와의 관계입니다. 그러므로 하나님과 나와의 관계가 잘못되어 있다면 어떠한 대가라도 지불하고서라도 하나님과의 관계를 바로 해야만 합니다.

그런데 많은 사람들은 자신의 믿음이 흔들리고 영적으로 침체 상태에 있는데도 다른 사람의 시선을 의식하면서 이렇게 말합니다. "내가 이러한 직분을 가지고 있는데, 내가 오래 믿어왔고 신앙의 연륜을 가지고 있는데, 내가 전에 이런 간증을 했었는데, 다른 사람들이 내가 연약한 가운데 있다는 것을 알면 뭐라고 이야기 할 것인가?" 거기에 너무 신경을 씁니다. 제일 중요한 것은 하나님과 나와의 관계를 회복하는 것인데도 말입니다.

세례요한은 진정한 용기를 가지고 솔직한 가운데 하나님과의 관계를 회복시키는 것이 제일 중요하다는 한 가지 사실을 가지고, 제자들을 예수님께 보내어 메시야 임을 확인시켜 달라고 했던 것입니다. 우리들도 영적인 침체에서 벗어나려면 세례요한과 같은 결심을 해야만 합니다.

우리 가운데 많은 성도님들이 예수님을 영접하여 구원받은 확신 속에서 믿음의 생활을 하는 줄 압니다. 그러나 우리 가운데 예배는 참석하고 있지만 지금 죽으면 천국 갈 확신이 없는 분이 있을 수 있습니다. 예수님께서 나의 죄를 다 담당하시고 해결하신 나의 구주라는 것을 확신하지 못한 채로 살고 있는 분이 있을 수 있습니다. 그러한 분이 있다면 다른 사람들의 시선을 생각하지 말고, 하나님 앞에서 자신의 믿음이 어떠한지를 확신하기 위하여 하나님과 자기 자신을 속이지 말고 솔직하시기 바랍니다. 세례요한은 자기의 체면과 명예와 지위와 다른 사람의 평판을 전혀 생각하지 않았습니다. 세례요한은 하나님 앞에서 흔들리지 않는 믿음의 확신 가운데 거하기를 원했던 것입니다.

바라기는 모든 분들이 하나님과 자신과의 관계 속에서 구원받은 사실을 확신하면서 삶을 살기를 바랍니다. 자신이 오늘 돌아가신다면 천국 갈 확신이 있으십니까? 이 확신이 없다면 "내가 어떻게 하면 구원받을 수 있는지 이것을 내가 오늘 해결하겠다." 라는 마음을 가지고 예수님께 나와서 문제를 해결함으로 구원의 확신 속에서 신앙생활 하시기 바랍니다.

2) **하나님의 말씀을 확신하게 될 때 영적 침체에서 벗어나게 됩니다.** 세례요한이 자기의 문제를 가지고 솔직하게 예수님께 나왔을 때 예수님께서는 세례요한에게 하나님의 말씀을 들려주심으로 영적 침체에서 벗어나게 해 주셨습니다. 예수님께서는 이사야서 61장 1,2절의 말씀을 들려주셨는데 그것은 메시야가 와서 하실 일들에 대해 기록한 말씀입니다. "앉은뱅이가 일어나고, 문둥이가 깨끗함을 받고, 귀머거리가 들으며, 가난한 자에게 복음이 전파되는 일"은 메시야가 오셔서 할 일이었습니다.

세례요한은 이사야서 61장 1,2절 말씀의 내용을 잘 알고 있었습니다. 그러나 세례요한은 교도소 안에 있으면서 그 말씀을 놓치고 있었던 것입니다. 예수님께서 세례요한을 영적으로 자시 회복시켜 주실 때 전에 들었고, 전에 알고 있었던 말씀을 다시 한 번 들려주심으로 확신 속에서 능력 있는 신앙생활을 하도록 하셨습니다.

우리가 영적으로 침체와 무기력 가운데 있을 때 어떻게 하면 다시 굳건한 믿음 가운데 살 수 있게 될까요? 그것은 전에는 알고 있었지만, 지금은 멀어져 있고 희미해져 있는 하나님의 말씀이 내 중심에 다시 새겨 지게 될 때 굳건한 믿음으로 살게 된다는 것을 기억하시기 바랍니다. 그러므로 영적 침체를 벗어나기 위하여 제일 먼저 우리가 해야 할 것은 하나님의 말씀이 있는 곳으로 나와야 하는 것입니다. 나와서 부르짖어야 합니다. 성령으로 충만받아야 합니다. 자신 안에 계신 하나님과 관계를 열어야 합니다.

우리가 영적으로 침체되는 것은 하나님의 말씀 안에서 살고 있지 않기 때문입니다. 성령의 인도 없이, 말씀을 울타리 삼아서 살고 있지 않기 때문에 영적인 침체에 빠지게 되는 것입니다. 하나님의 말씀이 자신의 마음과 생각을 지배하게 되면 영적으로 침체된 삶에서 쉽게 벗어날 수 있습니다. 그러므로 우리가 영적 침체에서 벗어나기 위해서 날마다 말씀을 묵상하고 날마다 말씀을 가까이 하면서 하나님께서 성령을 통하여 주시는 말씀을 붙잡고 살아가면 우리는 영적인 침체로부터 벗어날 수 있게 됩니다. 그러므로 영적 침체 가운데 있다면 다른 것을 구하지 말고, 하나님의 말씀으로 다시금 새롭게 되기 위하여 하나님의 말씀을 구하는 성도님들이 되시기 바랍니다.

**3) 칭찬과 격려를 받게 될 때 영적 침체에서 벗어날 수 있습니다.** 세례요한은 지금 교도소 안에 있으면서 예수님에 대한 믿음이 흔들리고 있는 상태에 있었습니다. 그런데 예수님께서는 세례요한을 인정하고 칭찬해주고 높여주시는 것을 보게 됩니다. 영적 침체에서 벗어나려면 칭찬과 격려를 해 주어야 합니다(7-11절). 우리가 때로는 영적인 밑바닥에서 살 때가 있습니다. 그때 사람들은 우리의 실망스러운 모습을 보면서 비난하고 책망하며 험담하기가 쉽습니다.

지금 세례요한은 모든 사람들이 보기에 심히 실망을 안겨주는 영적으로 침체된 상태에 있었습니다(2,3절). 그런데도 예수님께서는 세례요한의 제자들을 돌려보낸 후에 세례요한에 대하여 칭찬할 수 있는 최상의 칭찬을 하시는 것을 보게 됩니다(7-11절). 예수님은 11절에서 “내가 진실로 너희에게 말하노니 여자가 낳은 자 중에 세례요한보다 큰이가 일어남이 없도다”라고 말씀하시면서 이 세상의 수많은 사람들 중에서 가장 큰 자가 세례요한이라고 말씀해 주셨습니다. 그러나 사실상 세례요한은 지금 영적인 밑바닥에 있었습니다. 예수님에 대하여 의심하고 있었지만, 예수님은 세례요한을 세워 주시고 격려해 주심으로 영적 침체에서 벗어날 수 있게 해 주셨습니다. 자신을 영적침체에서 일어서게 하실 분은 하나님이십니다. 성령으로 기도하여 하나님과 관계를 열기 바랍니다.

## 10장 영적인 무기력에 빠진 크리스천

(벧전 5:7-10)"너희 염려를 다 주께 맡기라 이는 그가 너희를 돌보심이라. 근신하라 깨어라 너희 대적 마귀가 우는 사자 같이 두루 다니며 삼킬 자를 찾나니 너희는 믿음을 굳건하게 하여 그를 대적하라 이는 세상에 있는 너희 형제들도 동일한 고난을 당하는 줄을 앎이라. 모든 은혜의 하나님 곧 그리스도 안에서 너희를 부르사 자기의 영원한 영광에 들어가게 하신 이가 잠깐 고난을 당한 너희를 친히 온전하게 하시며 굳건하게 하시며 강하게 하시며 터를 견고하게 하시리라"

신앙생활에 있어서 가장 무서운 것이 영적인 무기력입니다. 본문 말씀에 성도가 깨어야 할 이유에 대해 말씀하셨습니다. 우리들의 유 무형교회가 가정과 지역, 민족, 세계를 살리려면 깨어있어야 합니다. 근신이라 함은 세상에 빠지지 말라는 것입니다. 흑암의 세력이 성도들을 무너뜨리고 있을 때에 대적해야 합니다. 깨어있지 않으면 삼킴을 당합니다. 타협할 문제가 아닙니다. 우리가 분명하게 말씀을 붙잡고 무장해야 합니다. 영적인 무기력증은 영적이고 정신적인 우울증을 가지고 옵니다. 무기력하면 매일 메시지를 들어도 나와 상관이 없고 일할 맛도 나지 않습니다. 영적으로 깨어있지 못하면 기독교인 중에서도 우울증에 걸릴 수 있습니다. 여기에서 완전히 해방 받고 자유로워야 합니다.

영적인 무기력에서 한 시간이라도 빨리 빠져나와야 합니다. '학습된 무기력'이란 말이 있습니다. 이것은 '파블로프의 개'로부터 나온 심리학 용어인데, 심리학자들이 하루는 개를 묶어두고 전기로 충격을 주었습니다. 순간 개는 도망치고자 처절하게 몸부림칩니다. 그러나 어느 순간 개는 소용없다는 것을 깨닫고 더 이상 도망칠 시도조차 하지 않습니다. 그런데 이번에는 개를 풀어놓고서 같은 실험을 했습니다. 재미있는 현상은 개가 얼마든지 달아날 수 있음에도 불구하고 전혀 도망갈 생각을 하지 않더라는 것입니다. 어쩔 수 없는 상황에서 개는 '무기력'을 배우고야 말았습니다. 무기력이란 학습되는 것이고, 그 결과 무기력에 익숙해지고 보이지 않는 사슬에 묶여 버리게 됩니다.

영적인 무기력함도 이와 비슷합니다. 처음에는 무기력함이 힘들고 불편하다가 어느 순간에는 익숙해져 버립니다. 그리고 나중에는 그 무기력에서 나올 생각도 하지 못하고 주저앉게 됩니다. 나올 수 있음에도 불구하고 나오지 않고 그 자리에 주저앉는 것입니다. 부모들이 우리 아들이 의지가 없고 무기력합니다. 마치 도망칠 수 있어도 도망치지 않는 무기력한 개처럼 말입니다.

영적 무기력이 얼마나 무서운지 아십니까? 예수님은 베데스다 연못에서 38년 된 병자를 향하여 질문하셨습니다. "네가 낫고자 하느냐" 필자는 이 구절을 대하면서 약간 웃은 적이 있습니다. '아니 이걸 물어서 뭐합니까? 그 오랜 세월 나으려고 여기에 있는 것이 아닙니까?' 만약 의사가 환자를 보면서 '혹시 낫고 싶습니까?' 이렇게 묻는다면 환자는 화가 치밀어 오를 것입니다. 그런데 왜 이런 질문을 하셨을까요?

그는 38년간 그 무기력한 자리에 누워있으면서 이미 무기력함에 익숙해져 버렸고 학습되어 버렸습니다. 몸만이 아니라, 그의 영혼이 무기력함에 찌들어버린 것입니다. 이제는 바싹 말라버린 씨앗처럼 일어날 의욕의 불씨조차 꺼져버린 영혼입니다. 도망갈 수 있어도 도망치지 않는 무기력한 개와 비슷했습니다. 예수님은 그의 비참함을 보셨습니다. 이렇게 심각한 영적 무기력함을 대수롭지 않게 여기고 방치할 수 있겠습니까? 영적 무기력은 가장 무서운 질병 중에 하나라고 할 수 있습니다. 그러기에 예수님도 38년 된 병자의 몸을 고치기 전에 그의 무기력해진 영혼, 말라버린 의욕의 불씨부터 일으키기를 원하신 것입니다.

이런 편지를 본 적이 있습니다. "목사님, 저는 아무 의욕이 없습니다. 저의 집은 엉망으로 어질어져 있고, 제 꼴은 제가 보기에도 끔찍합니다. 남편과 아이들을 도와주어야 하는 것을 머리로는 알지만 저는 아무것도 할 수 없습니다." 필자는 그에게 말하고 싶습니다. '암 덩어리를 발견하면 가장 빠른 시간 안에 수술을 해야 하는 것처럼, 당신은 시간을 지체할 수 없습니다. 영적 무기력증은 암 덩어리만큼 무서운 병입니다. 시간을 끌지 마십시오. 지금 즉시 하나님께 손을 내미십시오. 마음 안에 계신 하나님을 찾으십시오. 빠를수록 좋습니다.' 그나마 불편함을 느길 때, 이때가 기회라는 것입니다. 빨리 영적무기력에서 탈출해야 합니다. 성령이 역사하는 장소를 찾아 가야 살 수 있습니다.

**첫째, 영적 무기력증이오면 보편적으로 나타나는 현상.**

1)**말씀의 중요한 의미를 모릅니다.** 말씀을 제대로 받아들이지 못합니다. 말씀이 들리지도 않을 뿐더러 들려도 순종하지 않습니다. 순종을 하는 것이 무기력에서 벗어나는 것입니다. 그냥 습관적으로 예배에 참석하는 것입니다. 말씀을 그대로 실천하고 순종하지 못하도록 막는 것이 영적 무기력증입니다. 단순히 예배에 승리하는 것 뿐 아니라, 하나님의 말씀에 순종하는 삶을 살아야 합니다. 노아시대 때에 노아는 순종하여 방주를 지었습니다. 아브라함도 가나안 땅으로 갈 때에 현실 속에서 실수, 시행착오도 했지만, 결국 순종함으로 창세기 22장에 믿음의 조상이 되었습니다. 모세도 애굽에서 출애굽 할 때에 나 자신이 할 수 없다고 했지만, 순종함으로 출애굽의 역사를 체험하였습니다. 순종하며 하나님의 말씀을 삶으로 옮길 때에 영적인 무기력증에서 벗어나게 됩니다. 영적인 무기력에 빠진 분들은 예배드릴 때 목사님 설교를 받아쓰기 하는 것이 도움이 됩니다. 설교를 듣는데 집중하라는 말입니다. 영이 깨어나야 합니다.

2)**말씀에 대한 분별력이 없습니다.** 하나님 말씀을 들어도 세상적인 지식과 분별을 못하고 혼합됩니다. 이렇게 되면 임마누엘의 축복이 누려지지 못합니다. 세상적인 것과 영적인 것을 분별하지 못하면 영적 무기력함에 빠지는 것입니다. 이렇게 되면

하나님으로부터 멀어지는 생각, 행동에서 벗어날 수가 없습니다. 여기에 빠지면 영적으로 무기력 하게 됩니다. "하나님 아는 것을 대적하여 높아진 것을 다 무너뜨리고 모든 생각을 사로잡아 그리스도에게 복종하게 하니"(고후10:5). 하나님 보다 높아진 생각을 무너뜨릴 때에 성령 충만 속에 들어갈 수 있습니다. 혼합된 생각 속에서 성령 충만을 달라고 하니까 온전한 성령 충만을 받지 못하는 것입니다. 치유 중의 치유는 생각의 치유입니다. 생각이 복음에 뿌리 내릴 때에 행동과 체질이 이루어집니다.

3)**영적인 무기력증 테스트 항목입니다.** 점검하여 보시기를 바랍니다. 기도하기가 싫다. 아니 기도할 수가 없다. 기도의 필요성조차 느끼지 못한다. 교회에 나가는 것이 무의미하다고 느낀다. 말씀이 들리지 않는다. 말씀이 믿어지지도 않는다. 일상 생활하는 동안 머리와 정신이 맑지 못한다. 평소에 늘 몸이 무겁고 의욕이 없다. 잠을 잘못 자는 불면증이 있다. 항상 머리가 무겁고 두통이 잦다. 기억력이 떨어져 잘 잊어버린다. 집중력이 떨어지고 삶에 의욕이 없다. 입맛이 없어서 식사를 거르는 일이 잦다. 폭음과 폭식을 한다. 겨우 일을 마쳐도 몸이 무거워 다른 의욕자체가 생기지 않는다. 아무리 쉬어도 피곤하다. 잠을 자고나면 우울한 무기력감이 더 밀려온다. 우울하고 짜증스럽거나 부정적이고 절망적인 생각이 자주 든다. 갑작스럽게 분노감이 올라오거나 화가 참아지지 않는 등 감정조절이 잘 안 된다. 예전에는 좋아하는 것들이 무미건조해진다. 삶의 의미를 모르겠다. 계

획했던 일은 시작도하지 못하고 포기한다. 우울한 기분이 자주 든다. 어디론가 훌쩍 떠나고 싶다가도 엄두가 나지를 않거나 귀찮다. 감정기복이 심해졌다. 점검하여 7개 이상이면 스트레스로 인한 영육의 무기력에 빠졌다고 보아야 합니다. 하루라도 빨리 내면을 전문적으로 다루는 목회자의 영적치료를 받아야 회복될 수 있습니다. 세상의술로는 해결 방법이 없습니다.

**둘째, 기도를 성령으로 못할 때 영적 무기력증을 가져옵니다.**

1)**기도에 즐거움과 행복을 느끼십니까?** 크리스천의 영적인 건강은 성령으로 기도할 때 가능한 것입니다. 기도가 되지 않거나 하지 못한다면 심각한 영적 무기력에 빠진 것입니다. 하나님은 우리의 모든 것을 기도에 담으라고 하셨습니다. 개인 기도에 승리하면 영적인 무기력증에서 벗어나게 됩니다. 예수님은 그 어떤 생활보다도 기도 생활에 모범을 보이셨습니다. 하나님의 중직자일수록 근신하고 깨어있어야 영적인 무기력에서 벗어나야 합니다. 예수님은 이 부분에 모범을 보이셨습니다. 무엇으로 행복한 시간을 보내십니까? 찬양, 기도, 말씀 들으며 행복해 지시기 바랍니다.

2)**어떻게 기도해야 할까요?** 자신 안에 계신 하나님과 막힌 영의 통로를 뚫어야 합니다. 영의 통로가 열리게 하려는 그 조건과 상태는 여러 가지이지만 첫째 의지를 발동해야 합니다. 마음을 열기 위하여 소리를 내야 합니다. 본인이 영의 통로를 열겠다는 의지를 발동하여 불같은 성령으로 세례를 받는 것이 제1의 원

리요, 그 다음은 말씀과 성령으로 내적 치유하는 것이 제2의 원리요, 귀신 추방이 제3 원리입니다. 이 모든 것은 혼자의 영력이나 힘으로는 불가능합니다. 성령 충만하고 체험이 많은 사역자의 도움을 받는 것이 좋습니다. 아니 그렇게 하는 것이 빨리 영의 통로가 열리게 할 수 있습니다. 그리하여 생각이 영적으로 바뀌고, 마음이 감동되어, 마음의 열리면 성령이 역사하시니 영적인 믿음이 생겨서, 본인의 의지가 발동되어, 본인의 원하는 대로 기도가 되고 몸과 마음이 움직여지고, 적극적인 행동으로 옮겨지는 과정을 거쳐야 합니다. 이 영적 원리는 모든 것에 적용됩니다.

**3) 보통 기도가 발전하는 다섯 단계.**

① 부르짖는 기도 단계입니다. 성도가 기도를 처음 배울 때부터 통성으로 무조건 생각나는 대로 소리 내어 부르짖어 기도하는 습관을 먼저 드려야 합니다. 만약에 언어의 구사나 방언으로 통성기도를 못한다면 절대 다른 사람들의 기도에 기가 죽어서 가만히 앉아 있지 말고 통성으로 주여! 주여! 주여! 를 계속하든지, 아니면 할렐루야! 할렐루야! 할렐루야! 를 연속적으로 호흡을 들이쉬고 내쉬면서 배에서 나오는 힘으로 기도를 열심히 하다가 보면 자신도 모르는 순간에 성령으로 자신이 장악되어 저절로 주여! 주여! 주여! 나 할렐루야! 할렐루야! 할렐루야! 가 나오다가 방언이 터지는 것입니다.

② 기도의 줄을 잡는 단계입니다. 계속 통성으로 기도를 하다가 보면 이제 어느 정도 숙달이 되어 언어통성기도나 방언통성

기도나, 주여! 주여! 주여! 나, 할렐루야! 할렐루야! 할렐루야! 가 저절로 되어 어느 정도 기도 줄이 잡힙니다. 그래서 기도는 훈련입니다. 자동으로 기도가 되는 것은 절대로 아닙니다. 본인의 의지가 어느 정도 결부가 되어야 나중에 성령께서 사로잡아 주시므로 기도가 되고 기도 줄이 잡히는 기도를 할 수가 있는 것입니다. 기도 줄이 잡히지 않더라도 지속적으로 해야 됩니다.

③ 영력이 끌려 올라오는 단계입니다. 이 단계가 되면 기도의 줄이 잡혀서 기도의 수고가 쉬워지므로 기도가 성령의 이끌림을 받게 됨으로 영으로 기도하면서 또 마음으로 기도하고 영으로 기도하게 됩니다. 이 단계가 되면 자신의 영 안에서 성령의 능력이 올라오는 시기이므로 자신의 안에서 올라오는 영력에 의하여 더욱 성령으로 충만하게 되고 무의식의 상처가 치유되면서 귀신이 떠나가니 기도의 수고가 쉬워지는 단계입니다.

④ 영력이 마음속에서 올라오는 단계입니다. 이 단계에 들어선 성도는 마음 안에 상처가 치유되고 상처를 붙들고 있던 귀신이 떠나가니 내 영안에 계신 성령하나님과 영의 통로가 열려 영으로 기도를 하는 단계입니다. 이 단계에 들어선 성도는 이제 기도가 자꾸 하고 싶어지고, 기도하면 할수록 성령이 충만하게 되고, 영안이 열려가므로 하나님의 말씀을 읽을 때나 들을 때, 목사님의 설교 말씀을 들을 때 영으로 말씀을 들으니 영이 자꾸 깨어나는 시기입니다. 이때가 되면 내가 지금까지 예수를 믿노라 하면서 왜 이렇게 고통을 당하면서 살았는가, 스스로 느끼고 고

치고 치유 받으려고 노력하게 됩니다. 그래서 서서히 하나님의 군사가 되므로 환경에서 하나님의 역사가 보이고, 하나님이 자기의 인생에 개입을 하고 인도하고 계시는 것을 느끼게 됩니다. 그러므로 성도는 무엇보다 기도가 바르게 되어야 합니다.

⑤ 영적인 기도의 단계입니다. 이 단계가 되면 성령하나님과 인격적인 관계가 되었기 때문에 주여! 만 해도 성령님의 임재를 느끼는 시기입니다. 필자가 강조하는 항상 기도할 수 있는 시기입니다. 기도하며 하나님의 음성을 듣는 시기입니다. 주가 내 안에 내가 주안의 단계입니다. 5단계는 모든 육의 소욕과 자아가 무너지고 주님만이 기도의 목표가 되는 단계입니다. 필자는 이 단계까지 도달하도록 인도할 것입니다. 부디 성령으로 충만하여 영적인 말씀과 원리들을 이해하시고 내 것으로 만드셔서 능력이 오고 깊어지는 깊은 영의 기도를 모두 숙달하시어 하나님의 강한 군사가 되시기를 바랍니다. 기도에 대하여 더 상세한 것은 "기도 쉽게 바르게 하는 방법"을 참고하시기를 바랍니다.

영적 무기력에 빠지지 않도록 엡4:17-24 말씀을 언약으로 붙잡고 구습을 좇는 옛사람을 벗어버리고 심령으로 새롭게 되어 하나님을 따라 의와 진리의 거룩함으로 지으심을 받은 새사람을 입을 수 있기를 바랍니다.

**셋째, 영적 무기력은 사단이 성도들에게 주는 최고의 선물입니다.** 지금까지 하나님은 우리에게 엄청난 축복을 주셨는데 사단에게 속아 누리지 못하게 되었다면 회개해야 합니다. 우리에게 가장 중요한 것은 개인 변화입니다. 개인이 변화되어야 다른 사람을 살릴 수 있습니다. 그러기 위해서는 무엇이 변화되어야 합니까? 3가지가 변화야 합니다.

**1)생각의 변화입니다**. 하나님은 자신이 잘되기를 원하시는 분이라는 생각으로 바뀌어야 합니다. 성공적, 긍정적, 적극적, 복음적인 생각으로 바뀌어야 합니다. 우리는 대부분 문제, 사건, 위기가 생기면 실패적인 생각, 율법적인 생각으로 돌아갑니다. 이것에서 벗어나야 합니다. 실패자의 의식을 버리고 자신에게 생명의 메시지를 먹일 수 있기를 바랍니다. 그러면 하나님의 계획, 미래에 대한 답을 발견하게 됩니다.

**2)인간관계의 변화입니다.** 만나는 사람도 가려서 만나야 합니다. 술 먹고 담대 피우고 향락을 즐기는 사람과 같이 지내면 자신의 영성에 심각한 피해를 줄 수 있습니다. 자신에게 전이가 될 수 있다는 것입니다. 우리가 만난 사람은 다 축복의 사람으로 만들어야 합니다. 우리는 하나님의 축복의 통로입니다. 그러므로 모든 사람과 동역자로서 섬길 수 있는 중심이 필요합니다. 그리고 영적 지도자를 위해서 기도해야 합니다. 강단 메시지가 내 것이 되고 성취되려면 목사님을 위해 기도해야 합니다. 이 부분에 실패하면 신앙이 성장하지 못합니다.

**3)일에 대한 변화입니다.** 신앙적으로 자신에게 필요한 일을 하시기 바랍니다. 대부분 사람들은 90%를 불필요한 일에 소모를 하는 경우가 많습니다. 복음에 유익하고, 하나님께 영광을 돌

리고, 영성을 깊게 유지하고, 많은 사람에게 유익을 줄 수 있는 필요한 일을 해야 합니다. 일을 하면서도 하나님과 대화하는 습관이 좋습니다. 더 많은 것에 대하여는 "백세시대 예수 안에서 장수하는 법"을 참고하시기를 바랍니다.

**넷째, 영을 강건하게 하여 영적인 기운을 회복하라**. 필자가 성도였을 때 목사님이 예배와 기도를 등한히 하면 영적으로 흐려진다는 말씀을 하신 적이 있었는데 그 때는 그 말씀이 의미하는 바가 무엇인지 몰랐습니다. 지금 깨닫고 보니 아주 중요한 것입니다. 크리스천이 영적으로 흐려졌다는 것은 심각한 것이기 때문입니다. 군인에게 총이 없는 것과 같은 것입니다. 눈은 뜨고 있으나 안대를 하고 사는 것과 같습니다. 하나님께서 체험을 통해 깨닫게 하고 계시기에 그렇습니다. 예전에는 몰랐지만 피로나 분주함으로 인해 하나님의 말씀을 묵상하는 것과 마음으로 기도하는 것을 하루 이틀만 지나쳐도 멍해지고, 하나님께 온전히 집중이 되지를 않아 성령의 임재하심을 통한 역동적인 움직임이 느껴지지 않게 됩니다.

영적인 기운은 기도로 자신 안에 계신 하나님과의 교제를 통해 하나님께 집중할 때 그 기운이 상승하며 유지할 수 있습니다. 그렇기 때문에 영적인 기운을 잘 유지하며 보다 깊은 영적인 삶을 살아가기 위해서는 세상과 구분된 하나님 중심적인 삶을 살아가야 합니다. 그렇지 못한다면 자칫 영적으로 흐려지고 흐트러지며 영적인 기운을 잃어버릴 수 있습니다. 무엇보다도 걸어 다니는 성전의식을 가지고 자신 안에 계신 하나님을 찾는 것입니다.

세상적인 삶속에서도 기운을 잃어버리면 밥맛도, 일과 삶의 의욕도 잃게 되어 온전한 삶을 살아가기가 어렵게 됩니다. 신앙생활에 있어서 영적인 기운을 잃게 되면 영적인 힘과 능력을 발휘할 수 없게 되어 하나님이 인도하시는 순종의 삶을 살아가기가 쉽지 않습니다. 또한, 성령의 소욕을 따라 살아가던 삶이 육체의 소욕을 따라, 살아가는 삶으로 변질되어 자기중심적이고 세상 중심적인 삶으로 탈바꿈되기 쉽습니다.

영적인 기운을 잃으면 영적으로 무기력해지고 영적으로 둔화, 도태 되어 다시금 영적으로 비상하기가 쉽지 않습니다. 한번 잃어버린 영적인 기운을 되찾기 위해서는 많은 믿음의 노력이 필요하고 하나님이 허락하시는 고난이나 연단과 같은 대가가 따르게 됩니다. 그렇기 때문에 영적으로 둔화, 도태 되어 영적인 기운을 잃지 않도록 하나님이 원하시는 하나님 중심적인 삶을 살아가야 합니다. 하나님과 동행하고 있다는 의식을 잊지 말아야 합니다.

영적으로 흐려지고 흐트러지는 것은 세상적인 것에 의해 영적인 흐름이 막히고 방해를 받는데서 비롯되는 것이기에 영적인 비상과 영적인 건강을 온전히 유지하며 하나님 앞에 바로 선 삶을 살아가기 위해서는 영적인 성장과 성숙, 그리고 영적인 비상과 건강을 돕는 하나님의 영의 양식을 섭취하는 예배에 빠짐없이 참석하여 영을 깨우고 성령으로 기도하여 영적인 충전을 하는 것에 게으르지 말아야 합니다. 반면에 헛되고 쓸데없는 육과 영의 양식의 섭취를 삼가 해야 합니다. 세상향락을 말하는 것입니다.

영적인 건강을 잃게 되면 영적인 기운도 함께 빠지게 됩니다. 그렇기 때문에 영적인 건강과 기운을 유지하기 위한 믿음의 노력을 소홀히 하거나 게을리 해서는 안 됩니다. 영적인 건강이 나빠지면 자연스럽게 육체적인 건강도 나빠지기 마련입니다. 육체의 건강은 영의 건강과 비례하기 때문입니다. 육적으로 비록 건강하지 못해도 영적으로 건강하면 하나님 앞에 바로 설 수 있지만, 육적으로 설령 건강해도 영적인 건강을 잃게 되면 세상의 그 어떤 방법을 통해서도 하나님 앞에 바로 설 수 없기 때문입니다.

영적인 흐려져서 흐트러지려고 할 때 이를 경계하며 하나님께 집중할 수 있도록 해야 합니다. 지나치게 TV를 시청하거나, 세상적인 취미와 향락이나 야외활동에 심취하는 것이나 불필요하고 헛된 것에 마음을 집중하게 되는 것은 영적으로 흐려지고 흐트러지는 빌미를 제공하게 되는 것입니다. 이것을 방치하면 영적인 건강을 잃게 되어 영적인 기운마저 빠져 버리게 되고 마는 것입니다.

크리스천이라도 세상 친구들과 모임이 있을 때 자신의 영적인 관리에 관심을 많이 가져야 합니다. 친구들이 모여서 하는 대부분의 대화 내용이 세상 적이고 만나는 환경이 술 마시고 담배피우는 환경이지 않습니까? 영적인 삶을 추구하고자 하는 크리스천에게 있어서는 답답하고 영적으로 다소 눌리는 것과 흐려지는 것을 느끼게 될 것입니다. 즉, 세상적인 모임을 통해서는 세상적인 인간관계는 유지가 되지만, 영적인 것을 추구할 수 없고 그렇기 때문에 영적인 손실을 받기가 쉽습니다.

영적으로 흐려지고 흐트러지면 하나님이 베푸시는 마음의 평안을 잃고 평정심이 흔들리며 헛된 것을 구하거나 찾게 됩니다. 이러한 모습이 발견될 때는 별 것 아니겠거니 그대로 방치해두면 전이 현상을 보이며, 영적인 건강을 잃기 쉽습니다. 생명이 되시는 하나님의 말씀을 붙잡고 찬양과 기도와 예배드림을 통해 불건전한 세상적인 것들을 정화시키고 영적인 손상을 입지 않도록 불건전한 세상적인 모습들을 멀리 하는 것이 좋습니다.

영적인 흐려짐과 흐트러짐을 통해 영적인 건강과 기운을 잃게 되면 자신의 어떠한 힘과 노력을 통해서도 다시금 영적인 건강과 기운을 결코 회복할 수 없음을 명심해야 합니다. 그래서 하나님을 믿는 사람들에게는 영적인 분별력을 통한 결단력이 필요합니다. 영적인 것들을 얻기 위해서는 세상적인 것들을 포기하고 내려놓을 수 있는 결단력 말입니다. 영적인 것과 세상적인 것은 서로 공존하며 하나님을 기쁘시게 할 수 없습니다. 영적인 것을 얻으려고 하면 세상적인 것을 포기해야 하고 세상적인 것을 얻고자 하면 영적인 것들을 잃어버리기 때문입니다. 영적인 것을 잃어버리는 것은 자칫 영적인 은혜와 삶뿐만 아니라 살아계신 하나님을 잃어버리게 되는 것임을 간과해서는 안 됩니다.

영적으로 흐려지고 흐트러져 영적인 기운을 잃지 않도록 우리들의 영혼과 마음을 하나님께 집중해야 하며 영적으로 흐려지고 흐트러지는 것을 깨달아 하나님 앞에 바로 설 수 있도록 하나님을 찾고 구하며 의지해야 합니다. 영적인 기운과 건강을 잘 유지하고 강건케 하는 길은 하나님의 은혜밖에는 없기 때문입니다.

# 11장 영육의 탈진에 빠진 크리스천

(사 40:27-31)"야곱아 어찌하여 네가 말하며 이스라엘아 네가 이르기를 내 길은 여호와께 숨겨졌으며 내 송사는 내 하나님에게서 벗어난다 하느냐? 너는 알지 못하였느냐 듣지 못하였느냐 영원하신 하나님 여호와, 땅 끝까지 창조하신 이는 피곤하지 않으시며 곤비하지 않으시며 명철이 한이 없으시며, 피곤한 자에게는 능력을 주시며 무능한 자에게는 힘을 더하시나니, 소년이라도 피곤하며 곤비하며 장정이라도 넘어지며 쓰러지되, 오직 여호와를 앙망하는 자는 새 힘을 얻으리니 독수리가 날개치며 올라감 같을 것이요, 달음박질하여도 곤비하지 아니하겠고 걸어가도 피곤하지 아니하리로다."

하나님은 영적인 탈진에 빠진 크리스천들이 자유하게 되기를 소원하십니다. 필자는 항상 이렇게 말합니다. 앞으로는 더 세상 살아가기가 힘이 들어 정신적으로 영적으로 육체적으로 고통을 당하는 크리스천들이 많아질 것이기 때문에 교회는 이런 크리스천들을 치유할 수 있는 능력을 갖추어야 한다는 것입니다. 특별하게 목회를 시작하는 분들은 이점을 염두에 두고 영적인 능력을 개발하라는 것입니다. 필자가 이 책을 저술하는 근본 목적은 먼저 물론 목회자들이 목회를 하다가 영적인 탈진에 빠지지 않도록 하는 것입니다. 두 번째는 크리스천들이 영적인 탈진에 빠지지 않고 자유하기 원하여 저술하는 것입니다. 목회자가 먼저 탈진을 극복할 수 있는 영성이 되어야 크리스천들을 도울 수 있기 때문입니다.

우리 크리스천들이 세상에서 이상이나 목표를 향해 앞만 보고 나가다가 어느 날 갑자기 눈앞에 넘을 수 없는 벽을 느낄 때 사람들은 극심한 무력감에 빠질 때가 있습니다. 이럴 경우 좌절감이나 상실감은 물론이고 우울증에 시달리는 것이 보통입니다. 영적인 능력이 부족하기 때문에 당하는 고통입니다. 성령으로 충만한 상태가 되면 세상의 스트레스를 이길 수가 있습니다. 즉, 내면이 강해야 한다는 것입니다. 내면이 성령으로 충만하여 하나님의 나라가 되면 영의 자유 함을 누리기 때문에 세상에서 오는 스트레스를 이길 수가 있습니다. 좀 더 쉽게 설명한다면 예수님으로 하나가 되어 천국을 누린다면 세상을 살아가면서 오는 압박감을 이길 수가 있어서 탈진에 빠지지 않고 승리하며 살아갈 수가 있을 것입니다. 무엇보다도 영혼의 만족이 중요한 것입니다.

지난 70년대 초까지만 해도 이러한 탈진증세는 의사, 간호사, 상담사, 교사, 경찰 등 사람들을 상대하는 특정 직업군에서나 나타나곤 했다고 합니다. 그러나 이제는 직장이나 일에 관계없이 광범위하게 나타나고 있는데 미국의 심리학자인 허버트 프로이덴버거는 이를 "탈진신드롬"이라 명명했다고 합니다.

경기침체가 계속되면서 탈진신드롬이 우리 사회 전반으로 번

지고 있다는 소식입니다. 종전에는 과중한 업무나 직장내 원만치 못한 인간관계로 인해 스트레스를 받았으나, 이제는 직업의 불안정과 자신의 장래에 대한 회의 등으로 정신적 압박감을 호소하는 사람들이 늘고 있다는 것입니다. 교회는 이들을 치유하는 곳이 되어야 합니다.

아무리 노력해도 승진에 대한 가망이 없고 자기 발전의 기회가 주어지지 않을 때 스트레스는 더욱 강해지고 탈진역시 빨리 진행된다는 것이 전문의들의 견입니다. 특히 탈진신드롬은 자신과 관련이 없는 외부 요인으로 발생한 것이기에 문제가 더욱 심각하다고 합니다. 탈진신드롬이 개인의 문제뿐이 아닌 사회 병리현상으로 번져 나가자 이를 예방하기 위한 연구도 부쩍 활발해지고 있습니다. 버클리대학의 크리시티나 매슬랙교수가 고안한 "탈진검사지"는 이런 점에서 참고할 만합니다.

탈진의 정도를 측정하는 기준으로 "나는 일 때문에 감정적으로 고갈되는 것처럼 느낀다." "나는 이 직장에서 근무한 이후 사람들에 대해 냉담해졌다"는 두 가지 사실을 한 달에 여러번 느끼고 일주일에 단 한번도 "직장에서의 감정적인 문제를 차분하게 처리하지 못한다."고 생각되면 탈진상태가 높아 위험하다는 것입니다.

대부분의 직장인들은 일상생활에서 회전문처럼 빙빙 돌다가 어느 날 문득 견딜 수 없는 절망감에 빠지곤 합니다. 기대한 만큼의 보상이 주어지지 않을 때도 쉽게 실망하며 탈진하게 됩니다. 편한 대화상대를 찾고 적당한 운동을 하고, 성령의 임재가운에 마음으로 묵상을 하면서 심신을 편히 하는 방도 외에 무엇이 있을까요? 다른 방도는 성령으로 충만해야 합니다. 자우지간 생명의 말씀과 성령으로 내면세계가 정리되어 강해져야 합니다. 마음 안에 성전이 견고하게 지어지고 하나님과 관계가 열려야 합니다. 그래서 영에서 올라오는 영력으로 세상의 압박을 밀어내거나 치유해야 합니다. 그렇기 때문에 성령으로 세례를 받는 것이 필수입니다. 성령으로 세례를 받아야 영에서 올라오는 성령의 기름부음으로 세상의 스트레스가 쌓이지 않는 것입니다.

우리는 크리스천으로서 자부심과 긍지, 그리고 주안에서 모든 것이 형통할 때 느끼는 성취감은 이루 말로 표현할 수가 없을 정도로 우리 크리스천들에게 기쁨과 행복을 얻게 되는 것이라고 생각 합니다. 그렇게 되기 위하여 내면세계를 강하게 해야 합니다. 하나님께서 주인 되게 해야 가능합니다.

모든 크리스천들이 하나님이 보시기에 귀하고 아름다운 크리스천이 되시기를 진심으로 기원 합니다. 그리고 혹시, 지금의 어려움이나 근심과 걱정이 있거나, 고통 속에 좌절과 절망 중에 계신 분들이라도 하나님을 믿고 의지 하면서 성령의 기도로 간구하면 반드시 믿음대로 형통하고, 성취감과 좋은 일이 있을 것으로 확신 합니다. 예수님만 바라보고 가노라면 전화위복을 체험하게 될 것입니다. 하나님은 분명하게 "우리가 알거니와 하나님을 사랑하는 자 곧 그의 뜻대로 부르심을 입은 자들에게는 모든 것이 합력하여 선을 이루느니라"(롬 8:28). 하셨기 때문입니다. 하나님께서 모든 크리스천들이 잘되기를 소원하고 계시기 때문입니다. 잘되게 하기 위해서 마음 안에 임재하신 것입니다. 그리고 그러한 모든 힘들고 어려운 것들이 전화위복의 계기가 될 것입니다.

**첫째, 하나님을 주인으로 신뢰하라.** 세상을 살다 보면 가끔 깊은 낙심 가운데 빠질 때가 있습니다. 그때 필요한 것은 무엇보다 성령으로 하는 기도입니다. 그런데 어떤 사람은 아주 힘들 때도 끝까지 기도하지 않습니다. 기도의 능력을 경시하기 때문입니다. 사람들에게 무엇보다 치명적인 영혼의 질병이 있습니다. 그것은 기도가 아무 의미가 없는 것처럼 느껴지는 질병입니다. 그처럼 기도할 힘을 잃어버리고 기도할 수 없을 정도로 힘들 때를 잘 극복해야 합니다. 크리스천은 무엇보다도 정확한 기도훈련을 받아야 합니다. 기도가 바르게 되어야 모든 것이 바르게 되기 때문입니다. 세상에서 받는 스트레스도 기도를 바르게 해야 이길 수가 있기 때문입니다.

주전 735년 경, 당시 유다 왕 아하스가 반 앗수르 동맹에 참여하지 않자 주변 나라들이 유다를 쳐들어왔습니다. 그 상황에서 아하스 왕이 두려움에 빠지자 이사야가 왕에게 하나님을 신뢰하고 굳게 서라고 했습니다(사7:8-9절). 그래도 아하스 왕이 두려움을 떨치지 못하자 하나님은 아하스에게 기도하라고 했습니다(사7:10-11절). 그때 왕은 말했습니다. "나는 구하지 아니하겠나이다 나는 여호와를 시험치 아니하겠나이다(사7:12절).”

아하사가 그처럼 어려운 상황에서도 기도하지 않겠다고 한 것은 너무 낙심하고 좌절해서 기도할 힘조차 잃어버렸기 때문입니다. 사람이 기도할 힘을 잃어버리고 탈진하면 자신의 문제에 몰입하게 됩니다. 마치 자신만이 변화를 만들어낼 유일한 사람이라고 믿고, 하나님께서 일하시게 만들지 않고 혼자 파괴적인 길로 갑니다. 아하스도 그런 길로 가고 있었습니다. 그는 “하나님은 스스로 돕는 자를 돕는다!”고 생각하지 않고, 모든 일을 자기가 하려고 했고, 모든 부담을 스스로 지고 관리하려고 했습니다. 이사야 7장 앞 3절에서 이사야가 윗못 수도 끝 세탁자의 밭 큰 길에 나가서 아하스를 만났다는 것은 아하스가 수로의 배관공사까지 다 간섭하려고 했다는 뜻입니다. 그처럼 아하스는 남을 신뢰하지 않았고 하나님도 신뢰하지 않았습니다.

가끔 보면 어떤 사람들은 성공하지 못했을 때 심하게 자책합니다. 그래서 아하스처럼 일주일 내내 거의 잠도 자지 않고 하루에 20시간 이상 일해야 성공할 것이라고 생각합니다. 그러면 결국 탈진합니다. 그래서 하나님은 말씀하십니다. “아무 일도 하지 말고 그냥 거기에 그대로 서 있으라.” 성도는 열심히 일한 후에 결과는 하나님께 맡기고 푹 쉴 줄 알아야 합니다. 성령으로 기도하여 하나님께서 하라는 대로 순종하는 것입니다. 그러면 하나님께서 하신다는 것입니다. 자신 앞에 있는 문제들은 하나님이 해결하신다는 믿음이 중요합니다. 진짜 구도자는 일할 때는 끝

내주게 일하고 놀 때는 끝내주게 놀 줄 아는 사람입니다.

사람이 탈진하면 사리분별이 혼돈되어 도덕성을 잃고, 자신을 학대하고, 정서적으로 상처투성이가 됩니다. 그래서 조급한 마음으로 나쁜 일에 손을 대다가 결국 더 깊은 좌절감에 빠집니다. 당시 아하스 왕은 이성과 상식과 도덕성을 잃고 어린이 희생제사를 드리고, 심지어는 자신의 아들까지 희생제사로 바쳤습니다. 영적으로 너무 탈진되니까 기도할 힘을 잃어버리고 통제 불능의 상태가 된 것입니다. 기도를 하지 못하니까 마음 안에서 하나님의 권능이 흘러나오지 않기 때문입니다. 크리스천들은 자신 안에 포도나무 되시는 예수님으로부터 진액을 공급받아 살아야 예수님의 권능으로 세상을 이길 수가 있습니다.

얼마 전에 켄터키에서 3명의 10대 소녀가 고등학교 복도에서 기도 중에 총에 맞았습니다. 범인은 교회에 다녔던 14세의 소년이었습니다. 그는 극도로 흥분하고 탈진한 상태가 되어 파멸적인 일을 벌인 것입니다. 탈진은 파멸의 전조입니다. 탈진하면 사리분별이 혼돈됩니다. 사람의 옛 주인인 귀신이 현재의식을 잡고 역사하기 때문입니다.

가끔 우리도 감정이 폭발해서 파멸적인 일을 할 것 같은 느낌이 생길 때가 있습니다. 그때는 누군가에게 그 얘기를 해야 합니다. 그리고 말씀을 전해줄 이사야와 같은 사람을 찾아야 합니다. 그러나 무엇보다 기도의 통로를 통해 하나님께 말해야 합니다. 최후의 힘이 남았다면 그 힘으로 성령으로 기도를 시작하십시오. 그때 탈진한 영혼은 탈출구를 찾을 것입니다.

요즘 현대인들 중에 나는 삶에 지쳐있다고 말하는 사람들이 많습니다. 아침 일찍부터 뛰어다니며 일을 해보았지만 여전히 풀리지 않는 일터의 재정 압박과 악순환 때문에 거의 탈진되어 있는 분들도 많이 있습니다. 또 어떤 분들은 오래도록 앓고 있는 지병 때문에 지치고 시달리는 분들도 있고 정신적이며 영적인 부분에 지쳐서 무력감과 탈진으로 인해 삶의 에너지가 다 고갈 당하는 사람도 있습니다.

그래서 나타나는 현대인들의 정서적 질환 중 하나가 우울증과 무기력증입니다. 어느 순간에 갑자기 아무 것도 하고 싶지 않은 무기력 상태에 빠지는 것을 말합니다. 정신적으로도, 육체적으로도 맥이 빠져서 그냥 아무 것도 하고 싶지 않으며, 또 아무 것도 할 수 없는 무력증 이것 대단히 위험한 것입니다. 이와 같은 현상을 영적 탈진 또는 소위 영적 침체라고 말을 하는데 오늘의 말씀을 세심히 살펴보면 이스라엘이 이러한 증상에 처해 있습니다.

**둘째, 하나님을 믿지 못합니다.** 하나님을 찾지 않습니다. "야곱아 네가 어찌하여 말하며 이스라엘아 네가 어찌하여 이르기를 내 사정은 여호와께 숨겨졌으며 원통한 것은 내 하나님에게서 수리하심을 받지 못한다 하느냐?"(사40:27). 이사야서는 크게 두 부분으로 나눌 수 있습니다. 01~39장은 전반부로서 심판과 정죄의 메시지이며 40~66장까지의 후반부는 회복과 위로의 메시지입니다. 후반부의 첫 장 40장은 바벨론 칠십 년 포로에서 이스라엘 백성을 구원하시는 하나님의 능력과 지혜와 구원의 손길에 대한 확신을 강조하고 있는 말씀입니다.

그러면 먼저 이스라엘의 처한 형편이 어떠한지 살펴보는 것이 오늘의 말씀을 이해하는데 도움이 될 줄로 압니다. 이사야서의 전반부의 내용은, 우리가 아는 대로 이스라엘이 우상을 섬기다가 하나님의 진노로 북 왕국 이스라엘과 남 왕국 유다가 멸망하여 바벨론에 포로로 잡혀 간다는 내용이며, 또 그렇게 잡혀 갔습니다. 그들이 바벨론 포로생활 초기에는 곧 고향으로 돌아가겠지 하는 희망 속에서 억압과 고통을 견디어 내었습니다. 그러나 십년 이십년 삼십년 등 이렇게 한 세대가 지나가고 칠십년이 다 되어갈 무렵에는 많은 사람들이 바벨론에 동화되어 하나님의 백성이라는 긍지를 상실하고 말았습니다.

그래도 뜻있는 믿음의 사람들은 고국을 생각하며 제사의 회복을 기대하고 있었으나 그 앞날이 도무지 난망(難望)하기만 할 뿐입니다. 마침내 그들은 자유 함을 얻어 고국 예루살렘으로 돌아갈 길이 보이지 않는다고 절망하면서 슬럼프에 빠져 들기 시작했음을 27절에서 볼 수 있습니다. "…내 사정은 여호와께 숨겨졌으며 원통한 것은 내 하나님에게서 수리하심을 받지 못한다 하느냐?" 그러니까 이스라엘은 우리의 어려운 사정에 전혀 관심을 기울이지 않는 하나님, 우리가 아무리 기도해도 전혀 응답해 주시지 않는 하나님이라는 맥 빠진 소리를 막 내뱉고 있습니다.

사실 그들이 처음에 포로생활을 막 시작할 때는 머지않아 이

포로생활은 끝이 날 것이고 그러면 고향으로 돌아가 갈 것이라는 기대감에 차 있었습니다.

그러나 시간이 지나가면서 그들의 소원이 이루질 것 같지 않고 하나님은 침묵하시는 것 같으며 하나님께서 살아 계신다면 이럴 수는 없다고 생각했습니다. 약속에 신실하신 하나님이라면 도저히 이럴 수가 없다고 생각하니 그 순간 낙심이 찾아오기 시작하는 것입니다. "하나님께서 우리를 징계하셨다. 이제 하나님께서는 우리를 버리셨다. 우리의 이 원통함, 이 사정을 하나님께서는 알지 못하신다." 그때부터 그들의 삶은 피곤해지기 시작하였고 일을 해도 재미가 없었으며 신앙생활에 대한 감격도 사라지고 만 것입니다. 절망의 자리로, 하나님을 잊어버리는 자리로, 낙심의 자리로 들어갔다는 말인데 이럴 때 인간의 삶이 무기력하고 허망해 보이는 것 아니겠습니까? 지금 불평하는 이스라엘의 마음을 충분히 헤아려 볼 수 있는 것은 우리도 이런 일들을 당할 때가 있기 때문입니다.

혹 성도들 중에 이런 상황 속에 있는 분들 계십니까? 마음에 무거운 짐을 짊어지고 어찌할 바를 모르고 방황하고 계신 분이 있습니까? 예수님을 믿고 교회는 출석하지만 세상살이가 너무 힘들어 그 마음속에 이미 좌절과 포기의 삶을 살아가고 있는 분이 계십니까? 그럼에도 하나님을 바라보십시오. 주여! 하고 부르짖으십시오. 분명하게 하나님께 해결책이 있습니다. 해결이 안 된다고 하지 말고 된다고 하십시오. 된다고 해야 방법을 찾게 되는 것입니다.

**셋째, 지금 귀하의 처지가 절망 중에 있지는 않습니까?** 이스라엘이 왜 피곤합니까? 소망이 없다고 생각되기 때문입니다. 지금 저들은 바벨론에 포로로 끌려와 말로 표현할 수 없는 고난의 삶을 겪고 있었지만 그 고난 가운데서도 하나님의 약속을 믿는 소망만은 가지고 있었습니다. 그런데 그 약속이 지체되면서 나중에는 이루어질 것 같지 않은 생각에까지 미치자 그때부터 그들의 삶이 피곤해지기 시작한 것입니다. 하나님은 결코 우리의 사정과 원통함을 외면하거나 침묵하고만 계시는 하나님이 아니라는 사실을 기억하십시오. 단지 우리가 소망을 잃고 있기 때문에 그렇게 생각할 따름입니다.

우리는 우리의 기도가 응답되지 않을 때, 우리의 삶이 벽에 막혀 있을 때, 하나님은 정말 살아 계십니까? 왜 하나님은 나를 돕지 않습니까? 이 고난스런 상황이 언제까지 지속되어야 합니까? 하면서 그 불평의 요소를 하나님과 환경에 있는 것 같이 여기는 때가 많습니다. 그러나 문제는 환경도 아니고 하나님도 아닌 믿지 못하고 기도하지 아니하는 내게 있습니다.

오늘 우리에게 소망이 있습니까? 어떤 일로 지쳐있습니까? 무엇 때문에 탈진되어 있습니까? 나 자신을 피곤하고 지치게 만드는 일들이 무엇입니까? 시선을 하나님께 돌려보십시오. 하나님을 향한 소망을 가지시기 바랍니다. 하나님은 그 본성이 사랑이기 때문에 이처럼 의기소침과 무력증에 빠져 기운을 잃고 있는 이스라엘을 위로하고 새 힘을 주시려고 이사야서 제 2부를 기록하셨습니다. 동시에 바로 나 자신의 무기력과 절망을 깨뜨리려고 이 말씀을 주시는 것입니다. 이사야서 40장부터는 이스라엘이 칠십년 포로기간이 지나고 나면 바벨론 포로에서 돌아와 자유와 해방을 누릴 수 있을 것이라는 위로와 격려의 메시지입니다. 한 많은 포로생활을 마치고 고국으로 돌아오는 5천km나 되는 광야 길을 거뜬히 걸을 수 있는 그런 힘을 주시겠다는 것입니다. 소망의 말씀인 셈입니다.

하나님은 반드시 이스라엘을 바벨론의 속박과 억압에서 해방시켜 주시는 것처럼, 동시에 우리에게도 하나님을 향한 소망 하나만 붙잡고 나가면 마침내 승리의 자리 축복의 자리에 이르게 해 주실 것이라는 희망의 정보를 주시는 것입니다. 그런데 우리가 왜 지쳐있으며 왜 절망 가운데서 피곤하게 지내고 있습니까? 말씀을 잡고 일어서십시오. "나는 반드시 절망에서 빠져나온다." 담대하게 말하면서 하나님께 지혜를 구하시기를 바랍니다.

본문 30절의 말씀처럼 우리가 때로는 쉽게 지칠 수 있고, 기운을 잃을 수도 있으며 심지어 젊은 청년들도 피곤하여 지치는 경우가 있습니다. 너무나 많은 일들로 시달리다 보면 당연히 지치고 곤하여 기진맥진할 수가 있으며 정말 기운이 쇠진할 수도 있겠지요. 인간은 연약하여 지치고 쓰러지고 절망의 자리에 들기를 잘 하지만, 그러나 하나님은 결코 지치지 않는 분이심을 상기하십시오. 오히려 하나님은 우리에게 날마다 새 힘을 불어넣으시는 능력의 하나님이시며 특히 내 속 사람이 피곤을 모르고 살도록 새 힘과 새 기운을 불어 넣어주시는 분이십니다. 그분이 바로 성령이십니다.

그래서 삶에 지쳐있는 자에게는 새 힘을 주시고, 기운을 잃은 자에게는 기력을 보강시켜주시겠다고 약속하십니다. "피곤한 자에게는 능력을 주시며 무능한 자에게는 힘을 더하시나니."(사 40:29). 여기 무능한 자에게 힘을 더하신다는 말씀의 본래 뜻이 기운을 북돋아준다는 의미입니다. 마치 보약으로 원기를 보강시킬 때 사용하는 단어처럼 말입니다.

**넷째, 오직 여호와를 앙망(仰望)하는 자는 새 힘을 얻습니다.** 성령으로 기도하여 영 안에서 성령의 권능이 올라오기 때문입니다. "오직 여호와를 앙망하는 자는 새 힘을 얻으리니 독수리의 날개 치며 올라감 같을 것이요 달음박질하여도 곤비치 아니하겠고 걸어가도 피곤치 아니하리로다."(사40:31). 여기 새 힘을 주신다는 의미는 문자적으로 힘을 바꾸어 주신다는 말입니다. 건전지를 새 것으로 바꾸어 끼듯이 새 에너지를 공급해준다는 뜻이지요. 전능하신 하나님께서 새 힘을 공급해주신다는 이 말은 끊임없는 새 힘의 재창조, 즉 재충전을 시켜주시겠다는 것입니다. 그러면 어떤 사람이 이런 새 힘을 얻을 수 있다는 말입니까? 오직 여호와를 앙망하는 자라고 했습니다. 여기 앙망이라는 말은 주님만을 믿고 그 어떤 상황에서도 주님께 기대를 걸어본다는 의미입니다. 동시에 여호와를 앙망한다는 말은 영과 진리로 드리는 예배를 통하여 하나님의 은혜를 기다리는 것을 의미합니다. 바꾸어 말하면 예배를 잘 드리는 자와 성령으로 기도하는 자를 말하는 것입니다. "내가 여호와께 청하였던 한 가지 일 곧 그것을 구하리니 곧 나로 내 생전에 여호와의 집에 거하여 여호와의 아름다움을 앙망하여 그 전에서 사모하게 하실 것이라."(시 27:04). 뿐만 아니라 앙망이라는 말의 뜻에는 강하게 비틀어서 꼰다는 뜻으로서의 밧줄의 의미도 또한 담고 있습니다.

이는 여러 가닥을 엮어 꼬아서 더 튼튼한 줄을 만든다는 의미인데 바로 우리의 연약함과 하나님의 강함이 한데 엮어져 나의 약함은 완전 가려지고 하나님의 강한 능력만이 나타나는 것을 말하는 것입니다. 그러니까 여호와를 앙망하는 자란 나의 약함을 하나님의 능력으로 캄프라치(camouflage)하여 하나님을 바라보는 사람, 하나님께 소망을 두는 사람, 하나님을 의지하는 사람을 말합니다. 우리에게 필요한 것이 바로 여호와를 앙망함으로 나오는 이러한 새로운 힘입니다. 이 힘은 세상적인 힘이 아니라 하나님께서 성령님을 통해서 우리에게 베풀어주시는 힘으로서 영혼의 만족을 얻게(시 63:15) 하는 힘입니다.

혹 책을 읽는 분들 가운데 이런 상황 속에 있는 분들 계십니까? 마음에 무거운 짐을 짊어지고 어찌할 바를 모르고 방황하고 계시는 분 말입니다. 예수님을 믿고 교회는 출석하지만 세상살이가 너무 힘들어 그 마음속에 이미 좌절과 포기의 탈진의 삶을 살아가고 있는 성도 계십니까? 그렇다면 오늘 하나님께서 우리에게 주시는 소망의 말씀에 한 번 귀를 기울이시기 바랍니다. "소년이라도 피곤하며 곤비하며 장정이라도 넘어지며 자빠지되"(사40:30). 한창 자라는 소년에게는 피곤하다 곤비하다는 말을 하지 않습니다. 여기 장정이란 임무수행을 위해 특별히 뽑힌 일꾼들입니다. 그럼에도 넘어지며 자빠진다고 했습니다. 맥없이 기운을 잃고 비틀거린다는 말이에요. 그럴지라도 오직 여호와를 앙망하는 자는 새 힘이 넘치도록 솟아날 것입니다. 그 어떠한 상황이나 경황 중에서도 잠잠히 하나님만을 바라보는 사람은 결코 지치지 않을 뿐만 아니라, 오히려 날마다 새 힘을 공급받으며 생동감 있게 살아갑니다. 여호와 하나님은 자신을 앙망하는 자에게, 성령님께서 ①올라가는 신앙을 갖게 하십니다. ②달려가는 신앙을 갖게 하십니다. ③성취하는 신앙을 갖게 하십니다. ④앉은뱅이를 뛰게 하십니다. 엠마오로 낙향하던 두 제자에게 새 힘을 주심으로 인해 예루살렘으로 돌아와서 사명을 회복시키십니다(눅 24:13~35). 성도들 중에 이런 마음에 무거운 짐을 짊어지고 탈진하여 어찌할 바를 몰라서 방황하고 계시는 분이 있습니까? 여호와 하나님을 앙망하십시오. 하나님은 우리를 도와주시길 원하시며, 우리에게 힘을 주시기를 원하시며, 우리에게 능력 주시기를 원하십니다. 영육의 탈진이 하나님의 힘으로 인하여 전화위복되기를 바랍니다. 하나님은 자녀들이 잘되기를 소원하십니다. 절대로 탈진하여 쓰러지기를 기대하시지 않습니다.

# 2부 카리스마가 스트레스 영향 받는 원인

## 12장 영적인 기초 작업을 등한히 해서

(살전 5:23)"평강의 하나님이 친히 너희를 온전히 거룩하게 하시고 또 너희의 온 영과 혼과 몸이 우리 주 예수 그리스도께서 강림하실 때에 흠 없게 보전되기를 원하노라"

하나님은 영육의 무기력이나 탈진을 통하여 영적인 기초 작업을 든든하게 하십니다. 하나님은 전인격이 성령의 지배를 받으면서 살아가기를 소원하십니다. 성령께서 전인격을 지배하면 영적인 무기력이나 "번아웃: Burn out"(탈진)하고 상관이 없기 때문입니다. 크리스천들이 무기력해지고 탈진에 빠지는 근본적인 원인은 실제적이고 체험적인 신앙이 되지 못하고 관념적인 신앙생활을 하기 때문입니다. 처음 예수를 믿고 교회에 출석하면서부터 하나님을 만나는 체험적인 신앙이 되면 영적인 기초가 든든하여 웬만한 세파에도 흔들리지 않기 때문입니다. 실제적인 신앙으로 영-혼-육의 균형을 유지하면서 환경을 장악하면서 살아갈 수가 있습니다. 자신 안에서 올라오는 성령의 권능으로 살아가기 때문입니다. 영적인 무기력과 탈진에 빠지는 것은 내면세계가 부실하기 때문입니다. 내면세계를 강하게 하는 것은 생명의 말씀과 성령으로 충만해지는 것입니다. 내면을 강하게 하는 다른 방법이 없습니다. 오로지 생명의 말씀과 성령으로 충만 받는 것입니다. 성령 충만은 성령으로 기도하는 것입니다. 크리스천이 영적인 기초를 든든하게 하기 위하여 이렇게 하시기를 바랍니다.

**첫째, 성령으로 세례를 받아야 한다.** 성도들은 물세례 받는 것으로 만족하면 안 됩니다. 반드시 성령으로 세례를 받아야 합니다. 그래야 잠재의식이 정리되기 때문에 무기력이나 탈진을 예방할 수가 있습니다. 교회는 성도들을 성령으로 세례를 받게 하는 곳입니다. 성령세례는 성령세례 받은 사람(담임목사)을 통하여 전이 됩니다. 필자는 성령세례에는 관념적인 성령세례와 체험적이고 실제적인 성령세례가 있다고 생각합니다. 예수를 믿을 때에 성령님께서 믿게 하셨기 때문에 믿을 때 성령세례를 받았다고 하는 것은 관념적인 성령세례입니다. 우리는 체험적이고 실제적인 성령세례를 받아야 합니다. 예수님을 믿을 때 우리 안에 오신 성령께서 전인격을 장악하시는 것을 실제적 체험적인 성령세례라고 하는 것입니다. 성령세례를 받은 사람은 자기가 성령세례를 받았다는 것을 압니다. 다른 사람도 자신이 성령으로 세례를 받는 것을 볼 수가 있습니다. 성령세례는 우리가 의식할 수 있는 의식적 체험입니다.

오순절 성령강림이 있을 때 성령이 제자들 각 사람 위에 임하였습니다. 그리고 제자들은 나가서 복음을 증언하기 시작했습니다. 제자들에게 '여러분들은 언제 성령세례를 받았습니까?' 라고 물으면 '오순절입니다' 라고 분명히 대답할 것입니다. 사도바울이 갈라디아교회에 편지를 씁니다. "너희가 성령을 받은 것이 율법의 행위로냐 혹은 듣고 믿음으로냐?"(갈 3:2). 사도 바울이 이 질문을 하는 것은 갈라디아교회가 성령 받은 것을 알고 있었다는 것입니다.

성경은 성령 받은 것에 대해서 많은 기록을 남기고 있습니다. 빌립이 전도했던 사마리아교회, 고넬료의 가정, 에베소교회 등 성령 받은 교회나 가정들은 성령을 받은 것을 정확히 알고 있습니다. 성령세례는 우리가 알 수 있는 분명한 체험입니다. "당신은 성령을 받았습니까?"라는 질문에 대해서 딱 부러지게 "예" "아니오"로 대답할 수 있는 체험입니다. 아울러 성령세례는 하나님과 그리스도에 대한 감사와 사랑을 불러일으킵니다.

성령세례는 예수를 믿을 때 영 안에 임재하신 성령께서 순간 전인격을 장악하는 것입니다. 성령으로 세례를 받을 때 하나님의 영광과 그분의 존재의 실상을 전인격이 자각하는 것을 의미합니다. 살아계신 성령의 역사를 몸으로 느끼고 눈으로 볼 수 있는 현상이 일어나는 것입니다. 물론 다른 사람도 자신이 성령으로 세례를 받는 것을 눈으로 볼 수가 있는 것입니다. 그래서 성령세례 받은 사람들은 이렇게 말합니다. "(벧전 1:8)예수를 너희가 보지 못하였으나 사랑하는 도다. 이제도 보지 못하나 믿고 말할 수 없는 영광스러운 즐거움으로 기뻐하니" 교회는 성도들이 성령으로 세례 받아 권능 있는 삶을 살게 하는 곳입니다. 성령으로 세례를 받아야 성도가 진정한 하늘의 사람으로 변화되기 시작합니다. 성령세례는 참으로 중요한 체험입니다.

**둘째, 기도를 바르게 해야 한다.** 일부 크리스천들이 기도를 대수롭지 않게 여깁니다. 자신은 기도하고 있다고 생각하기 때문입니다. 그러나 기도는 바르게 해야 합니다. 기도가 바르지 못하니 내면이 정화되지 않는 것입니다. 기도는 영혼의 호흡이요, 하나님과의 대화라 합니다. 이것은 가장 깊숙한 곳에 거하는 영의 흐름이 외부적으로 흘러나오는 것입니다. 영력이 흘러나오고 영적 생명이 흘러나옴으로 영에 몰입됨으로 인하여 성령 안에서 기도할 수 있게 되는 것입니다. 영력은 우리 몸의 지성소인 영속에 임재 하여 계시는 하나님의 능력입니다. 우리가 지성소에 계시는 하나님을 만나기 위해서는 성령의 인도를 받는 깊은 영의 기도가 되어야합니다. 이 기도를 통하여 하나님으로부터 주어지는 각종 은혜와 능력과 응답을 받게 됩니다. 이러한 기도를 통하여 하나님으로부터 주어지는 생명이 우리의 심령을 거룩하게 만들어가고, 영적인 생명과 능력을 키워 나가는 것입니다. 열매가 맺어지고 영적인 지각이 예민해지고 영성이 개발되어집니다.

그러므로 성령 안에서 기도하는 훈련이 필요합니다. 우리의 간구는 마음의 소원이나 원하는 바를 구함으로 성령 안에서 기도하기가 심히 어렵습니다. 그러나 영으로 기도하고 마음으로 기도하면 성령 안에서 기도하기가 쉬워집니다. 성령에 몰입되어 아무런 자신의 생각이나 욕심도 없이 오로지 하나님으로부터 주어지는 것을 받게 되는 기회가 되기 때문에 영으로부터 주어지는 각종 은혜와 능력과 은사가 넘치게 됩니다.

영적인 기능과 지각이 발달됨으로 성령의 인도함을 따르는 성도가 됩니다. 성령 안에서 기도하기 위하여 성전 뜰에서 먼저 육신의 생각으로 기도하지만, 시간이 흐르고 마음이 안정이 되고, 생각이 주님의 사랑과 말씀을 묵상하면서 진지하고 순전한 마음으로 하나님의 성소에서 깊어지는 영의기도를 하게 됩니다.

그리고, 영으로 사는 삶을 통하여 성령의 인도를 받아야 합니다. 하나님은 데살로니가 전서 5장 17-18절에서 "항상 기뻐하라. 쉬지 말고 기도하라. 범사에 감사하라 이는 그리스도 예수 안에서 너희를 향하신 하나님의 뜻이니라." 고 말씀하십니다. 항상 영의 상태가 되게 하라는 것입니다. 영의 상태가 되어야 영이신 하나님과 동행하며, 교통하기 때문입니다. 기도에 대하여는 "기도 쉽게 바르게 하는 방법"과 "기도하는 습관이 되는 법"을 참고하시기를 바랍니다.

**셋째, 예배에 빠짐없이 참석해야 한다.** 크리스천에게 예배는 참으로 중요합니다. 예배를 어떻게 드려야 하는지를 밝히 알고 행해야 합니다. 예수를 믿고 교회에 나가는 크리스천이 영혼의 만족을 누리지 못하고 영육에 변화가 없다면 유형교회에도 문제가 있고, 자신 안에 있는 교회에도 문제가 있는 것입니다. 빠른 시간 내에 원인을 찾아 해결해야 할 것입니다. 유형교회는 하나님께 영과 진리로 예배드리면서 자신 안에 있는 무형교회가 잘되기 위해서 나가는 것입니다. 자신의 마음 안에 있는 교회가 잘되어 영혼의 만족을 누릴 수 있는 교회를 찾아야 할 것입니다. 자신의 영혼이 잘되게 하는 교회를 찾는 것은 정말로 중요한 일입니다.

하나님은 이렇게 말씀을 하십니다. "아버지께 참되게 예배하는 자들은 영과 진리로 예배할 때가 오나니 곧 이 때라 아버지께서는 자기에게 이렇게 예배하는 자들을 찾으시느니라. 하나님은 영이시니 예배하는 자가 영과 진리로 예배할지니라"(요 4:23-24). 하나님만을 주목하는 예배, 하나님께 참되게 예배하는 것은 무엇을 의미합니까? 어떻게 드리는 예배를 가리켜 아버지께 참되게 예배하는 것입니까?

하나님께 참되게 예배하는 자는 영으로 예배합니다. 영으로 드리는 예배가 무엇입니까? 우리가 이를 바르게 알기 위해서는 먼저 성경말씀을 바르게 알아야 합니다. 원래 헬라어 성경을 보면 24절에서 "하나님은 영이시니… 영으로 예배하라." 하는 구절의 '영'을 가리켜 '성령'(pneuma)으로 표기했습니다. 복잡하게 설명하지 않겠습니다. "하나님은 영이시니." 즉 하나님은 성령 하나님이십니다. 그러므로 "영으로 예배할지니라." 즉 성령 하나님으로 예배하라는 말씀입니다. 더 쉽게 설명을 드리면 '성령의 인도함 가운데, 성령님 안에서 예배하라.'는 것입니다.

하나님은 자신 안에 계십니다. 하나님은 고린도전서 3장 16절에서 "너희는 너희가 하나님의 성전인 것과 하나님의 성령이 너희 안에 계시는 것을 알지 못하느냐" 하나님은 영이시기 때문에 보이는 성전(유형교회)에 거하시는 것이 아니고, 성도의 마음 성전에 임재 하여 계십니다. 영이신 하나님은 특정한 장소(유형교회)에 거하기 않으시고, 예수를 주인으로 영접한 사람의 심령에 좌정하고 계신다는 말입니다. 그래서 자신 안에 임재 하여 계신 하나님과 교통해야 합니다. 그래야 하나님과 항상 동행할 수 있습니다.

그렇다고 보이는 성전(교회)이 필요가 없다는 것이 아닙니다. 자신 안에 있는 성전을 깨끗하게 하려면 유형교회에 나와서 생명의 말씀을 들어야 합니다. 성령의 역사가 심령에서 일어나게 해야 합니다. 이렇게 자신의 심령이 생명의 말씀을 듣고 깨어나게 하려면 교회에 가서 예배를 드리면서 목사님으로부터 진리의 말씀을 들어야 합니다. 성령으로 기도하여 성령 충만을 받아야 합니다. 이렇게 자신의 영을 깨우고 성령으로 충만 받으려면 자신의 능력으로는 한계가 있습니다. 한계를 극복하기 위하여 유형 교회가 있는 것입니다. 성도 간에 친교를 하고 모여서 말씀을 배우고 영성훈련을 하기 위하여 유형 교회가 필요한 것입니다. 깊은 영성을 유지하고 영적으로 자라야 하나님과 동행하며 친밀하게 지낼 수가 있습니다. 자신이 영적으로 자라는 만큼씩 하나님의 복이 따르는 것입니다.

자신의 믿음이 자라게 하기 위하여 보이는 유형교회가 필요한 것입니다. 유형교회에서 깊이 있는 생명의 말씀을 듣고, 성령으로 기도하며 성령 충만 받아 세상에서 살아가면서 자신 안에 계신 하나님과 끊임없이 교통하며 친밀하게 지내야 합니다. 그렇기 때문에 유형교회와 무형교회 모두가 잘되어야 하는 것입니다. 유형교회에 가서 목회자로부터 체험적인 진리의 말씀을 듣고 성령으로 기도하여 자신의 믿음이 자라기 위하여 보이는 교회가 잘 되어야 합니다. 그런데 하나님을 섬기기 위하여 신앙생활을 하는 신자들은 하나님을 섬기기 위하여 보이는 교회만을 생각하고, 보이는 교회 중심으로 믿음 생활을 하게 됩니다. 보이는 유형교회중심으로 믿음 생활을 하다가 보면 자신에게 중요한 심령교회에 관심을 갖지를 못합니다. 자연스럽게 중요한 자신의 심령 관리에 등한하게 됩니다. 이런 이유로 인하여 예수를 십년을 믿어도 믿음이 자라지 않고, 전인격이 변하지 않는 것입니다. 성도는 심령이 거하신 성령님이 자신을 완전하게 장악할 때에 예수님의 인격으로 변화되는 것입니다. 그런데 보이는 성전에만 관심을 가지고 자신의 심령 성전에 관심을 등한히 합니다. 자연스럽게 자신 안에 성령하나님과 관계가 막혀서 예수를 믿어도 오만가지 문제로 고통을 당하면서 세상을 살아가는 것입니다.

**넷째, 말씀 안에서 살아야 한다**. 우리가 성경말씀을 배우는 목적이 무엇일까요? 머리에 저장하여 자랑하려고 하는 것은 아닐 것입니다. 성경말씀을 배우는 목적은 하나님의 뜻을 깨달아서 삶에 적용하여 풍성한 열매를 맺게 하기 위함입니다. 그러나 성경지식이 해박한 사람들도 하나님의 뜻을 삶에 적용하며 살아가는 이들은 보는 게 어렵습니다. 그 이유는 성경지식을 그냥 머리에 저장하는 데 그치기 때문입니다. 성경지식을 적지 않게 알고 있지만, 정작 삶에서 어떻게 적용할지 모릅니다.

교회에서는 적용하는 것 같은데 세상에 나가서는 다른 방식으로 살아갑니다. 예를 들어, 학교나 직업, 직장의 선택, 사업이나 투자에 대한 성경의 원칙, 성경적인 배우자의 선택, 자녀교육, 자녀의 인생이나 학업진로의 조언, 친구의 사귐, 돈의 사용 등 삶에 적용하는 하나님의 뜻에 대해 무지합니다. 그래서 일상의 삶에서 다양한 선택을 하고 결정을 할 때, 하나님의 뜻이 아니라, 세상풍조나 세상의 지혜에 따라 결정하며 살아갑니다. 말하자면 성경지식은 적지 않은 데, 하나님의 뜻에 무지한 채 살아가고 있는 현상입니다. 그래서 삶에서 아무런 열매가 없는 이들이 허다합니다. 사업과 투자와 직장에서 형통하지 못하고, 자녀들도 세속적인 사람들이 되고, 가정생활이나 가족관계도 평안하지 못하고 기쁨이 없습니다.

성경은 많이 배우고 알아서 비밀이 열리는 것이 아니라, 말씀을 삶에 적용함으로 깨달음을 통해서 비밀이 열리는 것입니다. 하나님의 뜻을 깨달아서 삶에 적용하려면 성령이 주시는 지혜가 있어야 가능합니다. 말하자면 성경을 읽거나 배울 때, 성령이 내주하는 기도의 습관을 들여서 성령께서 지혜를 주셔야 합니다. 성령이 주시는 지혜가 없다면 아무런 열매도 없으며 형통한 삶도 내 것이 아닙니다.

지혜가 있다는 것은 하는 일에 풍성한 열매가 있어 사람들이 칭찬해야 증명이 되는 것입니다. 또한 예수님도 종을 선택하는 조건으로 충성과 지혜를 들고 있습니다. 충성이란 하나님의 뜻에 순종하는 믿음직스러운 성품을 말하며, 지혜란 성령이 주시는 분별력, 통찰력, 이해력, 리더십 등으로 하는 일마다 풍성한 열매를 맺어야 합니다.

그러므로 성경말씀을 삶에 적용하려면 성령이 주시는 지혜가 있어야 하고, 지혜가 탁월한 성경교사로부터 삶에 적용하는 하나님의 원칙을 배워야 할 것입니다. 교회에서 하나님의 원칙을 알려주지 않으니 교회를 오래 다녔지만 삶에 힘이 없고 하는 일마다 형통한 열매가 없는 이유입니다. 삶에 적용하지 못하는 성경지식은 아무짝에도 쓸모없는 쓰레기일 뿐입니다. 성경말씀이 곧 하나님이라는 말을 곱씹어 보시기를 바랍니다. 하나님은 전지전능한 능력으로 자신의 존재감을 드러내시는 분이십니다. 그러므로 자신의 머리에 성경지식을 많이 쌓아두고 있지만, 삶에서 살아계신 하나님을 증명하지 못하는 이유를 찬찬히 생각해보기 바랍니다.

**다섯째, 혈통을 정리해야 한다.** 영의 세계는 육적인 눈으로 볼 수가 없고, 영의 눈으로만 볼 수 있는 세계입니다. 보이지는 않지만 빼앗고 빼앗기는 실제적인 역사가 일어나는 세계입니다. 물론 혈통의 문제가 아무런 문제를 일으키지 않는다면 들추어내서 해결하려고 할 필요가 없습니다. 무엇 때문에 아무런 문제를 일으키지 않는데 잠재의식을 터치하면서 해결하려고 하겠습니까? 그런데 분명하게 문제를 일으키고 영적인 성장을 하지 못하도록 방해하기 때문에 성령으로 혈통을 정리하는 사역을 하는 것입니다.

우리가 마땅히 '세대적 악령'에게 관심을 가져야 하는 이유는 그 악령으로 인해서 사람들이 당하는 고통이 너무도 크기 때문입니다. 세대적 악령이 일으키는 많은 문제들은 겉으로 보아서 우리의 기질과 연관이 있거나 부모로부터 유전된 것처럼 보이기 때문에 영의 문제를 소홀히 하고, 오로지 의학적으로 또는 심리학적으로 접근하고 다루는 실수를 할 위험이 많기 때문입니다. 영의세계를 보이는 방법으로 해결하려고 합니다. 실제로 영의 일에 관심이나 지식이 전혀 없는 세상 사람들은 물론이고, 대부분의 그리스도인조차도 세대적인 악령에 대해서 그 이름조차 들어보지 못하고 신앙생활을 하는 것이 일반입니다. 그러니 영적인 눌림이나 탈진의 어려움을 겪으면서도 적절한 대응을 하지 못할 뿐만 아니라 예방을 위해서 악령을 추방하는 일은 더욱 하지 않습니다.

우리가 흔히 말하는 '난치병'이나 '유전병'은 의학적으로는 유전자 이상에 의해서 발생하는 것으로 알려져 있습니다. 특정한 유전자가 이상을 보이는데 그 원인을 알 수 없는 것입니다. 다만 혈통적으로 그 부분이 취약하거나 부모로부터 유전되어 온 것으로만 알고 있을 정도입니다. 유전공학이 최근에야 각광을 받으면서 연구가 활발해져서 난치병을 치유하기 위한 연구가 많이 이루어지고 있고, 줄기세포 또는 배아세포를 이용하여 난치병을 치유하려고 시도하고 있으며, 손상된 유전인자를 송두리째 제거하고 새로운 유전인자로 대치하려는 연구도 활발합니다.

악령이 병을 일으키는 능력은 우리의 신체구조 뿐만 아니라 유전인자에도 영향을 줄 수 있다고 보아야 할 것입니다. 악령이 우리의 죄를 틈타서 들어온 후에 우리를 괴롭게 할 권리를 확보한 후에 우리의 신체의 어떤 부분을 공격하면 질병이 생기며, 정신에 지속적으로 영향을 주면 생각이 바뀌게 되고, 죄의 충동을 받아서 그 행동을 하게 되는 것입니다. 세대적인 악령은 한 번 침투하면 영적치유를 할 때까지 대를 이어서 계속 그 사람을 괴롭게 하게 됩니다. 부모 가운데 한 사람이 무당이 되면 그 자녀는 끊임없는 악령의 괴롭힘을 받아서 결국에는 무당이 되고 말듯이 악령이 계속 충동함으로써 그 유혹이나 충동을 이기지 못하고 행동에 옮겨 마침내 불행한 결과를 만들어냅니다.

세대적인 악령이 저지르게 하는 비행은 '간음' '폭행' '이혼' '낙태' '사기' '절도' '불륜' '성추행' '집착' '게으름' '가난' 등과 같이 많은 종류의 비행과 연관이 있습니다. 이런 죄얼들은 세대를 이어서 계속 이어지기 때문에 유전적인 것으로 오해하기 쉽습니다.  죄얼이란 남에게 해를 끼치는 행위 가운데 법적인 책임을 물을 수 없는 정도의 경미한 것을 우리는 죄얼(iniquity) 이라고 부릅니다. 사회적으로는 경범죄에 해당하는 것을 말합니다. 이런 죄얼들은 세대를 이어서 계속 이어지기 때문에 유전적인 것으로 오해하기 쉽습니다. 기질적인 유전으로 이해하거나 자라면서 본 것을 행동한다고 주장하는 '학습이론'이 있습니다. 긍정적이든지 부정적이든지 우리는 자라면서 줄곧 보게 되면 뇌에 영향을 주어 무의식의 기억중추에 저장되며 성인이 되어 그 행동을 할 수 있는 환경이나 자극에 노출되면 어린 시절 학습한 것을 행동에 옮기게 된다는 심리학의 이론입니다.

부모 세대에 반복적으로 비행을 저지른 가계(family)에서 다음 세대에 자녀 가운데 어느 한 사람에게 그와 같은 증상이 나타나게 되는데 함께 보면서 자란 다른 형제들에게는 전혀 나타나지 않는 행동이 한 자녀에게만 똑 같은 행동으로 나타나는 것을 충분히 설명하지 못하는 단점을 지니고 있습니다. 기질적 유전의 대표적인 질병인 당뇨병이나 고혈압의 경우에 여러 형제들이 있지만 모두 그 병에 걸리는 것이 아니라, 어떤 한 명에게서 나타나는 경우가 많습니다. 이와 같이 선별적으로 나타나는 유전병의 경우에 기질적인 유전으로만 설명하기에는 부족한 부분이 있습니다. 세대적인 악령은 자녀 가운데 어느 한 사람을 선택해서 집중적으로 공격하여 질병이나 비행을 일으키게 하는 것입니다. 반드시 혈통의 문제를 사전에 한번은 해결하는 것이 좋습니다. 혈통의 문제에 대하여 바르게 알고 해결하실 분은 "가계가 축복받는 선포기도문"과 "가계의 고통을 끊고 축복받는 비결", 그리고 "가계저주와 영원히 이별하는 길"를 참고하시기를 바랍니다.

**여섯째, 성령의 지배와 인도를 받아야 한다.** 하나님은 모든 성도들이 성령의 지배를 받기를 소원하십니다. 영적인 무기력과 탈진을 예방하려면 영혼에 만족을 누려야 합니다. 영혼의 만족은 성령의 지배를 받아야 가능합니다. 왜 예수를 믿으면서 영혼의 만족을 누리지 못하는가? 자신의 전인격이 성령의 지배를 받지 못하기 때문입니다. 한마디로 세상 것이 섞여있기 때문입니다. 세상 것이 섞여서 방해함으로 영혼의 만족을 누릴 수가 없는 것입니다. 이것은 아주 심각하게 받아드려야 합니다. 그래야 성령의 역사에 관심을 가져서 성령의 지배를 받는 성도가 될 수 있기 때문입니다. 전인격이 성령의 지배를 받지 않고는 영혼이 만족을 누릴 수가 없기 때문입니다. 우리 예수 믿는 사람들의, 삶의 특징이 있다면, 그것이 무엇이라고 생각하십니까? 입으로만 예수를 믿는다고 시인하는 그런 보통의 신앙의 삶이 아니라, 예수를 믿고 난 다음에 변화된 삶을 살아가는 성도들의 특징을 말하는 것입니다. 이러한 성도들의 삶의 특징이 무엇이겠습니까? 그것은, "영-혼-육 전인격이 성령의 지배를 받는 삶"이라, 그렇게 말 할 수 있습니다.

그러면, 성령의 지배를 받는 삶이란, 또 무엇을 말하는 것입니까? 전인격이 성령께 사로잡혀 사는 것을 말하는 것입니다. 성령을 주인으로 모시고 세상을 살아가는 것입니다. 매사를 성령님과 의논하고 성령의 뜻을 따라 사는 것을 성령의 지배를 받는 삶이라고 말할 수 있습니다. 성령의 인도함을 받아, 성령의 능력에 의해서 살아가는 삶을 말하는 것인 줄로 믿습니다. 성령님이 나를 지배하고 다스리는 삶, 이전에 우리의 삶이, 육체의 본능이 지배하는 삶이었고, 죄가 지배하는 삶이었다면, 이제 예수를 믿고, 변화를 받고 난  다음에 나타나는 삶은, 성령에 의해서 지배를 받는 삶이 되어야 합니다.

성령님의 인도를 받아야 합니다. 성령님은 우리를 가르치면서 함께 하십니다. 아무리 함께 하셔도 지식이 없는 동행은 의미가 없습니다. 서로를 알고, 서로의 필요를 알고, 그 가르침이 따르는 것은 말할 수 없는 도움인 것입니다. 성령님은 결코 우리가 무지 속에 있기를 원하시지 않는 분이십니다. 성령님은 가르쳐 주시면서 우리와 함께 하시는 것입니다. 성령님은 지혜와 지식 그리고 모략의 신이신 것입니다. 성령님이 가르쳐 주시는 대로 나아가는 사람은 초자연적인 위대한 삶을 살아가게 됩니다. 이런 사람을 기뻐하시기에 하나님은 세상 끝날 까지 영원히 함께 하시는 것입니다. 성령의 인도를 받으시기 바랍니다.

성령님과 함께 하는 사람은 불가능이 없습니다. 우리가 성령님과 함께 거하면 무엇이든지 이루지는 것입니다. 성령님을 부르는 자에게 성령님이 함께 하십니다. 성령님을 찾아야 성령님은 임재 하여 주시는 것입니다. 그리고 성령님이 부르실 때 아멘하고 순종하여 나아오는 자와 하나님은 함께 하여 주시는 것입니다. 성령님을 부르십시오. 그리고 그분과 의논하십시오. 이제 모든 염려를 성령님에게 맡기시기 바랍니다. 성령님이 함께 하셔서 우리를 도와주시는 것을 확신하시기 바랍니다. 임마누엘의 하나님은 우에게 오셔서 우리를 축복하여 주시는 것입니다. 성령님의 임재를 확인하며 동행하는 즐거움을 항상 누리시는 우리가 되시기를 주의 이름으로 소원합니다.

# 13장 자신의 관리에 관심을 두지 못하여

(출34:7)"인자를 천대까지 베풀며 악과 과실과 죄를 용서하리라 그러나 벌을 면제하지는 아니하고 아버지의 악행을 자손 삼사 대까지 보응하리라"

크리스천들이 영육의 무기력이나 침체나 탈진에 빠지는 것은 자신의 관리에 신경을 쓰지 않았기 때문에 당하는 것입니다. 우리가 바르게 알아야 할 것은 하나님은 자신의 마음 안에 성전 삼고 계신다는 것입니다. 하나님께서는 자신을 제일로 중요하게 생각하십니다. 탈진은 하나님께서 자신의 관리에 관심을 갖게 하기 위하여 허용하시는 것입니다. 영적인 일이나 영육의 건강은 관심이 중요합니다. 관심이 있어야 보이지 않은 영적인 면이 열리기 때문입니다. 질병으로 고통을 당해보아야 건강에 관심을 가지고 관리를 합니다. 이와 마찬가지로 영육으로 고통을 당해보아야 마음의 상처와 영적인 문제에 관심을 가지고 예방하려고 하는 것입니다. 필자는 예방 신앙을 많이 강조합니다. 문제가 발생하기 전에 예방하자는 것입니다. 무엇이든지 관심을 가지고 미리 예방하면 행복한 생활을 할 수 있습니다. 마음의 상처로 인한 문제역시 사전에 예방을 하면 당하지 않는 다는 것입니다. 일부 목회자와 성도들이 예수만 믿으면 새사람이 되는 것으로 알고 살아가다가 어느 날 문제가 발생하면 그때서야 이리 뛰고 저리 뜁니다. 이런 고통을 당하지 않으려니 마음의 상처에 관심을 가지는 것입니다. 마음의 상처치유도 관심을 가지면 예방이 가능하다는 것입니다. 관심을 두지 않으니 예수를 30년을 믿으면서도 육체에 역사하는 세상 신의 영향으로 고통을 당하면서 사는 것입니다.

필자는 가끔 이런 전화를 받습니다. "목사님! 여기 지방인데요. 하루 동안 가서 치유 받으면 되지 않습니까?" 저는 이렇게 대답을 합니다. "하루 가지고 무엇을 한다는 말입니까? 경비만 들어가니까, 오시지 마세요. 적어도 3일은 성령으로 치유를 받아야 효과가 있습니다. 그렇지 않으면 토요일 날 집중치유를 예약하여 몇 번 받으세요." 영적인 생활과 상처치유를 이렇게 쉽게 생각하는 것이 문제입니다. 학교 공부를 생각하시면 쉬울 것입니다. 하루 공부해가지고 무엇을 하겠단 말입니까? 성령으로 장악되고 지배를 받아야 상처에서 해방된 의인으로 살아갈 수가 있습니다. 영적인 중요성과 상처에 대하여 바르게 알고 있으면 그렇게 쉽게 생각하지 않을 것입니다.

**첫째, 자신 안에 계신 주님께 집중하라.** 하나님께 집중하며 레마를 구하는데 자신의 삶을 만족하기 위해 구한다면 잘못 구하는 것입니다. 자신을 실현하기를 원하는 욕망에서 구하기 때문입니다. 하나님의 뜻을 알아 순종하기 위하여 집중하고 구해야 합니다. 자신은 온 맘을 다해 하나님을 찾습니까? 아니면 고통을 느낄 때야 하나님을 찾습니까? 마음을 다해 자신의 관심을 하나님께로 집중하십시오. 자신 안에 계신 하나님께 집중해야 하나님으로부터 오는 것들을 자신의 것으로 만들 수가 있습니다.

하나님을 닮아갈 수가 있습니다. 하나님은 영이십니다. 살아계십니다. 찾고 집중하는 자에게 나타내시는 분입니다. 찾고 집중하여 하나님께서 자신에게 나타내게 하십시오. "너희 목마른 자들아 물로 나아오라"(사55:1). 목이 마릅니까? 아니면 신앙체험에 만족하여 하나님께로부터 원하는 것이 없는 것처럼 안일합니까? 신앙체험은 시작입니다. 체험으로 만족하지 마십시오. 주님의 형상으로 온전하게 바뀌어야 합니다. 믿음을 신앙의 체험 위에 세우지 않도록 주의하십시오. 그렇지 않으면 차가운 잔소리와 비판의 소리만 하게 될 것입니다. "문을 두드리라 그러면 너희에게 열릴 것이니"(눅11:9). 문을 두드리십시오. 잠겨 있는 문을 두드릴 때 가슴이 두근거릴 것입니다. 더 시끄럽게 두드려 보십시오. 자신이 더럽다는 것을 발견하기 시작합니다. 자신을 바르게 보는 눈이 열릴 것입니다. 그러면 하나님께서 자신을 통하여 나타나시기 시작할 것입니다. 전인격을 하나님의 속성으로 닮아가라는 것입니다. 하나님을 닮아야 합니다. "마음을 성결케 하라"는 말씀이 마음에 다가옵니다. "울지어다."(약4:9). 자신 안에 계신 하나님 앞에서 자신의 내면 상태 때문에 울어본 적이 있습니까? 이런 슬픔은 자신이 어떤 사람인가를 깨닫고 가슴이 찢어지는 고통을 당하는 것입니다. 그러면서 하나님의 형상으로 바뀌는 것입니다. 하나님께 집중하면서 문을 두드리는 것은 자기를 낮추는 일입니다. 십자가에 달린 도둑과 함께 주님의 문을 두드려야 합니다. "두드리는 자에게 열릴 것이니라"(눅11:10).

**둘째, 항상 마음으로 주님을 찾아라.** 마음 안에 계신 주님께 집중할 뿐만 아니라, 마음으로 항상 주님을 찾아야 합니다. 길을 걸어가면서도 찾고 물어야 합니다. 화장실에서 볼일을 볼 때에도 집중하고 찾아야 합니다. 습관이 되어야 합니다. 기도는 하나님께 집중하는 것이라고 생각합니다. 세상에 나가서 관광을 하더라도 하나님께 감사하고 집중해야 합니다. 하나님! 정말 신묘막측 하십니다. 하나님께 감사하면서 자연을 즐기시기 바랍니다. 그래야 하나님과 관계가 열립니다. 하나님과 관계가 열려있으면 절대로 영육의 무기력이나 눌림이나 탈진으로 고통당하지 않습니다. 하나님께 집중하면서 기도하는 것을 쉬지 마십시오.

**셋째, 마음의 상처가 쌓이지 않게 하라.** 영육의 무기력이나 탈진은 전적으로 스트레스와 마음의 상처로 발생합니다. 스트레스와 상처는 우리의 모든 부분에 영향을 미치면서 잠재의식 밑에 가라앉아서 계속 우리에게 나쁜 영향을 끼치게 됩니다. 상처를 모르면 영혼의 만족을 누릴 수가 없습니다. 스트레스와 상처가 해결되지 않으면 영육의 무기력이나 눌림이나 탈진에서 해방될 수가 없습니다. 외부의 상처는 쉽게 치유되나 마음에 받은 상처는 쉽게 치유되지 않습니다. 사라지지 않고 깊은 곳에 남아서 계속 나에게 영향을 주며, 나의 삶을 좋지 못한 쪽으로, 파괴적인 쪽으로 이끌어갑니다. 나이가 들어도 사라지는 것이 아니라, 오히려 절제력이 약해짐으로 더욱 강하게 자신의 삶에 역사 합니다. 그래서 노인들이 더 섭섭해 하고 고집을 부리는 것입니다.

잠재의식의 상처는 잠복기간이 지나면 꼬리를 들고 일어납니다. 상처는 상처를 주는 상대방보다, 쉽게 상처를 받는 자신에게 문제가 있는 것입니다. 이 사실을 인정해야 자신을 치유할 수 있습니다. 평안과 행복은 환경이 이를 주거나, 느끼는 것이 아니라, 내가 그렇게 느끼는 것입니다. 주체는 나입니다. 자신의 마음입니다. 자신의 마음이 치유되어 있으면 늘 평안과 행복을 느낄 수 있게 됩니다.

그리고 더 나가서 남에게 상처주지 않도록 주의하고, 또 다른 상처받은 이들을 치유할 수 있게 됩니다. 이것이 복음의 화평케 하는 의미입니다. "우리에게 화목하게 하는 직책을 주셨으니. 화목하게 하는 말씀을 우리에게 부탁하셨느니라(고후18-19)" 우리는 누구나 무한하게 발전할 수 있는 가능성을 가지고 있습니다. 우리의 삶이 모든 면에서 풍성해 지기를 하나님은 원하십니다. 우리는 내적치유를 통하여 풍성한 삶을 누릴 수 있습니다. 예수님을 누려야 합니다. 이것이 우리를 향한 주님의 뜻입니다.

우리가 예수를 믿고 신앙생활을 할 수 있음은 우리의 영혼이 하나님의 은혜로 치유를 받았기 때문입니다. 예수를 영접함으로 병들고 상처받은 우리의 영혼이 하나님과 관계를 회복함으로 치유 받게 된 것입니다. 대부분의 크리스천들은 영적인 분야만의 치유, 즉 구원만을 받고 다음 단계인 마음, 성품, 상한 감정, 육체적 치유에 관해서는 무지하며, 필요성을 느끼지 못합니다. 그리고 육신의 어느 부분이 병들면 고통을 받기에 그 부분의 치유에 대해서만 관심을 가집니다.

구원은 순간적인 사건이나, 성화는 평생을 두고 내면의 치유를 통하여 일어납니다. 예수를 믿고 구주로 영접하는 순간에 우리의 영이 거듭납니다. 순간적입니다. 그러나 그 후의 성화는 평생을 두고 이루어가야 합니다. 마음이 치유를 받아야 성령 충만을 받으며, 상한 마음이 치유 받지 못하기 때문에 신앙인은 되었으나 삶의 본질이 변화 받지 못한 종교인으로 머물게 됩니다.

상처를 받으면 제일 먼저 마음이 감정이 상처를 입습니다. 그리고 감정의 상처는 마음을 굳게 합니다. 유아기의 부드러운 마음이 성장하면서 상처를 받으므로 점점 굳게 됩니다. 점점 강퍅해집니다. 그러면서 자기도 모르게 다른 사람에게 상처를 주면서 삽니다. 이런 상태에서 찾아오신 주님이 믿음으로 우리의 마음속에 들어오시는 것이 구원입니다. 그러나 아직 마음은 굳어진 그대로입니다. 굳어진 상태로는 하나님-자신-이웃과의 관계가 제대로 되지 않습니다. 그리고 이러한 상태를 바꿀 생각이나, 필요성을 느끼지 못하고 있습니다. 그냥 현실을 그대로 받아들이며 세월이 약인 줄 알고 그냥 세월을 보냅니다. 그럴수록 마음속의 상처는 더욱 굳어지고 치유가 어렵게 됩니다.

우리 마음은 눈으로 볼 수 없으며, 만져지지도 않습니다. 그러나 우리의 삶을 총체적으로 지휘하는 마음은 우리의 삶에 있어서 가장 중요한 존재입니다. 특히 신앙생활의 영역에 있어서는 절대적입니다. 하나님은 이렇게 말씀하십니다. "너는 마음을 다하고 성품을 다하고 힘을 다하여 여호와를 사랑하라(신6:5)" 사랑은 마음에서 우러나와야 진정한 사랑입니다. 하나님은 그러한 사랑을 요구하시는 것입니다. 마음과 성품은 긴밀한 관계가 있습니다. 마음이 굳어지면 성품이 굳을 수밖에 없습니다. 그리고 돌같이 굳어진 마음, 굳어진 성품으로는 하나님이 요구하시는 사랑을 할 수 없습니다. "무릇 지킬만한 것보다 더욱 네 마음을 지키라. 생명의 근원이 이에서 남이니라(잠4:23)" 그러므로 하나님은 '마음을 지키라.' '마음을 새롭게 하라.'(롬12:2)고 하시는 것입니다. 그런데 마음을 지키지 못함으로 굳어지게 되면 사람들은 위로와 기쁨을 얻기 위해서 밖으로 나갑니다. 그리고 이렇게 밖으로 나간 마음은 다시 상처를 입고 더 굳어지게 됩니다.

마음을 지키지 못하면 스트레스가 쌓입니다. 모든 질병의 원인이 마음에 쌓이게 됩니다. 사고의 원인이 마음에 쌓이게 됩니다. 가정과 육신이 건강과 모든 것에 대한 강건함이 마음에서 시작됩니다. 하나님의 축복도 마음에서 시작됩니다. 마음이 굳어지면 하늘과 막히고, 사람과도 막히고, 자신과도 막힙니다. 그러면서 서서히 죽어갑니다. 자기도 모르게 마귀의 밥이 되어갑니다.

그래서 하나님은 우리에게 새 마음을 주시기를 원하십니다. 새 마음을 주시려고 우리 속에, 우리 마음속에 임마누엘의 하나님으로 들어 오셨습니다. 우리를 떠나지 않고 영원히 거기에 거하시면서 우리의 마음을 새롭게, 부드럽게 변화시키려고 하십니다. 마음을 부드럽게 함으로 우리 속에서 역사하시는 이 하나님을 느껴야 합니다. 육신은 날로 후패해져가지만 마음은 늘 새로워져야합니다. 육은 내려가고 쇠해지지만, 마음은 늘 새로워지고, 늘 위로 올라가야 합니다.

**넷째, 사람의 말에 현옥되지 말라**. 자신을 영적으로 관리하려면 사람을 의식하지 말아야 합니다. 항상 이렇게 기도해야 합니다. 오 주님! 환난 날에 나를 도우소서. 사람의 도움은 헛되기 때문입니다. 신의가 있을 것이라고 확신했던 곳에서 기만당한 경우가 얼마나 많았는지 모릅니다. 그리고 내가 전혀 기대하지 않았던 곳에서 신의를 발견한 경우가 얼마나 많았는지 모릅니다. 그러므로 사람을 신뢰하는 일은 헛되지만, 의인의 구원은 하나님 손에 달려 있습니다.

나의 주 나의 하나님! 우리에게 일어나는 모든 일에서 찬양을 받으소서. 우리는 약하고 변덕스러우며, 쉽게 속기도 하고 빨리 변하는 존재입니다. 모든 일에 신중하고 조심스러워서 자기를 잘 지키고, 어떤 속임수나 곤경에 빠지는 일이 없는 사람이 어디에 있습니까? 그러나 주님을 신뢰하고, 일편단심으로 주님을 찾는 사람은 쉽게 넘어지지 않습니다. 어떤 환난에 빠져 아무리 어려운 문제에 말려들더라도, 그는 신속히 주님의 손에 의해 구원받거나 주님께 위로받을 것입니다. 주님은 자신을 신뢰하는 사람을 끝까지 버리지 않기 때문입니다. 자기 친구가 곤경에 빠졌을 때도 신의를 버리지 않는 친구는 찾아보기 어렵습니다. 오 주님! 오직 당신만이 언제든지 신실하신 분이고, 주님과 같은 자는 어디에도 없습니다. "내 마음은 그리스도 안에 굳게 자리를 잡고 그분께 근거를 두고 있다." 아~ 이렇게 말한 거룩한 영혼은 얼마나 지혜로 웁니까? 내가 그런 사람이라면, 인간적인 두려움이 나를 쉽게 괴롭히지 못할 것이고, 사람이 내뱉는 말에 흔들리지도 않을 것입니다. 아니, 누가 모든 일을 미리 내다볼 수 있습니까? 장래에 당할 재난을 누가 미리 대비할 수 있습니까? 미리 내다본 일마저도 얼마나 큰 상처를 주겠습니까? 그런데도 내가 스스로 잘 대비하지 못한 것을 보면, 참으로 가련한 존재가 아닙니까? 그리고 어찌하여 나는 다른 사람을 그토록 쉽게 신뢰하는지요. 많은 사람이 우리를 존경하며 천사라고 부른다 해도, 우리는 한갓 깨지기 쉬운 사람에 불과합니다.

사람은 믿음의 대상이 아닙니다. 사랑의 대상입니다. 사람의식하지 말고 하나님만 의식해야 영육의 무기력이나 눌림이나 탈진에서 자유로운 크리스천이 될 수 있습니다. 주님만 기쁘시게 하리라. 주님의 음성에만 집중하리라. 다림하고 실천하시기를 바랍니다.

**다섯째, 하늘의 사람으로 바뀌려고 하라.** 달인의식을 가지라는 것입니다. 하나님께서 원하시는 사역에 집중하라는 것입니다. 최고가 되려고 해야 합니다. 요즈음 성도들이 자신의 육적이나 정신적으로 편안하게 이성적으로 은혜 받으면서 믿음생활을 하려고 합니다. 마음의 상처로 고통을 당하는 분들도 쉽게 편안하게 해결하려고 합니다. 다시 말해서 다른 능력자의 힘을 빌려서 마음의 상처에서 해방을 받으려고 합니다. 자칭 능력이 있다는 분들이 자신이 기도하면 마음의 상처에서 해방된다고 감언이설로 속입니다. 순진한 성도들과 목회자들이 이런 사람의 말에 현혹이 되어서 자신의 상처 뒤에 역사하는 귀신의 저주를 다른 사람의 힘을 빌려서 해결하려고 합니다. 그리고 내적치유의 이론을 많이 알고 내적치유 기도문을 줄줄 외우면 상처에서 해방되는 줄로 착각하고, 주문을 외우는 것과 같이 기도문을 외웁니다. 죄송합니다만 이렇게 기도문을 외운다고 가계에 저주하는 귀신이 물러가지 않습니다. 이렇게 세상에서 삶을 마감하고 죽을 때까지 떠나가라. 떠나가라. 해도 상처에서 해방이 안 됩니다. 인간적인 차원에서는 마음의 상처에서 역사하는 살아있는 존재들이 꿈적하지도 물러가지도 않기 때문입니다. 마음의 상처 뒤에서 문제를 일으키는 존재들은 살아있는 존재이면서 무의식과 잠재의식에 숨어서 역사합니다. 이들은 사람보다 강한 존재들입니다. 기도문을 외운다고 자신보다 강한 존재가 꿈적이나 하겠습니까? 오히려 더 악랄하게 역사할 지도 모릅니다. 보이지 않기 때문에 더 강하게 역사해도 알아낼 도리가 없는 것입니다. 자꾸 보이는 면만 가지고 문제를 해결하려고 합니다.

다른 사람을 이용해서 마음의 상처를 치유 받으려는 것도 마찬가지입니다. 자기 안에서 성령의 권능이 나오지 않기 때문에 설령 떠나갔다고 하더라도 다시 들어옵니다. 자신이 하나님의 나라가 되지 않아 여전하게 땅의 사람이기 때문입니다. 그럼 어찌해야 할까요? 자신이 성령으로 세례를 받고 마음 안에 계신 하나님께서 자신의 영-혼-육을 지배하게 해야 합니다. 자신의 마음 안에 계신 하나님을 주인으로 인정해야 합니다. 관심을 가지고 자신 안에 성령님께서 전인격을 지배 받기 위하여 노력을 해야 합니다. 특별한 사람에게 의지하여 상처에서 해방을 받으려고 하지 말고 자신이 특별한 사람, 성령의 지배를 받는 사람이 되려고 해야 합니다.

예수를 믿은 성도는 모두 특별한 사람들입니다. 자신 안에 하나님이 임재 하여 계시기 때문입니다. 자신의 마음이 하나님께서 계시는 성전이기 때문입니다. 자신 안에 계신 하나님께서 혼과 육체를 점령하여 밖으로 나오시기 해야 합니다. 일반적으로 성도들에게 임재하신 성령님께서 주무시는 경우가 많습니다. 자신 안에 임재하신 성령님이 주무시기 때문에 종교인이 되는 것입니다. 자신 안에 계신 성령님께 관심을 가지고 부르짖고 찾아서 성령님이 잠에서 깨어나시게 해야 합니다. 마치 예수님이 거라사인의 지방에 군대 귀신들린 자를 구원하시려고 갈릴리 호수를 지날 때에 제자들이 예수님께 관심을 두지 아니하고 자기들끼리 세상이야기를 할 때 주님이 주무신 것과 같은 이치입니다.

성경은 이렇게 말하고 있습니다. "그 날 저물 때에 제자들에게 이르시되 우리가 저편으로 건너가자 하시니, 그들이 무리를 떠나 예수를 배에 계신 그대로 모시고 가매 다른 배들도 함께 하더니, 큰 광풍이 일어나며 물결이 배에 부딪쳐 들어와 배에 가득하게 되었더라. 예수께서는 고물에서 베개를 베고 주무시더니 제자들이 깨우며 이르되 선생님이여 우리가 죽게 된 것을 돌보지 아니하시나이까 하니, 예수께서 깨어 바람을 꾸짖으시며 바다더러 이르시되 잠잠 하라! 고요 하라! 하시니 바람이 그치고 아주 잔잔하여지더라. 이에 제자들에게 이르시되 어찌하여 이렇게 무서워하느냐 너희가 어찌 믿음이 없느냐 하시니, 그들이 심히 두려워하여 서로 말하되 그가 누구이기에 바람과 바다도 순종하는가 하였더라(막4:35-41)" 성도들도 마찬가지입니다. 예수님이 자신 안에 주인으로 임재 하여 계셔도 찾지 아니하고 관심을 두지 아니하면 자신의 삶에 일진광풍이 일어날 수도 있는 것입니다. 그렇기 때문에 자신 안에 예수님이 주무시지 못하도록 관심을 가지고 찾아야 합니다. 자신 안에 계신 주님과 관계를 열어야 합니다. 자신 안에 계신 예수님을 찾고 찾아야 합니다.

많은 성도들이 영의통로를 열겠다고 능력자에게 안수를 받습니다. 사람을 의지하여 영의통로를 열겠다는 것입니다. 그러나 하나님은 자신과 직접적인 관계를 열기를 소원하십니다. 다른 사람을 이용해서 어느 정도까지는 될 수가 있습니다. 분명하게 다른 사람을 의지해서 하나님께서 원하시는 수준에 도달할 수가 없습니다. 하나님은 직접 관계를 열리기를 원하십니다. 그래서 하나님과 대면할 수 있는 영적인 사람으로 변화되기를 원하십니다. 그렇기 때문에 자신이 생명의 말씀과 성령으로 변화를 받아 성령의 지배와 인도와 동행하는 사람이 되어야 마음의 상처에서 영원히 해방이 될 수가 있습니다. 일부 성도들의 의식이 하루에 10분 기도하고, 쉽게 성령체험 한번하고 영적인 사람이 되려고 합니다. 그러나 하나님은 온전히 지배를 받기를 원하십니다.

필자는 TV에서 나오는 달인을 아주 좋아합니다. 이분들은 자신이 추구하는 분야에 10년 이상을 집중하고 몰입하여 눈을 감고도 할 수 있는 수준에 이른 것입니다. 밤잠을 설 처가면서 오로지 한 분야에 집중한 결과 달인이 된 것입니다. 하나님께서도 이렇게 집중하기를 원하십니다. 이렇게 되어야 가계저주에서 해방이 될 수가 있는 것입니다. 그래서 아브라함은 25년, 야곱은 20년, 요셉은 13년, 모세는 40년, 다윗은 13년이 걸린 것입니다.

우리가 생각하는 것과 같이 쉽게 하나님의 사람으로 변화되지 못합니다. 자신의 온몸과 마음과 정신과 영이 하나님 화 되려고 관심을 가져야 합니다. 어렵다고 생각하면 어려운 것이고, 쉽다고 생각하면 쉬운 것입니다. 달인을 생각하고 자신이 온전하게 하나님의 형상으로 변화되는 것을 목적으로 마음의 상처에서 해방되려고 하시기를 바랍니다.

성경에 보면 이런 말씀이 있습니다. 하나님께서는 "오직 내 종 갈렙은 그 마음이 그들과 달라서 나를 온전히 좇았은즉 그의 갔던 땅으로 내가 그를 인도하여 들이리니 그 자손이 그 땅을 차지하리라(민14:24)"고 말씀하셨습니다. 하나님은 갈렙의 마음이 멸망했던 다른 사람과 완전히 달랐다고 말씀하신 것입니다. 온전하게 하나님을 좇았다는 것입니다. 온전하다는 것은 인간적인 것이 전혀 섞이지 않고, 하나님의 수족 같이 하나님을 좇는 성도는 마음의 상처에서 영원히 해방이 되는 것은 물론이고, 인생살이의 만사가 형통하다는 것입니다. 하나님은 온전하게 변화되기를 원하십니다. 마음의 상처에서 해방만 받으려고 노력하지 말고 자신의 전인격이 하나님의 형상으로 변화되려고 노력하시기를 바랍니다.

**여섯째, 자신의 관리에 힘쓰라**. 자신은 자신이 관리해야 합니다. 일부 목회자가 자신의 건강을 하나님께서 책임져 주실 것이라고 하면서 관리를 등한히 하다가 영육의 무기력이나 눌림이나 탈진이 찾아오면 하나님을 원망하기도 합니다. 바르게 알아야 할 것은 자신의 몸은 자신이 관리해야 합니다. 우리는 청지기입니다. 몸도 하나님께서 맡겨주셨으니 자신이 관리를 해야 합니다. 사역을 하시는 목회자라면 자신의 영성을 위하여 일주일 중에 하루는 투자해야 합니다. 자신이 자신의 영성을 관리할 수가 없다면 다른 전문적인 목회자가 사역하는 장소에 가셔서 영적 충전을 받아야 합니다. 그것이 겸손한 것입니다. 일부 목회자분들이 자신보다 목사안수를 늦게 받은 목회자에게 안수 받는 것을 꺼려합니다. 이는 교만한 것입니다. 후배 목회자가 안수하는 것이 아니라, 예수님이 안수하는 것입니다. 이렇게 열려있어야 자기를 관리할 수가 있다는 것을 알고 순종해야 합니다. 그래야 목회사역을 하면서 영육의 눌림이나 무기력이나 탈진의 고통을 당하지 않습니다.

**일곱째, 멘토를 잘 만나라**. 하나님은 사람을 통하여 역사하십니다. 자신이 추구하는 분야의 일인자를 만나라는 것입니다. 관심을 가지면 만날 수가 있습니다. 목회자의 관심이 중요합니다. 목회자가 종교적이면 성도들도 종교적이 되기 쉽습니다. 종교적이라는 것은 행위와 열심과 말씀을 인간적인 수준에서 해석하는 것입니다. 말씀은 분명하게 성령의 임재가운데 성령으로 해석을 해야 합니다. 그래야 정확합니다. 영적인 믿음 생활은 성령의 인도와 지배를 받으면서 하나님의 자녀로서 동행하는 믿음 생활을 말합니다. 목회자가 성령의 인도를 받으면서 하나님의 자녀로서 살아있는 믿음 생활을 하면 성도들도 성령의 인도를 받으면서 살아있는 크리스천이 되는 것입니다. 필자는 항상 이렇게 생각을 하고 실천하려고 노력을 하고 있습니다. 담임목사는 한 성도를 살릴 수도 있고 죽일 수도 있다는 것입니다. 성도들은 담임목회자의 영성을 넘어설 수가 없다는 것입니다. 담임목사의 성령 충만이 성도들의 성령의 충만의 수준이 동일하게 되는 것입니다.

필자가 그동안 나름대로 체험한 바로는 담임목사의 영적인 깊이만큼 성도들이 되어 진다는 것입니다. 그래서 일부성도들이 영적인 깊이가 있는 목사가 집회하는 곳에 가서 영을 깨우고 성령 충만을 받으려고 하는 것입니다. 이와 같이 담임목사가 중요합니다. 담임목사가 예수만 믿으면 새사람이니까, 마음의 상처에서 해방되는 것이다. 하면 성도들이 그대로 믿는 것입니다. 마음의 상처는 신앙생활 열심히 하면 해결이 된다고 말하면 상처의 문제에 관심을 두지 않습니다. 관심을 두지 않으니 고통을 당하는 것입니다. 그러면서 이유를 모르는 것입니다.

마음의 상처 때문에 영적인 눌림과 침체와 탈진의 고통을 당해본 담임목사는 상처에 관심을 갖도록 성도들을 인도할 것입니다. 그렇기 때문에 하나님께서 세상에 교회들과 목회자들을 많이 세우신 것입니다. 자신이 추구하고 자신의 문제를 해결하면서 하나님께서 원하시는 수준에 도달하라는 것입니다. 세상의 모든 교회는 하나님의 교회입니다. 그렇기 때문에 성도들은 각각 자신의 처지에 맞는 교회를 선택하여 믿음 생활을 하면 되는 것입니다. 자신의 마음속의 성전을 견고하게 세우기 위하여 유형교회를 옮길 수가 있는 것입니다. 하나님께서는 이런 적극적인 행위를 권장하십니다. 왜냐하면 성도들의 마음 안에 성전이 되기를 원하시기 때문입니다.

# 14장 하나님과 관계없는 생활을 함으로

(약2:20-22)"(20)아아 허탄한 사람아 행함이 없는 믿음이 헛것인 줄을 알고자 하느냐"

한마디로 하나님께서 하라는 대로 순종하라는 것입니다. 우리는 이 말씀을 잘 이해하고 적용해야 합니다. "아아 허탄한 사람아 행함이 없는 믿음이 헛것인 줄을 알고자 하느냐 우리 조상 아브라함이 그 아들이삭을 제단에 바칠 때에 행함으로 의롭다 하심을 받은 것이 아니냐, 네가 보거니와 믿음이 그의 행함과 함께 일하고 행함으로 믿음이 온전하게 되었느니라(약2:20-22)." 행함이 있는 믿음은 자기 마음대로 열심히 하는 것이 아니고, 하나님께서 감동하신 대로 순종하라는 것입니다. 필자의 체험으로 영적인 눌림과 침체와 탈진과 무기력의 고통은 하나님과 관계없이 자신의 열심과 힘으로 일을 했기 때문에 발생합니다. 하나님께서는 영육의 무기력과 탈진을 통하여 자신의 나약함을 깨닫고 하나님께 의지하고 맡기기를 원하십니다. 많은 분들이 의지하고 맡긴다는 진리를 바르게 깨닫지를 못합니다. 의지한다는 것은 하나님의 뜻에 순종한다는 것입니다. 믿는 자의 모든 삶은 하나님의 계획해두셨습니다. 사람이 마음으로 자기의 길을 계획할지라도 그의 걸음을 인도하시는 이는 여호와이십니다(잠16:9). 사람의 마음에는 많은 계획이 있어도 오직 여호와의 뜻만이 완전히 선다고 하셨습니다(잠19:21). 하나님의 계획 뜻을 알고 순종하는 것이 의지하는 것이라고 필자는 생각합니다. 자신의 계획을 가지고 일을 추진하는 것이 아니고, 하나님의 계획(뜻)을 따라서 일을 추진하는 것입니다. 그러면 하나님께서 자기 인생을 책임지실 것입니다. 자신이 생각하여 도저히 합리적이지 않고 이해하지 못할 지라도 하나님의 뜻에 순종하면 하나님께서 이루신다는 것입니다. 이렇게 하나님의 의중을 물어서 성령의 인도에 따라 주님의 일을 하지 않고 자기 생각으로 자기 열심 으로 일을 하기 때문에 무기력이 찾아오고 탈진이 나타나는 것입니다.

성경말씀을 보면 여호수아와 이스라엘 백성들이 애굽에서 나와서 가나안땅에 들어갈 때 여리고 평지에서 7일 동안 여리고 성을 둘러싸고 돈 것이 기록되어 있습니다. 이것은 우리가 현실 문제를 해결할 때의 아주 적절한 예가 되는 것입니다. 여호수아가 철옹성 같은 여리고성을 바라보며 하나님께 기도했습니다. 하나님! 여리고성을 어떻게 해야 무너질까요? “여호와께서 여호수아에게 이르시되 보라! 내가 여리고와 그 왕과 용사들을 네 손에 넘겨주었으니, 너희 모든 군사는 그 성을 둘러 성 주위를 매일 한 번씩 돌되 엿새 동안을 그리하라. 제사장 일곱은 일곱 양각 나팔을 잡고 언약궤 앞에서 나아갈 것이요, 일곱째 날에는 그 성을 일곱 번 돌며, 그 제사장들은 나팔을 불 것이며, 제사장들이 양각 나팔을 길게 불어 그 나팔 소리가 너희에게 들릴 때에는 백성은 다 큰 소리로 외쳐 부를 것이라, 그리하면 그 성벽이 무너져 내리리니 백성은 각기 앞으로 올라갈지니라.”(여호수아6:2-5).

하나님의 뜻을 접수한 여호수아는 그 백성들과 더불어서 하나님의 말씀대로 순종하여 첫째 날에 한번 돌고, 둘째 날, 셋째, 넷째, 다섯째, 여섯째 날 동안 하루 한 바퀴씩 돌고, 일곱째 날은 일곱 바퀴, 그 성을 돌고 난 다음에 일제히 고함을 칠 때, 여리고 성이 무너져 내렸습니다. 하나님께서는 하루 만에 여리고 성을 무너뜨릴 수가 있습니다. 그런데 하루 만에 무너뜨리지 않고 왜 7일 동안 여리고를 돌게 하고 7일째는 일곱 바퀴 돌게 하고 여리고 성이 무너지게 했을까요? 인간의 숫자인 육은 미완성이요. 하나 더한 칠은 완전한 하나님의 숫자이기 때문입니다.

왜냐하면 하나님께서는 우리의 기도를 응답하시기 전에 완전한 믿음을 가지고 순종하게 하기 위함입니다. 하나님은 깨닫게 하기 위하여 우리를 체험하게 하시는 것입니다. 하나님의 말씀에 순종해야 문제가 해결이 된다는 것을 믿게 하기 위함입니다. 야고보서 1장 3절에 "너희 믿음의 시련이 인내를 만들어 내는 줄 너희가 앎이라"고 말하고 있는 것입니다. 믿음은 시련을 당해서 인내가 살아있는 온전한 믿음이 되게 하는 것입니다. 그러기 때문에 우리가 현실 문제를 하나님의 방법으로 해결할 때 이스라엘 백성이 여리고 성을 순종하며 돌던 것처럼, 우리가 순종하는 믿음으로 하나님 앞에 나왔는지 시험해 보시는 것입니다. 또 순종하면 하나님께서 하신다는 것을 체험하게 하시는 것입니다.

이스라엘 백성이 여리고 성을 도는 장면을 우리는 상상해 볼 수가 있습니다. 아마 첫째 날 그들이 여리고 성을 돌면서 그 철벽 성을 눈으로 보았을 것입니다. 야, 이렇게 철벽 성이 무너질 수가 있는가? 그들은 진에 와서 그것을 생각하고 기도했을 것입니다.

눈에 보이는 것을 극복하지 못했더라면 이튿날 그들은 그만 낙심하고 돌지 않았을 것입니다. 그러나 그들은 진에 돌아와서 눈에 보이는 그 성벽에 대한 것을 기도하며 하나님께서 하신다는 믿음으로 불안과 공포를 극복했습니다. 이튿날 또 그들이 성을 돌 때 성에 있는 모든 여리고의 군대들과 경찰들과 그 백성들이 이스라엘 백성을 조롱하고 고함을 칩니다. 그들은 잘 먹고 잘 입고 무장을 잘 했습니다. 광야를 통해 온 이스라엘 백성들보다 훨씬 더 건강해 보이고 더 무장이 잘 돼 있고 더 튼튼해 보입니다. 그래서 그들의 조롱하는 소리와 천지를 진동하는 고함소리를 듣고 난 다음 이스라엘 백성이 진에 돌아와서 과연 저 성이 무너질 것인가? 저 성을 정복할 수 있을까? 그것을 생각하고, 또 기도하고, 하나님의 말씀을 생각하고 염려와 근심을 그들은 극복을 해야 되었습니다. 그렇지 않았다면 사흘째는 돌지 않았을 것입니다. 그러나 또 일어나서 사흘째 그 성을 도는데 가만히 보니깐 분위기가 절대로 무너질 것 같지가 않습니다.

사흘째 돌고 와서 진에 와서 그들은 또 염려합니다. 전체적인 분위기를 볼 때 무너질 아무런 징조도 보이지 않은, 그래서 그들은 또다시 거기서 염려하고 근심하며 기도해서 하나님이 하신다는 믿음이 충만해져 그 분위기를 극복한 것입니다. 나흘째 돌 때는 또 그들에게 심한 의심이 다가왔습니다. 이렇게 돈다고 성이 무너진 전에 경험이 없는데 그런 사례가 없는데 이 성이 과연 무너질까? 그래서 그들은 정신적인 그 회오리바람을 또다시 기도하고, 하나님을 믿고 나흘째 극복해야만 되는 것입니다.

그러고 난 다음 닷새째는 또 돌면서 그들은 생각하기를 우리가 믿는 하나님은 모든 것이 너무나 비이성적인 것이 아닌가, 비과학적인 것이 아니가, 어떻게 이런 튼튼한 성에 저절로 무너질 수가 있느냐, 그래서 이성적인 공격을 당하고도 그들은 그것을 또 기도하고, 하나님을 믿는 믿음을 가지고 또 극복해야만 하는 것입니다. 엿새째는 아무리해도 아무 느낌이나 징조가 없는데 이건 과연 우리가 헛수고하는 것이 아닌가, 지금까지 여섯 번째 도는 대도 아무 징조가 없지 않느냐, 이거 헛수고 아닌가, 그런 마음에 불안과 공포가 있었을 것입니다. 그들을 또다시 진에 와서 기도하고 그것을 극복해야만 되는 것입니다. 불안해하는 백성들에게 여호수아가 하나님께서 분명하게 여리고성을 무너지게 하시니 믿음을 가지고 순종하자고 담대하게 말했을 것입니다. 일주일 째 이제 도는데 그들을 끝까지 말씀을 믿어볼만한가, 정말 눈엔 아무 증거 안보이고 귀에는 아무소리 안 들리고 손에는 잡히는 것 없는데 말씀만 믿고 돌아도 될 것인가, 그러한 마음의 회오리바람을 그들은 기도와 믿음으로 극복을 해야만 했을 것입니다. 그래서 마지막 7일 날 일곱 바퀴를 돌고 난 다음, 그들은 믿음이 완성되었습니다. 모든 의심과 불안을 극복하고 이제 해냈다는 성취감으로 마음속에 깊은 평안의 믿음에 도달했을 때, 그들의 고함소리는 천지를 진동하는 고함소리가 되었고, 그 믿음의 소리에 하나님께선 말씀하셨습니다. "네 믿음대로 될지어다." 순식간에 여리고 성이 무너진 것입니다. 히브리서10장 38절에 보면 "오직 나의 의인은 믿음으로 말미암아 살리라 또한 뒤로 물러가면 내 마음이 저를 기뻐하지 아니하리라"말씀한 것입니다.

히브리서11장1절로 2절에 "믿음은 바라는 것들의 실상이요, 보지 못하는 것들의 증거라고"말한 것입니다. 이러므로 그들이 완전한 믿음에 도착할 때까지 하나님은 일주일 동안 여리고 성을 돌고, 그 모든 시련을 극복할 수 있는 그러한 시험을 해 보신 것입니다. 하나님께서 믿음을 보시고 기적을 행하신다는 것을 체험하게 하십니다. 우리가 시험에 통과되려면 이제는 믿음에 완전히 서서 눈에 아무증거 안보이고 귀에는 아무 소리 안 들리고 손엔 잡히는 것 없어도 단호히 믿고 나설 수 있는 그런 믿음의 자세까지 도달해야 되는 것입니다.

또한 우리의 기도는 왜 7일 동안이나 걸리나 하면은 마귀의 배후 세력을 완전히 묶어버려야 되는 것입니다. 마태복음 18장 18절에 "진실로 너희에게 이르노니 무엇이든지 너희가 땅에서 매면 하늘에서도 매일 것이요, 무엇이든지 땅에서 풀면 하늘에서도 풀리리라"고 말한 것입니다. 이스라엘 백성이 여리고 성을 한 바퀴 돌 때 벌써 밧줄이 여리고 성을 묶은 것입니다. 두 바퀴 돌 때 벌써 두 번째 칭칭 감는 것입니다. 세 바퀴 돌 때 세 번 믿음으로 마귀의 진을 감은 것입니다. 네 바퀴 돌 때 네 번 칭칭 감았습니다. 다섯 바퀴 돌 때 다섯 번째 감았습니다. 여섯 바퀴 돌 때 여섯 번 감았습니다. 일곱 바퀴 돌 때 일곱 번째 감으면서 일곱 번을 다시 칭칭 감는데 여리고 성에 있는 사람들을 입만 떡 벌리고 아무 것도 모르고 있었습니다. 영안이 열리지 않았기 때문입니다. 마지막 고함친 것은 칭칭 감은 그 믿음의 밧줄로 잡아당긴 것입니다.

땅에서 매면 하늘에서 매일 것이요. 땅에서 마귀를 완전히 대적해서 묶어서 고함치니 여리고 성이 무너져 버리고 마는 것입니다. 하나님의 말씀에 온전한 순종은 마귀하고 대적인 것입니다. 마귀는 끝까지 결사적으로 저항합니다. 거기에 대해서 우리는 끝까지 대적해야 됩니다. 일곱 번 도는 것은 "완전히 대적하라. 절대로 물러가지 마라. 한번 마귀하고 붙었으면 끝까지 대적하라." 그래서 완전히 마귀에게 대적하면 마귀는 마지막에 여리고 성 무너지듯이 무너져 버리고 마는 것입니다.

그뿐 아니라, 또한 우리가 일곱 번 행하는 것은 완전히 하나님께 재물이 되는 것입니다. 내 생각이 완전하게 없어진 재물을 되는 것입니다. 구약시대는 짐승을 잡아서 죽여서 피를 흘려 제사를 드렸지만은 우리들은 산 제물로 드려야 됩니다. 재물이란 죽어야 되는 것이기 때문에 자기 고집이 죽고 자기중심이 죽고, 인본주의가 죽고, 불순종이 죽고, 완전히 하나님, 그 발 앞에 내 자신을 내어놓고 온전히 순종하는 것을 말하는 것입니다. 우리가 하나님께 현실문제를 해결 받으려면 이처럼 하나님께 자기를 드려서 완전히 순종하는 그러한 삶에 들어가야만 되는 것입니다. 그렇지 않고서 자기중심으로 서서 고집대로 자기 마음대로 살면서 하나님께 해결을 받으려고 하는 것은 잘못된 것입니다. 그래서 영육 눌림과 침체와 탈진의 고통을 당하는 것입니다. 이러므로 살든지 죽든지 흥하든지 망하든지 성하든지 쇠하든지 주님 뜻대로 하시옵소서, 나는 주의 것입니다. 온전한 순종이 있어야만 되는 것입니다.

그렇기 때문에 일곱 번 여리고를 돈다는 것을 완전한 믿음에 도달하고 완전히 하나님께 앞에서 마귀를 대적하고 완전히 자기를 산 제물로 드릴 때까지 하나님께서 기다리시는 것입니다. 이러한 과정이 지나가면 성이 무너집니다. 문제의 성이 무너집니다. 고통의 짐이 무너지는 것입니다. 생활고가 무너지는 것입니다. 마귀의 진이 훼파되는 것입니다. 하나님의 말씀에 순종하고 맡기니 하나님께서 여리고 성을 무너뜨린 것입니다. 하나님께서 하라는 대로 하나님께서 앞서서 일을 하시게 해야 무기력이나 탈진에 빠지지 않습니다. 주님의 일을 하면서 무기력이나 탈진이 찾아오는 것은 모두 자신의 부족으로 일어나는 것입니다.

예수를 믿고 성령의 인도를 받아 교회에 나온 크리스천은 하나님의 말씀 안에서 하나님의 방법으로 문제를 해결해야 합니다. 자신의 문제를 해결하려고 이리 뛰고, 저리 뛰고 해도 해결되지 않습니다. 세상방법으로 해결이 된다고 해도 임시요법에 불과한 것입니다. 다시 재발한다는 말입니다. 하나님의 자녀의 문제는 하나님의 방법으로 해결을 해야 합니다. 문제가 생겼을 때 불필요한 시간 낭비 마시고 주님만이 나의 모든 문제의 해결 자가 되십니다. 주여! 나를 도와주옵소서. 나를 불쌍히 여겨 주옵소서. 하고 주님께 나와 기도하면 방법을 알려주시고 순종하면 해결하여 주십니다.

한 가지 알아야 할 것은 툭하면 하나님께 "의뢰합니다. 맡깁니다."합니다. 맡기고 의뢰한다는 의미를 잘 알아야 합니다. 맡기고 의뢰한다는 것은 하나님께 기도하여 하나님의 지혜를 구하는 것입니다. 하나님께서 주시는 지혜대로 순종하면 문제가 해결이 되는 것입니다. 자기가 마음대로 저질러 놓고 하나님께 맡긴다고 해결이 되겠습니까? 우리가 알아야 할 것은 크리스천은 예수를 믿는 순간에 자신은 죽고 예수로 태어난 사람입니다. 죽은 사람이 문제를 해결할 도리가 없습니다. 다시 사신 예수님이 문제를 해결해야 합니다. 그래서 예수님께 기도하여 알려주시는 지혜대로 순종하는 것입니다. 그러면 믿음을 보시고 성령께서 해결하시는 것입니다. 시편 46편 10절에 이와 같이 말씀합니다. "이르시기를 너희는 가만히 있어 내가 하나님 됨을 알지어다" 가만히 있어라. 왜 안절부절못하고 입을 열어서 원망과 불평을 하고 아이고 나 죽네! 부정적인 소리를 쏟아놓느냐? 가만히 좀 있어라. 입 다물고 내가 어떻게 일하는지 좀 살펴보고 믿음으로 지켜보고 주님 역사하심을 살펴보아라. 시편 46편 10절 말씀 다시 기억합니다. "이르시기를 너희는 가만히 있어 내가 하나님 됨을 알지어다. 내가 뭇 나라 중에서 높임을 받으리라. 내가 세계 중에서 높임을 받으리라 하시 도다. 이 놀라운 일 가운데 내가 하나님의 은혜와 기적을 나타내서 모든 사람들 가운데 모든 나라 가운데 영광을 받을 것이다. 높임을 받을 것이다. 그러므로 너희는 가만히 있어라." 가만히 있으라는 표현이 성경에 여러 곳 나오는데 그 대표적인 하나가 홍해가 막혀있고 뒤에는 바로의 군대가 쫓아와서 430년 만에 애굽에서 탈출한 이스라엘 백성이 원망과 불평을 쏟아놓을 때 가만히 있으라는 말이 나옵니다. 출애굽기 14장 11절을 보면, 그들이 입을 열어 불평합니다. "그들이 또 모세에게 이르되 애굽에 매장지가 없어서 당신이 우리를 이끌어 내어 이 광야에서 죽게 하느냐 어찌하여 당신이 우리를 애굽에서 이끌어 내어 우리에게 이같이 하느냐" 430년 동안 저들이 노예 생활을 하던 애굽에서 해방 받아서 저들이 약속의 땅 가나안으로 가는데 불과 얼마 지나지 않아서 그 기쁨은 사라져버리고 앞에 홍해가 막히고 뒤에 군사가 쫓아오니까 우리를 차라리 종살이 하게 내버려두지 왜 우리를 건져내갖고 여기서 죽게 하느냐? 우리를 묻을 묘지가 없어서 이곳에 까지 끌고 나오느냐? 다 입을 열고 불평합니다. 문제를 만났을 때 제일 먼저 우리가 하는 것이 불평입니다.

원망입니다. 남의 탓입니다. 모세를 탓하고 하나님을 원망했어요. 문제가 생겼을 때 내가 문제가 무엇일까? 내 자신을 살펴봐야 하는데 당신 때문에 그렇소… 당신 때문에 그렇소… 원망하면 문제가 더 커져버립니다. 모세가 하나님이 함께 하신다는 음성을 듣고 담대히 말씀 했습니다. 출애굽기 14장 13절, 14절 말씀을 봅니다. "모세가 백성에게 이르되 너희는 두려워하지 말고 가만히 서서 하나님께서 오늘 너희를 위하여 행하시는 구원을 보라 너희가 오늘 본 애굽 사람을 영원히 다시 보지 아니하리라 하나님께서 너희를 위하여 싸우시리니 너희는 가만히 있을 지니라" "하나님께서 우리를 위하여 대신 싸우실 것이므로 너희는 가만히 있을 것이라. 잠잠하고 조용하고 불평하지 말고 가만히 있어라. 그저 주님께서 하라는 대로 순종하고 맡기고 주님 앞에 감사하며 찬양하며 나아갈 것이라." 이것이 바로 하나님이 하실 것을 믿는 살아있는 믿음입니다. 예수님 믿고 믿음의 사람으로 살아야지 예수님 믿고 신앙생활을 한지 10년이 지나고 20년 지났는데도 문제만 생기면 불평하고 '당신 탓이오. 당신 탓이오.'하고 싸우고 부정적인 얘기들을 쏟아 놓고 있으니 얼마나 부끄러운 구원을 받은 우리들 입니까? 하나님은 항상 내가 문제라고 말하는 성도를 좋아하십니다. 항상 자신이 문제입니다.

그 이스라엘 백성하고 우리하고 다른 게 뭐가 있어요? 출애굽 사건의 B. C 1400년에, 그러니까 3400년 전에 이스라엘 백성들이 불평을 하는 거나 우리가 예수 믿고 불평하는 거나 불평의 내용은 비슷한 것입니다. 주여! 우리의 입술이 불평, 원망, 부정적인 얘기를 쏟아 놓는 입술이 아니라 감사, 찬양의 입술로 바꾸어지게 하옵소서. 기도해야 합니다. 그 다음에 되어 질 일들이 우리가 다 잘 알고 있습니다. 출애굽기 14장 21절에, “모세가 바다 위로 손을 내밀매 하나님께서 큰 동풍이 밤새도록 바닷물을 물러가게 하시니 물이 갈라져 바다가 마른 땅이 된지라” 모세가 하나님의 음성을 듣고 순종하여 바다 위로 손을 내미니까, 이 바다가 갈라져서 육지 같이 된 곳을 남자로만 60만 명, 여자와 아이를 합하여 약 300만 명 가까이 되는 이스라엘 백성들이 그 홍해를 육지처럼 건너갑니다. 하나님은 일찍이 홍해 밑에 다가 길을 만들어 두셨습니다. 크리스천이 성령의 인도를 받고 천성을 향해서 가는 길에 일어나는 모든 문제는 하나님께서 모두 아십니다. 문제를 해결할 방법도 만들어 두셨습니다. 하나님께 기도하여 해결할 방법을 알아내고 순종하면 해결이 되는 것입니다. 믿음을 가지시기를 바랍니다.

이스라엘 백성이 이 홍해를 절대로 가르지 못합니다. 이스라엘 백성의 힘으로는 그 물길이 절대로 갈라질 수 없습니다. 그 많은 사람들이 당장 배를 만들 수도 없는 것이고 그중에 헤엄을 잘 쳐서 그 바다를 건너갈 사람이 몇 사람이 되겠습니까? 그러니까 하나님 말씀이 '가만히 있어라. 불평하지 말라. 원망하지 말라. 부정적인 이야기를 쏟아놓지 말아라. 내가 도와줄 것이다.'

하나님은 성도들이 문제를 만나 하나님께 기도하여 해결하면서 하나님께서 동행하신다는 것을 체험적으로 알아가게 하시는 것입니다. 하나님은 살아계신 하나님이시기 때문입니다. 성도들이 하나님이 살아계신 다는 것을 믿게 하기 위하여 문제를 만나 하나님의 역사로 해결되는 것을 체험하게 하십니다. 그렇게 하면서 세상을 이길 수 있는 담대한 성도를 만들어 가십니다.

바울이 고린도 교인들에게 이렇게 말합니다. "너희는 아직도 육신에 속한 자로다. 너희 가운데 시기와 분쟁이 있으니 어찌 육신에 속하여 사람을 따라 행함이 아니리요"(고린도전서 3:3). 우리가 알거니와 고린도 교인들에게는 신령한 은사가 넘쳤습니다. 외견으로 보면, 매우 신령한 것 같고 영적인 것 같습니다. 그럼에도 불구하고 그들이 하는 행동은 바람직하지 못했습니다. 이처럼 우리 가운데에도 신앙생활은 오래 했지만 여전히 육에 속한 사람들이 있다고 말할 수 있습니다.

바울은 뒷부분에 그런 사람들은 인간의 방식대로 살고 있다고 언급합니다. 세속적인 삶의 방식을 따라서 살아가는 오늘날의 성도들의 영적 수준이 그렇습니다. 그러므로 "신령한 것이 먼저가 아닙니다. 자연에 속한 것이 먼저요, 그 다음이 신령한 것입니다"(고전:15:46)라고 언급한 말씀처럼 우리는 먼저 육체로 태어납니다. 그러므로 육적인 삶이 우선이고, 그 다음이 영적인 삶이 있게 되는 것입니다. 이것이 자연의 이치이지만, 신앙생활을 하면서 영적 단계로 전혀 옮아가지 못하는 사람들이 있는 것입니다. 앉은뱅이로 육신에 속한 채로 살아간다는 것입니다.

하나님은 우리 모두가 레마를 듣고 순종하는 영적인 사람이 되기를 원하십니다. 그래야만 하나님의 뜻을 제대로 알게 되고 올바르게 응답할 수 있기 때문입니다. 육에 속한 사람은 그리스도 안에서 어린아이와 같다고 정의합니다. 이런 사람은 하나님의 일을 알지 못한다고 합니다. 비록 신앙생활을 많이 하고 성경공부를 많이 해서 박식하고 자신은 영적 만족을 누리지만, 그 모든 것이 하나님의 뜻을 이루어내는 일에는 별로 기여하지 못합니다. 그래서 하나님은 어린 아이에서 벗어나 영적으로 성숙된 사람이 되도록 우리 삶 가운데 육체적 시험을 둡니다. 육에 속한 사람은 육신적 문제를 만나게 됩니다. 물론 영에 속한 사람이라고 해도 완전이 육체의 소욕에서 자유로울 수는 없습니다. 우리는 육체를 벗어나서는 이 세상에 존재할 수 없는 존재이기 때문입니다. 항상 하나님을 의지해야 하는 나약한 존재입니다.

우리는 육체의 문제를 통해서 하나님을 알아가게 됩니다. 고통스런 문제가 있어야 우리는 비로소 하나님을 깊이 생각하게 되며, 그 문제가 해결되는 과정에서 하나님의 뜻을 발견하게 되는 것입니다. 문제를 통해서 하나님을 경험하고 알아가는 것은 육체에 속한 사람이라는 증거입니다. 계속적인 육신의 문제로 괴로워하는 사람은 영적으로 바뀌기 위하여 관심을 쏟아야 합니다. 육체의 문제는 영적 성숙을 위한 하나님의 은혜입니다. 육체의 문제를 해결해 가는 과정에서 단순히 문제의 해결에만 관심을 쏟으면 그 문제를 주신 배경을 이해하지 못하게 됩니다. 그 문제를 통해서 얻게 될 하나님의 속성을 발견하지 못하면 육체의 문제는 계속 이어질 수밖에 없는 것입니다. 육체의 문제를 해결하려면 반드시 하나님에게 기도해야 해결이 되는 것입니다. 성령으로 기도하면서 하나님의 해결방법을 받아서 순종하면 해결이 되는 것입니다. 그래서 육체의 문제를 해결하다가 보면 자연스럽게 하나님을 체험하며 알아가는 것입니다.

우리에게는 계속되는 육체의 문제를 하나님께 기도하여 해결하는 과정을 통해서 영적 눈을 뜨게 되고, 하나님이 문제를 다루시는 진정한 의도를 파악하여 보이지 않는 하나님을 보는 것 같이 인식하고, 응답받기 위하여 기도하는 것입니다. 이런 것이 영적 성숙에 이르는 자세이며, 이런 과정을 통해서 우리는 하나님이 자신에게 다가오는 발소리를 듣게 되고, 하나님의 부름에 즉각 바르게 응답할 수 있는 능력을 기르게 되는 것입니다. 자연에 속한 사람(육체에 속한 사람)은 하나님의 레마를 듣고 순종해야 하는 영에 속한 일을 받아들이지 못합니다. 자신의 주변에서 일어나는 일을 단순히 자연적 시각으로만 인식하기 때문입니다. 그런 사람들은 자연적인 일들 가운데 있는 하나님의 뜻을 전혀 발견할 수도 없고 이해할 수도 없는 것입니다(고전 2:14). 성령으로 거듭난 성도는 현실문제에는 하나님의 섭리와 해결방법이 있다고 믿고 기도합니다. 성령으로 거듭난 성도들과 목회자에게는 그래서 문제가, 문제가 되지 못하는 것입니다.

# 15장 영-혼-육이 균형 잡히지 않아서

(살전 5:23)"평강의 하나님이 친히 너희를 온전히 거룩하게 하시고 또 너희의 온 영과 혼과 몸이 우리 주 예수 그리스도께서 강림하실 때에 흠 없게 보전되기를 원하노라"

영-혼-육이 균형이 잡히지 않고 부실한데 카리스마적인 권능이 나타날 리가 만무한 것입니다. 절대적으로 카리스마적인 권능은 영-혼-육이 균형 잡힌 사람을 통하여 나타나는 것입니다. 카리스마적인 권능을 가지고 하나님께 쓰임을 받으려면 영-혼-육이 균형 잡힌 강건함이 있어야 합니다. 하나님은 영이시라고 말했습니다. 우리는 하나님의 형상과 모양대로 지음 받았기 때문에 우리는 영입니다. 영이 마음 즉 혼을 통해서 인격적인 활동을 하고 육체를 통해서 세계와 사물과 접촉하며, 또 세계와 사물을 다스리면서 살아가는 것입니다.

그러나 인간이 하나님을 반역한 이후로 그 영이 하나님께로부터 단절되고 하나님의 계시를 받지 못하게 되자, 인간은 앞날을 알 수 없고 갈팡질팡하게 되고 이제 하나님의 도움을 받지 못함으로 인간은 오직 혼과 육체를 의지하고 살게 되었습니다. 그러므로 자연적으로 인간은 하나님을 잃어버리고 인간 중심이 되는 인본주의자가 되고 오직 혼과 육으로만 살게 되었고 타락하게 되었습니다. 타락한 인간은 오직 혼으로 살고 육체의 노예가 되어 죄의 종으로 살아왔었습니다. 그런데 이제 예수께서 오셔서 십자가에 못박혀 몸찢고 피를 흘려 죽으심으로 우리 죄를 사하고 하나님과 우리 사이를 화목케 함으로 우리 영이 살아났었습니다. 하나님과 함께 교제하게 되고 하나님과 함께 거하게 되고 하나님의 성령이 우리 영속에 들어와 하나님의 계시를 받고 은혜 속에 살게 된 것입니다.

이와 같이 영만 강하다고 영적인 무기력과 탈진에서 해방된 삶을 살수가 없습니다. 혼만 강해도 안 됩니다. 육체가 강해도 안 됩니다. 영이 자기 가능을 다하려면 육체도 강건해야 하고 혼도 깨끗해야 합니다. 그래야 영-혼-육이 균형이 잡혀서 세상을 이기면서 살아갈 수가 있습니다.

많은 목회자와 성도들이 영의 문제를 육의 문제와는 별개로 보는 견해가 있습니다. 영을 강하게 하기 위해서는 육을 억제해야 한다고 생각합니다. 이런 사람들은 영을 강하게 하기 위해서 육의 요구를 억제하고 절제된 생활을 합니다. 영지주의나 불교적 영성을 추구하는 사람들이 그런 태도를 취합니다. 그러나 기독교의 영성은 영과 육의 긴밀한 조화를 추구합니다. 균형잡힌 영성을 요구하십니다.

주님은 육으로 계실 때 육성으로 하는 말이 곧 영임을 우리에게 일깨워주셨습니다. 우리의 영은 육을 떠나서는 이 세상에 존재할 수 없습니다. 세상에 존재하는 동안 필수적으로 육을 입어야 하는 것입니다. 영과 육의 관계는 상호 보완적이며 필요한 존재입니다. 따라서 영은 육의 조건에 많은 영향을 받습니다.

육이 범죄 함으로써 영은 심하게 위축되며, 육이 쇠잔하면 영은 그 힘을 잃게 됩니다. 강한 영적 힘을 얻기 위해서는 많은 기도를 해야 한다고 생각하는 사람들이 많습니다. 물론 틀린 말은 아닙니다. 그렇다고 올바른 말도 아닙니다. 영적 힘이 기도의 분량에 있는 것은 아닙니다. 영적 힘이 강하면 많은 기도를 할 수 있습니다. 오랜 기도와 끈질긴 기도는 영적 힘이 없으면 불가능한 일입니다. 그러나 기도의 양에 의하여 영력이 강해지는 것은 아닙니다.

하나님은 우리의 기도를 통해서 영적 힘을 공급합니다. 그러나 기도만이 유일한 통로가 되는 것은 아닙니다. 하나님이 우리에게 힘을 공급하는 수단은 여러 가지가 있습니다. 성령으로 기도하기, 말씀의 실천, 예배, 찬양, 봉사, 헌신, 성경공부, 복식호흡기도, 그리고 체력단련 등입니다. 그중에서 체력 단련은 우리가 그동안 간과해온 내용입니다. 체력과 영력은 비례합니다. 허약한 체력으로는 강한 영력을 유지할 수 없습니다. 체력이 뒷받침해주지 않으면 강한 영력을 나타낼 수가 없습니다. 많은 크리스천들이 체력을 중요시 하지 않기 때문에 영육의 무기력과 탈진에 빠지는 것입니다. 건강한 삶을 살아가기 위하여 반드시 영-혼-육이 균형을 유지해야 합니다.

에를 든다면 필자가 예배나 집회를 인도하는데 육체가 받쳐주지 못하여 힘겨워하면서 예배를 드리고 집회를 인도한다면 성령의 역사가 일어나겠습니까? 예배나 집회에 참석하신 분들도 지루할 것입니다. 거기에 무슨 살아계신 하나님의 역사가 나타나겠습니까? 직장 생활도 마찬가지입니다. 생기가 있어서 활기차게 일하는 사람은 능률이 올라갑니다. 그러나 영력과 체력과 정신력이 약하여 무기력하게 직장 일을 한다면 하는 일에 무슨 성과가 나타나겠습니까? 직장 상사가 영력과 체력과 정신력이 약해서 부하직원들에게 생동감을 전이시키지 못한다면 그 직장은 어떻게 되겠습니까?

2시간 집회를 인도하고 지치는 사람과 10시간 인도해도 힘이 남아도는 사람과의 영력은 크게 차이가 납니다. 영력이 강하게 나타나는 집회에서는 회중이 힘을 얻습니다. 그러나 무기력한 집회에서는 사람들이 지루해하고 답답해합니다. 이런 집회에는 조는 사람이 많습니다. 회중이 준다고 강사가 야단을 치는 경우를 봅니다. 조는 회중이 문제입니까, 졸도록 만든 강사가 문제입니까? 강사가 영육의 카리스마가 미약한 결과입니다.

영적 권능이 약하면 마귀가 판을 칩니다. 마귀가 집회를 온통 휘젓고 다닙니다. 영력과 체력은 같이 가야 합니다. 영력은 반드시 체력이 뒷받침해 주어야 강력한 역사가 일어납니다. 효과가 배가 됩니다. 어떤 영적으로 고통을 당하는 귀신들린 사람이 있었습니다. 교회의 목사님과 몇 명의 성도가 치유와 축사를 위한 예배를 시작했습니다. 그 목사님은 말씀은 잘 전하시는데 성령의 역사로 축사를 해 본 경험이 없는 분이었습니다. 이론적으로 알고 있고 또 목사는 하나님의 종이므로 귀신을 능히 쫓을 수 있을 것으로 믿고 예배를 시작했습니다. 그런데 예배가 처음부터 곤경에 빠지게 되었습니다.

귀신들린 사람이 처음에는 가만히 앉아 고분고분하더니 갑자기 자리에서 일어나 방안 한 가운데로 나와서 성도들이 자기 앞에 놓아둔 성경과 찬송가책을 발로 걷어차고 조롱하면서 야단을 피웠습니다. 당황한 성도들이 그를 잡으려고 하였지만 강한 힘에 오히려 쓰러지고 말았습니다. 이날 예배는 그것으로 끝났고 목사님과 성도들은 그 귀신들린 사람에게 크게 봉변을 당하고 물러나고 말았습니다. 그리고 목사님은 충격과 영력과 체력의 소진으로 한동안 누워계셔야만 했습니다. 이 목사님은 영력이 따라주지 않으므로 체력이 소진된 것입니다.

영력은 체력을 바탕으로 하는 예로써 심한 병에 걸린 사람을 위해서 중보 기도하는 경우 심한 체력의 소모를 가져옵니다. 개별치유 1시간 기도에 1Kg 이상 체중이 빠집니다. 기도를 하고 나면 체력과 영력이 심하게 빠져나가 지칩니다. 영력과 체력이 동시에 소진되는 것입니다. 그래서 영적인 전투를 하려면 성령님을 앞세워야 합니다. 영적인 전투나 사역을 할 때 반드시 성령님을 앞서게 할 줄 아는 사역자가 되어야 영적인 무기력이나 탈진에 빠지지 않습니다. 자신의 힘이나 체력으로 사역을 한다면 얼마가지 않아 무기력과 탈진에 빠지게 되어있습니다. 특히 악령과 싸우는 영적 전투에 임하면 급격히 체력이 소진되는 것을 느낍니다. 그러므로 평상시에 영력과 체력을 관리해야 합니다. 영력을 강하게 하기 위하여 성령으로 기도해야 하고, 육체를 강하게 하기 위하여 운동을 해야 합니다. 영적 전투가 물리적인 힘을 써서 하는 것은 아닙니다. 반드시 성령의 인도를 받아가며 사역을 해야 합니다. 성령님을 따라가야 합니다.

그런데 초보 사역자들이 성령의 인도를 받는다는 것이 그리 쉽지 않습니다. 성령의 역사가 일어나기 시작을 하면 흥분하여 자기 힘으로 하려고 덤비기 때문입니다. 필자와 같이 16년이란 세월동안 오로지 개별치유사역에 전념했다면 노련하게 성령의 인도를 받아가며 사역을 감당하지만, 초보사역자들은 성령이 인도받기가 쉽지 않습니다. 성령이 역사하고 귀신이 정체를 폭로하면 성령님과 교통은 뒷전이고 자신의 생각과 힘으로 하려고 합니다. 필자도 초보시절에 그랬습니다. 사역한번 하고나면 영력과 체력이 고갈되어 만사가 귀찮았습니다. 많은 분들이 집회나 집중치유에 참석하고 끝나면 바로가지 않고, 필자에게 무슨 말이나 사역을 더 받으려고 하는 경향이 있습니다. 그러나 필자는 영적인 전투로 영력과 체력이 소모되어 보충을 해야 하기 때문에 여력이 없다는 것을 알아야 합니다. 그래서 영적인 사역은 체험을 해보아야 한다는 것입니다.

일부 무식한 사역자들이 자기 힘으로 하역을 하려고 덤비다가 환자의 눈을 심하게 눌러 실명하게 하기도 하고, 환자의 몸에 올라가 심하게 눌러 갈비뼈를 상하게 하는 경우가 있습니다. 이는 영적 힘이 모자라는 사람이 체력으로 제압하려는 어리석은 생각 때문에 발생하는 불행한 일입니다. 영적인 사역을 전적으로 성령께서 하시는 일입니다. 성령의 역사가 귀신도 쫓아내시고 상처도 치유하시고 질병도 고치십니다. 성령의 역사를 보고 따라가는 사역자가 되어야 합니다. 영력은 체력을 바탕으로 하여 그

속에서 우러나오는 보이지 않는 힘(에너지)입니다. 영력의 바탕이 되는 체력을 강하게 기르는 것은 사역자의 필수적인 일과입니다. 책임의식을 가지고 자기관리를 해야 합니다.

필자는 개인적으로 일주일에 5-6회 정도 워킹을 합니다. 날씨가 춥거나 더우면 러닝머신을 1시간이상 합니다. 대략 6-8Km 정도 워킹을 하는데 컨디션이 좋은 날은 좀 더 워킹을 합니다. 매일 마음으로 기도하면서 꾸준히 6-8Km를 1시간 정도의 속력으로 워킹을 합니다. 기도하면서 워킹을 하니 영성도 깊어지고 하나님과 관계도 깊어지고 일거양득입니다. 강한 체력을 유지하여야만 강한 영력을 소화할 수 있습니다. 물론 영적 힘의 분량은 주님이 주십니다. 체력이 아무리 강하다도 해도 주님이 영력을 주시지 않으면 영력을 발휘할 수 없습니다. 주님이 주신 영력을 100% 발휘할 수 있느냐 없느냐는 체력에 달려 있습니다. 자신이 노력해야 합니다. 어떤 분들은 하나님께서 건강도 주시고 사역할 수 있는 힘도 주신다고 합니다. 그러나 자신의 노력이 결부되어야 건강도 체력도 영력도 유지되어 사용할 수가 있습니다. 부지런해야 합니다. 하나님은 어떻게 하라고 레마를 주십니다. 하나님께서 주신 '레마'대로 순종해야 합니다. 운동도 해야 하고, 건강관리도 해야 하고, 기도도 해야 합니다. 가만히 있어서는 얼마가지 않아 무기력이나 탈진에 빠지기 십상입니다. 젊을 때는 어느 정도 견딜 수 있으나 나아가 들어감에 따라 서서히 무기력이나 탈진이 나타나기 시작을 합니다. 자신이 느끼고 알았다면 좀 깊어진 상태라고 보면 맞습니다. 이 지경까지 진전되지 않도록 노력해야 합니다.

적당한 운동을 계속함으로써 건강이 유지되고 체력이 향상 되면 주님이 주신 영적 능력을 효율적으로 사용할 수 있는 것입니다. 그러므로 운동은 사역자에게는 더욱 필수과목입니다. 운동하지 않고 좋은 사역을 하겠다는 생각은 버리십시오. 지금의 사역보다 더욱 능력 있는 사역을 원한다면 지금 당장 운동을 시작하여 체력을 향상시키기 바랍니다.

건강해진만큼 영적 능력도 크게 나타날 것입니다. 영적 능력은 우리가 추구해야 할 대상은 아닙니다. 그것은 마치 물을 건너기 위해 설치한 다리와 같고 살기 위해서 만들어놓은 집과 같습니다. 영적 능력은 주님을 나타내는 수단이지 우리가 추구할 궁극적인 목표는 아닙니다. 그러나 우리가 이 세상에 사는 동안에 보다 아름답고 좋을 집에서 살고 싶은 소망이 누구에게나 있듯이 주님을 나타내는 방법이 보다 능력 있게 나타난다면 아름답지 않겠습니까?

이런 점에서 우리는 강한 능력을 소유해야 할 것입니다. 특히 우리의 원수 마귀는 강한 힘을 소유하고 있습니다. 이 마귀와 싸워 이기기 위해서 우리는 주님으로부터 강한 능력을 받아야 하겠습니다. 귀신을 쫓다보면 안타까울 때가 많습니다. 강한 귀신을 만나 영적 싸움을 시작합니다. 영적 싸움은 파워게임입니다. 내가 힘이 강하면 귀신은 물러나고 내가 힘이 약하면 귀신은 절대로 물러나지 않습니다. 나에게 주어진 하나님의 능력의 한계 안에서 귀신을 쫓을 수 있는 것입니다. 그런데 그 파워게임에서 내 힘이 모자라는 것을 느낄 때가 있었습니다. 초기 사역시에 자주 나타났습니다.

그 힘의 차이가 처음부터 많이 난다면 문제는 다르겠습니다만, 미세한 차이로 내 힘이 귀신의 힘을 이겨내지 못하는 경우 안간힘을 다 쓰다가 이제 1~2분만 버티면 귀신을 쫓아낼 수 있을 것 같은데 그 힘이 모자라 귀신을 내어 쫓지 못하는 경우가 있었습니다. 이럴 때는 후회가 막심해집니다.

귀신들린 사람과 그 가족에게는 이 문제가 인생 전체에 걸친 절박한 문제입니다. 죽느냐 사느냐의 절박함이란 이루 말할 수 없습니다. 이처럼 절실한 문제 앞에서 단 1~2분의 시간을 지탱할 힘이 없어 결국 귀신을 쫓지 못하는 결과를 가져올 때 파생되는 문제가 많습니다.

어느날 집중치유를 하면서 허리가 쑤시고 머리가 혼미해지고 팔에 힘이 없고 사지가 쑤시는 고통과 온몸의 힘이 다 빠져나가 탈진하는 것과 같은 힘겨움이 몰려올 때도 있습니다. 그러나 저의 강인한 체력이 있으니 영적인 싸움에 승리하게 됩니다. 그런데 체력이 약하여 포기하면 영적인 전쟁에서 패한 것입니다.

마라톤 선수가 자신 보다 불과 1미터 정도 앞선 선수를 추월하지 못하고 계속 그 뒤에서만 달리다가 끝내 지고 마는 것을 보는 경우가 있습니다. 약간의 차이는 마라톤에서는 결코 따라잡을 수 없는 절대적 힘의 우위가 되는 것입니다. 이처럼 영적 전투에서도 마찬가지입니다. 나는 마라톤을 하면서 수없이 쉬고 싶은 유혹을 받습니다. 그러나 이럴 때마다 귀신들린 사람들을 생각합니다. 제가 실패한 경험들을 떠올리면서 이를 악물고 달립니다. 그렇게 달리면 목표에 이릅니다. 숨이 턱에 차고 심장이 멎을 것 같던 힘든 고비를 넘기면 호흡도 편안해지고 기분도 상쾌해지면서 얼마든지 달리게 됩니다.

이제 귀신을 내어 쫓는 일에 있어서 체력으로 인하여 포기하는 일은 결코 없기를 나는 바라면서 달립니다. 포기하는 것은 그 가정의 고통을 지속시키는 불행한 일입니다. 끈질긴 기도와 영적 인내의 싸움을 위해서 우리는 운동을 해야 합니다. 특별히 워킹을 권합니다. 건강을 위해 달리는 것이 아닙니다. 기록을 위해서 달리는 것도 아닙니다. 우리는 하나님의 나라와 모든 성도들의 행복과 자신의 행복을 위해서 달리는 워킹이 되어야 합니다.

제가 현재 이렇게 사역을 감당하는 것도 강한 체력적인 뒷받침이 있기 때문입니다. 체력적인 뒷받침이 없었더라면 벌써 사역을 포기하거나 하지 못했을 것입니다. 특별히 개인을 상대하며 치유하는 사역자는 강한 체력이 뒷받침이 되어야 합니다. 체력과 영성은 같이 가야 합니다. 어느 한쪽으로 치우쳐서는 안 됩니다. 균형이 맞아야 영성이 깊어집니다. 그래야 영적인 피해를 당하지 않습니다. 영적인 손상과 영적인 피해는 깊은 기도를 하지 않아 영성이 약하고 체력을 준비하지 않아 당하는 것입니다. 영육의 균형을 유지하시기를 바랍니다.

그리고 영력을 유지하기 위하여 마음으로 기도를 많이 해야 합니다. 한마디로 자신의 마음 안에 하나님으로 충만하게 채우는 것입니다. 그래야 영적인 손상이나 영적인 피해를 당하지 않습니다. 성령으로 기도하여 영의 상태가 되면 하나님께 질문도 할 수가 있습니다. 성령으로 기도하여 영의 상태가 되어야 내적인 상처도 치유되고, 귀신도 떠나가고, 병도 고쳐지고, 문제도 해결되고, 하나님의 음성도 들을 수가 있는 것입니다. 성령으로 기도하는 것은 성령의 임재가운데 성령 안에서 기도하는 것을 말합니다. 마음으로 기도하여 마음의 문이 열려야 영으로 기도하게 되는 것입니다. 자꾸 하나님께 물어보면 마음이 열립니다.

영으로 기도하는 것이 성령으로 기도하는 것입니다. 그렇기 때문에 먼저 마음의 방언기도로 마음의 문을 열어야 영으로 기도할 수가 있는 것입니다. 마음으로 방언 기도하는 비결은 이렇습니다. 숨을 들이 쉬고 내 쉬면서 방언기도를 합니다. 숨을 들이 쉬고 내 쉬면서 방언기도를 합니다. 숨을 들이 쉬고 내 쉬면서 방언기도를 합니다. 자연스럽게 마음으로 방언기도를 하면 되는 것입니다. 말로 하는 기도는 호흡을 들이쉬고 내쉬면서 주여! 주여! 주여! 합니다.

방언으로 하는 마음의 기도는 호흡을 들이쉬고 내쉬면서 방언기도하고, 호흡을 들이쉬고 내쉬면서 방언기도를 합니다. 즉 내면의 활동이 강화되어 자신의 마음속 영 안에 계신 성령이 밖으로 나오시게 해야 합니다. 코로는 바람을 들이쉬고 배꼽 아랫배로 호흡을 하는 것입니다. 기도를 하가다 보면 성령께서 감동을 주시는 것이 있습니다. 좌우지간 기도를 쉬지 말아야 합니다. 특별하게 성령으로 깊은 영의기도를 하려고 해야 합니다.

영적인 무기력이나 탈진에 빠지는 것은 전적으로 가기의 능력이나 체력으로 사역을 하기 때문입니다. 지금 필자는 제 능력이나 체력으로 사역을 하지 않습니다. 성령님이 앞서 가시면서 하라는 대로 순종합니다. 그러니 저의 체력이나 영력이 고갈되지 않는 것입니다. 예를 들어서 설명한다면 이렇습니다. 방언기도하며 안수할 때 저에게 성령께서 감동을 하십니다. "이 사람은 마음이 갑갑하여 영이 잠자고 있다. 영이 깨어나게 하라!" 그러면 제가 순종합니다. 다른 사람을 안수하면 "이 사람은 서러움의 상처가 있다. 서러움의 상처가 치유되게 하라!" 그러면 제가 조치를 합니다. "이 사람은 귀신이 역사한다. 축귀를 하라!" 그러면 축귀를 합니다. "이 사람은 자아가 너무 강하게 시간이 오래 걸리겠다! 이 사람은 아직 성령이 장악을 못했다! 이 사람은 앞으로 데리고 나가서 기도하라!" 이렇게 방언기도하면서 안수를 하면 성령께서 알려주십니다.

우리 영이 강해지면 그곳(영)으로부터 나오는 신호가 강력해집니다. 이는 방언으로 기도할 때 마음이 뜨거워지며, 헌신하고자 하는 믿음이 우러나오며, 평안한 마음이 되어 시련을 이길 수 있게 됩니다. 근심과 두려움이 사라지고 주님의 평안으로 가득 채워집니다. 이런 영의 함양의 은혜는 묵상과 깊은 영의기도로도 얻어지는 것이며, 방언기도는 쉽게 얻을 수 있는 편리함이 있습니다. 이렇게 성령의 인도를 받아야 무기력이나 탈진에 빠지지 않습니다. 습관이 되어야 합니다.

# 16장 내면세계에 관심을 갖지 않아서

(마15:16~20)"예수께서 가라사대 너희도 아직까지 깨달음이 없느냐 입으로 들어가는 모든 것은 배로 들어가서 뒤로 내어버려지는 줄을 알지 못하느냐 입에서 나오는 것들은 마음에서 나오나니 이것이야말로 사람을 더럽게 하느니라. 마음에서 나오는 것은 악한 생각과 살인과 간음과 음란과 도적질과 거짓 증거와 훼방이니 이런 것들이 사람을 더럽게 하는 것이요 씻지 않은 손으로 먹는 것은 사람을 더럽게 하지  못하느니라."

카리스마적인 권능은 내면세계가 하나님의 지배하에 있어야 나타나는 것입니다. 하나님은 우리의 마음 안에 임재 하여 계시기 때문입니다. 카리스마적인 권능은 자신의 영 안에 임재하신 하나님으로부터 흘러나오는 것입니다. 자신의 마음 안에서 모든 것이 올라오는 것입니다. 그래서 사람은 내면세계가 건강해야 합니다. 우리는 실체보다는 상징을 더 숭배하는 사회에 살고 있습니다. 많은 사람들이 내적인 것보다는 외적인 것에 더 이끌립니다. 그러나 우리는 외적인 것을 너무 좋아하면 안 됩니다. 그러면 뿌리 깊은 나무가 될 수 없습니다. 외적인 것은 재미를 주지만 내적인 것은 깊이를 줍니다.

세상은 깊이보다 재미를 중시하지만 하나님은 재미보다 깊이를 중시합니다. 세상은 겉이 큰 것을 좋아하지만 하나님은 속이 큰 것을 좋아합니다. 옛말에 "못 생긴 나무가 산을 지킨다."는 말이 있습니다. 긴 시간을 두고 보면 교계도 못 생긴 목회자들이 지키고, 교회도 못 생긴 성도들이 지키는 것을 봅니다. 그런 의미에서 우리 교인들이 다 잘생겼지만 그래도 "나는 하나님 앞에서 만은 잘 생긴 존재가 아니다."라는 겸손한 인식과 태도를 가져야 합니다.

외적인 화려함이나 인기에 이끌려 발 빠른 존재가 되기보다는 내면을 잘 가꾸고, 내면을 잘 살펴서 어떤 바람에도 흔들리지 않는 뿌리 깊은 나무가 되기를 힘써야 합니다. 우리가 "성도답게 산다."는 것은 "내적인 삶을 중시하면서 산다."는 것입니다. 사실 우리의 외적인 삶을 준비하는 것은 내적인 삶입니다. 그러므로 내면이 건강해야 합니다. 삶에서 중요한 것은 "우리에게 어떤 일이 일어나고 있는가?"하는 것이 아니라. "우리 안에 어떤 일이 일어나고 있는가?"하는 것입니다.

필자가 체험한 바로는 내면세계가 약하기 때문에 영육의 무기력과 탈진에 빠지는 것입니다. 내면세계를 강하게 해야 합니다. 내면세계는 생명의 말씀과 성령으로 강하게 되는 것입니다. 우리는 현재의식을 잘 분별해야 합니다. 현재의식은 잠재의식에서 올라오는 경우가 많기 때문입니다. 하나님은 애굽에서 430년 동안 종살이하던 이스라엘인들에게 젖과 꿀이 흐르는 가나안 땅을 약속해 주셨습니다. 큰 기대와 기쁨으로 모세를 따라 그들이 험한 광야를 천신만고로 지나면서 가나안 땅을 바라보고 국경지대인 가데스바네야까지 왔습니다. 그러나 결국 그들은 약속의 땅에 들어가지 못하고 도로 광야로 쫓겨나가 40년 동안 방황하다가 20세 이상 애굽에서 나온 모든 사람들은 다 죽고 말았습니다. 왜 그들은 가나안 땅에 들어가지 못했을까요?

바로 현재의식의 결과입니다. 인간의 마음은 감각기관을 통해서 보고 듣고 말하고 느끼는 현재의식과 현재의식의 여러 가지 경험을 토대로 하여 움직이는 잠재의식이 있습니다. 현재의식은 "한다. 안한다. 좋다 나쁘다."등을 생각하고 이성적으로 판단하고 결정할 수 있습니다. 잠재의식은 그 사람의 느낌(감정)을 만들어 내는 일을 합니다. 사람의 생각과 느낌은 서로 다른 마음의 영역에서 만들어지는 것으로서, 그 사람의 인간된 모습을 외부에 있는 사람들에게 전달해 주는 역할을 합니다. 시어머니에게 상처를 많이 받고 살아가는 며느리가 시어머니와 비슷한 사람이 자신에게 싫은 말을 하면, 잠재의식이 자기도 의식하지 못하는 순간 분노와 혈기가 나오게 하는 것입니다. 현재의식에서 만들어지는 생각이 사람의 의지에 의해서 만들어지는 것이라면, 잠재의식에서 만들어 지는 느낌(감정)은 사람의 의지와는 전혀 상관없는 잠재의식이 만들어냅니다.

그리고 현재의식의 밑바닥에 있는 잠재의식은 인간이 태어난 이후 모든 행복하고 불행하고 기쁘고 슬프고 잘하고 못하고 등의 모든 인생 경험이 컴퓨터에 입력되듯 기록되고 있습니다. 잠재의식은 의식의 내부에 깊숙이 숨겨진 엄청난 능력입니다. 어린아이가 태어나면 무엇이 선하고 악한지 옳고 틀린지를 모릅니다. 그의 가장 가까이에서 말하고 행동하는 사람이 누구냐에 따라 그의 잠재의식은 형성됩니다. 이들이 애굽에서 어렸을 때 애굽 사람들에게 받는 잠재의식의 상처가 현재의식(느낌과 감정)에 작용하여 하나님의 눈으로 가나안 땅을 바라보지 못하게 했기 때문입니다.

**첫째, 마음에 들어오는 쓰레기.** 내면세계의 관심은 마음을 관리하는 것을 말합니다. 마음의 정화는 성령으로 됩니다. 성령으로 충만해야 마음을 관리할 수가 있다는 것입니다. 성경말씀에 보면 우리의 마음속에서 자체적으로 쓰레기가 생겨난다고 말합니다. 우리 몸의, 때도, 밖에서 갖다 칠하지 않아도 자체적으로 항상 생겨납니다. 목욕할 때마다 때를 밀면 때가 나오는 것처럼, 우리의 마음속에 쓰레기도 밖에서 들어오지 않아도 자체적으로 산출되어 나오는 것입니다.

우리가 평소에는 점잖고 괜찮은 것 같으나, 어떠한 동기가 부여되면 마음속에 있는 쓰레기들이 일어납니다. 그래서 세상에 취하고 방탕하고 허랑한 더러움이 우리의 생애 속에 나타난 것입니다. 우리도 모르는 사이에 우리 육체를 통한 쓰레기가 우리 속에 꽉 들어 차 있다는 것입니다. 이로 인하여 내면세계에 세상이 형성되어 하나님이 주신 잠재력을 이끌어내지 못하는 것입니다.

그래서 하나님은 갈5장 21절에서 "전에 너희에게 경계한 것 같이 경계하노니 이런 일을 하는 자들은 하나님의 나라를 유업으로 받지 못할 것이요." 라고 하시므로 끊임없이 속에 있는 쓰레기를 우리가 성령으로 기도하며 청소해야 된다는 것입니다. 그대로 내버려 두면 안 된다는 것입니다. 예수님께서도 "마음에서 나오는 것은 악한 생각과 살인과 간음과 음란과 도둑질과 거짓 증언과 비방이니, 이런 것들이 사람을 더럽게 하는 것"이라고 말한 것입니다. 씻지 않은 손으로 음식 먹는다고 더러워지는 것이 아니라, 마음에서 나오는 이 여러 가지 부정적인 일들이 우리 인생을 더럽게 한다고 말한 것입니다.

저는 언젠가 「건강 다이제스트」지(誌)에 이런 얘기를 읽은 적이 있습니다. 사람이 화를 낼 때에 자기도 모르게 입김이 강하게 나오지 않습니까? 그것을 받아서 영하 100도로 급랭을 시키면 액체로 만들 수 있는데, 한 연구에서 웃는 사람의 입에서 나오는 입김과, 화를 내는 사람의 입김을 받아가지고서, 영하 100도로 급랭을 시켜서 액체로 만들었습니다. 그런데 그 액체를 만들어 보니까 색깔이 달랐습니다. 성을 내면서 화를 낸 사람의 입에서 나오는 입김의 냉동된 액체 색깔은 고동색이나 검은색을 띠고, 반면에 활짝 웃는 사람의 것은 푸른색이나 흰색을 띠었다는 것입니다.

그리고 두 액체를 각각 실험용 쥐에 넣어 보았더니, 화를 낸 사람의 액체는 주사한 뒤 2시간 만에 쥐가 죽어 버렸습니다. 그러나 웃고 즐거워하는 사람의 입에서 나온 입김을 냉동한 그 액체를 쥐에게 주사 했더니, 쥐가 팔팔 살아났습니다. 쥐가 기뻐서 뛰더라는 것입니다. 마음속에서 생겨나는 분노의 쓰레기들은 이처럼 무서운 독이 된다는 것을 알아야 되는 것입니다. 그러므로 육체를 가지고 사는 우리 속에 자연적으로 발생하는 쓰레기를 말씀과 성령의 역사와 기도로 청산해야 되는 것입니다. 이 쓰레기들이 자신을 죽이고 다른 사람을 죽이는 독이 될 수가 있는 것입니다. 자신의 잠재의식에 숨겨있는 잠재력을 깨우는데 악 영향을 미치는 것입니다.

또 마귀가 투척하는 쓰레기가 있는 것입니다. 이는 자신의 내면세계가 정돈되어 있지 못하여 자신의 내면세계의 쓰레기가 쓰레기를 불러들이기 때문입니다. 우리 집에서 나온 쓰레기가 아닌데, 이웃 사람이 우리 대문 앞에 쓰레기를 갖다 쏟아 넣는 것과 같은 것입니다. 자신의 내면세계가 하나님의 나라가 이루어지지 않으면 마귀는 끊임없이 쓰레기를 우리의 마음에 갖다 붓습니다. 마귀는 환경을 통하여 우리에게 쓰레기를 갖다 붓습니다. 육신의 정욕, 안목의 정욕, 이생의 자랑을 우리 마음속에 퍼붓습니다.

아담과 하와를 선악과 밑에 유혹해서 데리고 와서 “보아라. 먹음직하고 보암직하고 지혜를 얻기에 탐스럽지 않느냐? 먹어라, 먹어.” 이와 같이 환경을 통해서 마귀는 세속으로 우리를 유혹하고, 세상의 쓰레기를 가슴속에 부어넣는 것입니다. 이 정욕을 원수 마귀는 끊임없이 가져와서 우리의 마음속에 덤핑하는 것입니다. 우리는 이것을 언제나 성령으로 기도하여 빨리빨리 청소해야 됩니다. 왜 내 마음속에 쓰레기를 갖다 붓느냐고 대항할 여가가 없습니다. 빨리 말씀과 성령의 빗자루로 쓸어내어서 청소해 버려야 되는 것입니다. 우리 나쁜 친구는 끊임없이 우리들을 쓰레기 더미 속에 끌고 들어가는 것입니다. “속지 말라 악한 동무들은 선한 행실을 더럽히나니(고전15:33)”

원래 술주정뱅이 같은 술친구를 만나서 돌아다니다가 알코올 중독자가 되는 것입니다. 마약도 한가지고, 도박도 도박꾼 친구와 같이 있다가 도박꾼이 되어 버리고 마는 것입니다. 이렇기 때문에 친구들이 자신의 가슴속에 더러운 쓰레기 더미를 갖다 부음으로 친구를 잘 선택해야 되는 것입니다. 오늘 날은 정보매체를 통하여 쓰레기가 우리에게 쏟아집니다. 라디오, 인터넷, 여러 가지 정보매체를 통해서 세속적인 것, 음란하고 더럽고 방탕한 쓰레기들이 쏟아져 나오는 것입니다. 그래서 하나님은 데살로니가전서 5장 21절로 22절에서 "범사에 헤아려 좋은 것을 취하고 악은 어떤 모양이라도 버리라"고 말씀하시는 것입니다. 우리가 잘 분별해야 되는 것입니다. 마음 안에 쓰레기가 들어오지 못하게 해야 영육의 눌림이나 침체나 무기력이나 탈진이 빠지지 않습니다. 마음 안에서 성령의 역사가 일어나게 하시기를 바랍니다.

**둘째, 끊임없이 쓰레기 청소를 해야 된다**. 쓰레기가 왜 오느냐고 원망하고 탄식하고 앉아 있을 수가 없습니다. 쓰레기는 내속에서 자연발생적으로 생겨나고, 마귀가 투척을 하고, 친구들이, 이웃이 쓰레기를 우리에게 갖다 부을 때가 많습니다. 우리는 마음속에 들어오는 여러 가지 쓰레기를 바라보고만 있어서는 안 되는 것입니다. 매일같이 쓰레기 청소를 해야 되는 것입니다. 우리가 방청소를 하는 것처럼, 집안 청소를 하는 것처럼, 그 무엇보다도 마음에 청소를 해야 되는 것입니다. 성령으로 기도하면서 쓰레기 청소를 해야 합니다.

요사이는 청소기가 있어서 쉽게 방 청소를 하잖아요. 우리 하나님도 우리에게 청소기를 주셨는데 그것이 성령의 임재 가운데 기도하면서 회개하는 것입니다. 성령의 임재가운데 회개를 하면 기도하는 가운데 더러운 쓰레기더미가 다 빠져 나가는 것입니다. 쓰레기가 많아서 하나님께 버림받는 것이 아니라, 회개하지 않기 때문에 쓰레기가 우리 마음에 쌓여서 죄악의 독으로 죽게 되는 것입니다. 그러므로 회개해야 됩니다. “만일 우리가 우리 죄를 자백하면 그는 미쁘시고 의로우사 우리 죄를 사하시며 우리를 모든 불의에서 깨끗하게 하실 것이요(요일1:9)” 육신의 정욕, 안목의 정욕, 이생의 자랑이 안 생길 사람이 어디 있습니까? 사람이 세상에 살면서 보는 것이 죄요, 듣는 것이 죄요, 말하는 것이 죄요, 접촉하는 것이 죄인데 죄악의 쓰레기가 마음속에 안 쌓이는 사람이 누가 있습니까?

문제는 쓰레기를 청소할 수 있는 능력(성령)을 하나님이 주셨는데, 이를 사용하지 않기 때문에 문제가 되는 것입니다. 기도하지 않기 때문입니다. 예수님을 주인으로 모시지 않기 때문에 지옥 가는 것이지, 예수를 영접하고 성령의 인도 하에 주께로 나오면 어떤 죄인도 용서받고, 구원받고 영원한 천국에 갈 수 있는 것입니다. 또한 우리는 말씀과 성령의 물로 씻어서 정결하게 되는 것입니다. 성경은 맑은 물과 같습니다. 우리가 성경을 매일같이 읽고 묵상하면 성경말씀이 우리를 깨끗하게 청소해 주는 것입니다. 마음속의 성전을 날마다 성령으로 정화해야 합니다.

예수님은 요한복음 15장 3절에서 “너희는 내가 일러준 말로 이미 깨끗하여졌으니”라고 예수님께서 말씀하신 것입니다. 우리 스스로 체험하면 알 수 있지 않습니까? 늘 말씀을 읽으면 말씀이 희한하게 우리 속에 역사해 주어서 세속과 더러운 쓰레기를 다 청소해 주는 것을 느끼고 있습니다. 1787년 바운티라는 배가 많은 노예들을 태우고 남쪽으로 향했습니다. 이들의 임무는 영국이 지정한 한 섬에 가서 그곳을 개간하는 것이었습니다. 그들은 1년 동안 나무를 심고 집을 짓고, 길을 내고 토인들과 함께 그 섬을 낙원과 같이 만들었습니다.

그런데 그 노예들이 생각하기를 "이제 우리가 영국으로 돌아가면 또 남은여생을 노예 생활할 것이니 에라 선원들과 감독을 죽이고 우리가 여기서 영주하자." 그래서 선원과 감독들을 다 죽였습니다. 그리고 그들은 그 섬에 남았습니다. 그들은 원래 노예요, 죄인들이었기 때문에 그곳에서 온갖 죄를 범하고 술을 만드는 기술을 개발해서 위스키를 만들어서 매일 술 취하고 방탕 했습니다. 낙원같이 아름답던 섬이 생지옥이 되고 만 것입니다. 영국 본부에서 들으니까 완전히 그 섬이 생지옥이 되었다는 것입니다.

너무 멀리 떨어지고 또 군대를 파견할 수도 없고 해서 그대로 내버려 두었습니다. 세월이 유수같이 흘러 거기에 있는 노예들이 거의 다 죽고, 그중에 한사람만 살아남았습니다. 그 사람 이름이 알렉산더 스미스라는 사람입니다. 그도 몸에 병들고 이제 나이가 많아서 얼마 안 있으면 죽게 된다는 것을 깨달았습니다. 그가 허전한 마음을 달래기 위해서 자신이 타고 온 배안을 거닐다가 책 한권을 발견했습니다. 그런데 그것이 바로 성경이었습니다. 그는 할일이 없어서 성경을 창세기부터 계시록까지 읽기 시작하여 10

번을 읽은 것입니다. 그러자 말씀이 그 속에 들어오자 크게 말씀이 역사해서 그는 통회하고 자복하기 시작한 것입니다.

말씀이 그 일생을 변화시키고 깨끗하고 정결하게 만들어 주었습니다. 자기가 변화받자 그 성경을 들고 나가서 토인들에게 예수 그리스도의 복음을 증거하고 말씀을 가르쳤습니다. 얼마 있지 아니하여 그 섬은 도로 낙원으로 변화 되었습니다. 나중에 영국 정부에서 사람을 파견해보니, 그 섬에는 질서가 있고 정의롭고 깨끗하고, 아담하고 밝고 맑고 환하고 아름다운 관광지로 변화되어 있었다는 것입니다. 한사람이 말씀을 받아들여서 말씀으로 정결하게 되고 변화되니 그 사람의 입을 통해 나오는 말씀을 통해서 온 섬 전체가 변화되고 밝고 맑고 환하게 되어버린 것입니다.

복음은 우리를 변화시키고 우리를 깨끗하게 하는 능력이 있기 때문에 우리가 매일같이 하나님 말씀을 읽고 묵상해야 되는 것입니다. 말씀이 생명이 되어 우리의 내면세계를 청소시켜 주는 것입니다. 그리고 주님께서 우리에게 보혈의 은혜를 주셨습니다. 예수님 십자가에서 피를 흘리시므로 죄악을 다 이기셨습니다. 보혈은 모든 것을 정결하게 하는 하나님의 능력이 되시는 것입니다(히9:22).

예수님의 보혈이 우리를 씻어서 깨끗하고 의롭고 거룩하게 만들어 주는 것입니다. "나의 죄를 씻기는 예수의 피 밖에 없네. 다시 성케 하기도 예수의 피 밖에 없네." 예수 그리스도의 십자가 보배로운 피를 우리가 의지하고 피에 도움을 구하면 성령께서 그리스도의 피로써 어떤 때 묻은 마음도 정결하게 만들어 주는 것입니다. 우리의 양심이 죄악으로 아무리 무디어져도 예수님의 피가 오면 이를 깨끗이 청소해서 정결하게 만들어 주고 건강하게 만들어주는 것입니다.

1967년 남아공화국의 크리스천 버나드 박사가 세계 최초로 심장 이식수술에 성공했습니다. 다른 장기를 이식하는 것은 그렇게 힘들지 않지만 심장을 떼서 남의 심장에 넣는 것은 힘든 일입니다. 그것을 처음으로 크리스천 버나드 박사가 성공을 해서 세계를 깜짝 놀라게 했습니다. 그런데 이 크리스천 버나드 박사가 육신의 심장은 이식을 했는데 마음의 심장은 이식을 못했습니다.

왜냐하면 자기 부인하고 마음이 맞지 않아서 다투고 싸우다가 그만 부인하고 이혼을 하고 만 것입니다. 그래서 사람들이 말하기를 "이 버나드 박사는 사람의 육신의 심장은 바꾸어도, 마음의 심장은 바꾸지 못한다."는 소문을 냈던 사실이 있는 것입니다. 유명한 교육자였던 페스탈로찌도 이렇게 말했습니다. "교육으로는 참인간을 만들 수가 없다." 아무리 교육을 시켜 가르쳐도 머리는 예민해지지만, 마음이 변화되지 않는다는 것입니다. 내면세계의 쓰레기를 성령으로 청소하지 아니하면 아무리 가르쳐도, 그 사람은 현명한 죄인이 되지 변화 받지는 못한다는 것입니다. 그러므로 마음의 쓰레기를 청소하지 아니하면 하나님께서 우리에게 주신 잠재력도 이끌어내지 못합니다. 우리 마음의 쓰레기 청소는 오직 예수님의 보혈과 말씀과 성령의 역사가 일어나야 치울 수가 있는 것입니다. 마음 성전에서 성령의 바람이 불어오면 우리의 마음이 변화되는 것입니다.

성령님을 인정하고 환영하고 모셔 들이고 의지하며 뜨겁게 기도하면서 성령으로 내 마음을 정결하게 해달라고 하면 성령의 역사가 일어나서 우리 마음에 쌓인 쓰레기를 깨끗이 청소해 주는 것입니다. 그리고 마귀가 우리 마음속에 늘 와서 엿보고서 쓰레기를 투척하는데 마음 성전에 계신 하나님이 깨어계실 수 있도록 대화해야 합니다. 성령으로 기도하면서 마귀를 대적해서 쫓아내야 되는 것입니다. 마귀가 우리 잠재의식을 건드리면 자신이 압니다. 왜냐하면 마음에 정상적이지 않은 감정과 생각이 생깁니다. 갑자기 미운 생각이 생깁니다. 분노가 마음에 끓어 오릅니다. 의심이 생깁니다. 마음이 비정상적이고 불안하고 초조합니다. 갑자기 망할 것 같은 생각이 나고 죽을 것 같은 생각이 납니다. 그래서 묻지 마 살인이 일어나는 것입니다. 잠재의식을 말씀과 성령으로 정리하지 않으면 엄청난 파괴적인 능력을 나타냅니다.

이러한 비정상적인 부정적인 생각이 마음에 들어올 때 '이것이 이상하다. 내 마음이 왜 이럴까? 왜 갑자기 분노가 끓어 오를까? 왜 갑자기 미움이 생길까? 왜 부정적인 과거 생각이 떠오를까? 왜 자꾸 죽을 것만 갔냐? 망할 것만 갔냐? 패할 것만 갔냐? 기분이 이상하다.' 이렇게 마음에 이상 징조가 생기면 마귀가 우리에게 도적질하고 죽이고 멸망시키는 쓰레기를 투척하고 있는 것입니다. 우리가 마귀의 생각대로 부정적인 생각을 받아서 생각하고 그것을 상상하고 부정적으로 믿고 말하면 마귀의 올무에 걸립니다. 도적질 당하고, 죽임을 당하고, 멸망을 당합니다.

그렇기 때문에 이럴 때는 성령으로 기도하여 잠재의식을 정화해야합니다. 성령이 충만한 가운데 예수 그리스도 이름으로 마귀를 쫓아내야 되는 것입니다. 예수님께서 내가 너희에게 뱀과 전갈을 밟으며 원수의 모든 능력을 제어할 권능을 주셨다고 말씀한 것입니다. 성경에는 "네가 사자와 독사를 밟으며 젊은 사자와 뱀을 발로 누르리로다."고 했으니 우리가 이를 쫓아내야 되는 것입니다. 마음속에 이상한 생각과 감정이 생기면 당장 그 자리에 앉아서 성령으로 기도하여 성령이 자신을 장악했다고 생각이 되면 "나사렛 예수 그리스도의 이름으로 명하노니 너 비정상적인 미움의 생각은 물러가라! 분노는 물러가라! 더러운 생각은 물러가라! 불안과 공포는 물러가라! 좌절과 절망은 물러가라! 두려움은 물러가라!" 1번만 아니라, 2번도 좋고 5번, 10번, 20번, 100번이라도 그 마음에 이상한 생각과 감정이 물러갈 때까지 성령의 충만함으로 마귀를 대적하십시오.

그러면 마귀는 쓰레기와 함께 쫓겨 나가게 되는 것입니다. 많은 사람들이 마귀와 더불어 살고 있습니다. 그것이 큰 문제입니다. 그렇기 때문에 예수님이 이 세상을 떠나시기 전 마지막 남기신 말씀 중에 가장 먼저 하신 말씀이 "너희가 내 이름으로 귀신을 쫓아내라"고 말씀하신 것입니다. 귀신이 와서 우리에게 모든 부정적인 생각을 마음속에 생각나게 하고 쓰레기를 투척하는 것입니다.

그대로 내버려두고 귀신이 투척하는 쓰레기대로 생각하고 상상하고 부정적으로 믿고, 그것을 말하기 때문에 사람들은 마귀에 걸려서 상처투성이가 되고 파괴되고 좌절과 절망에 처하게 되는 것입니다. 우리는 성경말씀에 "뱀을 집어 올리며 무슨 독을 마실지라도 해를 받지 않겠다"고 한 것입니다. 뱀이란 바로 귀신을 말하는 것입니다. 귀신이 이렇게 가장을 해서 들어올 수 있으므로 내면세계를 성령으로 충만하게 하므로 잠재의식을 정화하여 하나님의 성전이 되도록 관리해야 할 것입니다.

**셋째, 마음의 안방에 좋은 것으로 채우라.** 우리는 마음의 안방에 쓰레기를 청소하고 좋은 것 성령으로 진열해 놓아야 되는 것입니다. 그러면 우리의 마음 안에 숨어있던 잠재능력이 나오기 시작하는 것입니다. 어느 집에 들어가면 방이 쓰레기더미로 있는 데는 들어가고 싶지 않잖아요? 방이 잘 정리 정돈되고, 깨끗하고, 아름답게 되어 있으면 그 방에 들어가서 앉아 쉬고 싶은 마음이 생기지 않습니까? 우리는 우리 마음을 쓰레기더미로 만들지 말고 하나님의 성전으로 만들어야 되는 것입니다. "너희는 너희가 하나님의 성전인 것과 하나님의 성령이 너희 안에 계시는 것을 알지 못하느냐 누구든지 하나님의 성전을 더럽히면 하나님이 그 사람을 멸하시리라 하나님의 성전은 거룩하니 너희도 그러하니라(고전3:16~17)" 걸어 다니는 성전의식을 자져야 합니다. 하나님께서 자신과 동행한다는 믿음을 가지고 살아야 합니다.

성령께서 우리 속에 주인으로 계십니다. 성령은 거룩한 영이므로 거룩한 성령이 우리에게 거하기 위해서는 쓰레기를 다 청소해야 되는 것입니다. 믿음, 소망, 사랑, 의, 평강, 희락이 마음속에 있어야 되고, 사랑과 희락과 화평과 오래 참음과 자비와 양선과 충성과 온유와 절제 같은 성령의 열매로써 우리 마음을 채워 놓아야 되는 것입니다. 십자가를 통해서 주는 거룩함과 성령 충만으로 채워 넣어야합니다. 십자가를 통하여 오는 치료와 건강으로 채워 놓아야합니다. 십자가를 통해서 오는 아브라함의 축복과 형통으로 채워 놓아야합니다. 십자가를 통해서 오는 부활, 영생, 천국의 소망으로 채워 놓아야 되는 것입니다. 우리 마음속에 사랑하는 자여 네 영혼이 잘됨같이 네가 범사에 잘되며 강건하기를 간구한다는 적극적인 전인구원의 사상으로 채워 놓아야 되는 것입니다. 쓰레기는 생각 속에서 쫓아내고 마음속에서 쫓아내고 우리 입술에서 쫓아내 버리고 하나님의 말씀으로 차곡차곡 채워야 되는 것입니다. 쓰레기가 가득해서 입으로 나오면 온 환경이 쓰레기 더미가 되어서 파멸을 당합니다.

그러나 진주 같은 귀한 말씀이 가득해서 말씀이 밖으로 나오면 우리의 생활 속에 영혼이 잘됨같이 범사에 잘되며 강건하고 생명을 얻되 넘치게 얻게 만들어 주는 것입니다. 성령의 권능이 흘러넘치게 되는 것입니다. 우리는 마음에 쌓인 선한 것을 입으로 늘 말해야 되는 것입니다. 그러면 자신이 알지 못하는 무한한 에너지가 나타나는 것입니다. 우리는 마음 안의 쓰레기를 제거하여 심령이 옥토가 되어야 합니다. 심령이 옥토가 되어야 성령이 역사합니다. 그러면 영육의 눌림이나 침체나 무기력이나 탈진에서 자유로워질 수가 있습니다.

# 3부 카리스마를 극대화 하는 법

## 17장 성령 세례를 명확하게 해야 한다.

(행 11:15-16)"내가 말을 시작할 때에 성령이 저희에게 임하시기를 우리에게 하신 것과 같이 하는지라. 내가 주의 말씀에 요한은 물로 세례를 주었으나 너희는 성령으로 세례를 받으리라 하신 것이 생각났노라"

성령으로 세례를 받아야 카리스마적인 권능이 나타납니다. 성령세례를 받지 않으면 절대로 카리스마적인 권능이 나타나지 않습니다. 성령의 세례라고 하는 것은 예수를 믿을 때 성령님이 믿게 해서 예수를 믿었으니 그 때 성령으로 세례를 받았다고 하는 관념적인 성령세례를 말하는 것이 아닙니다. 이 장에서 거론하는 성령세례는 실제적인 체험적인 성령세례를 말하는 것입니다. 필자가 말하는 성령세례는 자신이 보고 몸으로 느끼고, 다른 사람들이 자신이 성령세례를 받는 것을 보고 알 수 있는 실제적인 성령세례를 말하는 것입니다. 분명하게 성령세례는 자신도 알고 느끼고 다른 사람도 보고 알 수 있게 역사하십니다. 성령님께서 영이시지만 살아계시기 때문입니다.

영육의 눌림이나 탈진이나 무기력에서 영원히 해방되려면 성령세례에 대하여 명확하게 알고 체험해야 합니다. 성령으로 잠재의식이 정화되고 세상신이 물러가기 때문입니다. 앞에서도 여러번 설명했지만 영육의 눌림이나 탈진이나 무기력은 모두 무의식과 잠재의식에 숨어있기 때문입니다. 무의식에 숨어서 눌림이나 탈진을 일으키는 존재는 살아있는 존재이면서 사람보다 강한 실체이기 때문입니다. 다른 무엇으로도 잠재의식의 상처나 스트레스나 영적인 문제를 해결할 수가 없기 때문입니다.

일부 크리스천들이 성령의 능력이 있는 목사님의 교회에 다니면 성령으로 충만할 줄 아는 데 절대로 그렇지 못합니다. 능력있는 목사님(사람)을 의지하니 더 성령으로 세례 받기가 힘들 수도 있습니다. 성령님과 자신이 1:1관계가 되어야 쉽게 성령으로 세례를 받고 충만도 받을 수 있습니다. 자신이 직접 성령으로 세례를 받으려고 관심을 가지고 노력해야 합니다. 성령 세례를 받지 않으면 영적인 자립을 할 수가 없습니다. 예수로 하나 되어 성령으로 충만할 때 영혼이 만족하고 영육의 건강을 유지할 수 있기 때문입니다. 또한 눈으로 주님을 뵈올 수 있는 성도가 될 수 있기 때문입니다.

하나님은 분명하게 "그런즉 너희는 먼저 그의 나라와 그의 의를 구하라 그리하면 이 모든 것을 너희에게 더하시리라(마6:33)"말씀하셨습니다. 자신 안에 하나님의 나라가 먼저 이루어지게 하라는 말씀입니다. 그래서 교회에 들어오면 먼저 예배를 드리면서 기도하고 찬양하다가 성령으로 세례를 체험해야 합니다. 성령으로 세례를 받으면 성령께서 자신이 살아오면서 받은 상처를 치유하십니다. 자아를 부수십니다. 그러면서 자신 안에 계신 하나님과의 관계가 열립니다. 하나님과 관계가 열리니 심령이 점차로 하늘나라가 이루어집니다. 하늘나라가 이루어지면서 무의식에 역사하던 귀신이 떠나갑니다.

귀신이 떠나가니 하나님과 친밀한 관계가 됩니다. 영혼이 만족을 누리기 시작하니 기도할 때마다 하나님께서 음성이나 감동이나 꿈이나 환상을 통해서 자신의 문제를 해결하는 지혜를 주십니다. 주신 지혜대로 순종하니 문제가 해결이 됩니다. 마음 안에 계신 성령님의 역사로 귀신이 떠나가기 때문입니다. 그러므로 예수를 믿었으면 성령으로 세례를 받아 하나님과 관계를 먼저 열어야 합니다. 저는 십 년이 넘도록 성령치유 사역을 했습니다. 성령치유 사역을 하다가 보니 성령의 세례를 받으면 그때부터 치유가 이루어지기 시작 했습니다. 저는 성령의 세례를 이렇게 표현하기도 합니다. 성령의 세례는 예수를 영접할 때 내주하신 성령께서 순간 폭발하여 전인격을 사로잡는 것이다. 예수를 믿으면 성령이 내주하십니다. 즉시로 죽었던 영은 살아납니다.

그러나 육체는 성령으로 장악당하지 않은 상태입니다. 육체는 구습을 따르는 옛 사람이 그대로 있다는 말입니다. 그러므로 옛 사람에게 역사하던 세상신이 여전히 주인노릇을 하고 있을 수 있다는 뜻도 됩니다. 하지만 성령으로 세례를 받으면 성령께서 전인격을 사로잡으므로 옛 사람에게 역사하던 세상신이 떠나가기 시작을 하는 것입니다.

그래서 하나님은 성도들이 성령으로 세례를 받아 영적으로 변하기를 소원하십니다. 성령으로 세례를 받아야 전인격이 하나님을 따를 수 있기 때문입니다. 목회자나 성도나 할 것 없이 성령의 불 받기를 사모합니다. 그러나 성령의 세례를 받아야 성령의 불로 세례를 체험할 수가 있습니다. 저의 개인적인 견해로는 성령의 세례가 없이 성령의 불세례를 받을 수가 없습니다. 성령의 불세례를 받으려면 먼저 성령의 세례를 체험해야 합니다. 성령의 세례를 받으려면 세례를 받을 수 있는 영육의 상태가 되어야 합니다. 성령의 세례를 받으려면 먼저 마음을 열어야 합니다. 마음을 열기 위하여 마음으로 예수님을 찾아야 합니다.

마음을 열고 예수님을 부르지 않으면 절대로 성령세례는 임하지 않습니다. 성령은 사람의 영 안에서 역사하십니다. 영은 사람의 마음 안에 있습니다. 그래서 마음을 열어야 영 안에 계신 성령이 역사하는 것입니다. 그래서 숨을 들이쉬고 내쉬라고 하고, 주여! 주여! 하라고 하는 것입니다. 숨을 쉬고 주여! 하면서 마음이 열리기 때문입니다. 마음이 열려서 성령이 역사해야 사람이 영적인 상태가 되는 것입니다. 영적인 상태가 되어야 하나님과 교통할 수가 있는 것입니다.

그러므로 우리는 회개의 세례인 물세례로 만족하지 않고 다음은 성령의 세례를 받아야 합니다. 세례요한은 "나는 너희로 회개하게 하기 위하여 물로 세례를 베풀거니와 내 뒤에 오시는 이는 나보다 능력이 많으시니 나는 그의 신을 들기도 감당하지 못하겠노라 그는 성령과 불로 너희에게 세례를 베푸실 것이요"(마 3:11)라고 말씀한대로 물세례를 받기 이전이든지 이후든지 성령의 세례를 반드시 받아야 합니다.

어떤 성도들은 성령의 세례 받으면 물세례를 안 받아도 되느냐

묻는 사람이 있는데 그것은 잘못된 것입니다. 예수님께서도 세례 요한에게 직접 물세례를 받았습니다. "이때에 예수께서 갈릴리로부터 요단강에 이르러 요한에게 세례를 받으려 하시니, 요한이 말려 이르되 내가 당신에게서 세례를 받아야 할 터인데 당신이 내게로 오시나이까, 예수께서 대답하여 이르시되 이제 허락하라 우리가 이와 같이 하여 모든 의를 이루는 것이 합당하니라 하시니 이에 요한이 허락하는지라"(마 3:13-15)고 했습니다.

세례를 행하므로 하나님께 의를 이루는 것임으로 성도는 물세례를 받아야 합니다. 그렇지만 물세례로 만족하지 말고 성령의 세례를 사모해야 합니다. 사모해야 성령으로 세례를 체험할 수가 있습니다. 물세례는 예수를 믿고, 구원 받은 사람 즉 중생한 사람의 표로 받는 것이라면 성령의 세례는 구원받은 사람이 성령으로 전인격이 지배받아 하나님의 나라가 되는 것입니다. 그래서 "성령이 너희에게 임하면 권능을 받고 예루살렘과 유대와 사마리아 땅끝까지 이르러 내 증인이 되리라"(행 1:18)고 말씀하셨습니다.

우리는 전도의 사명이 있는데 전도하는데 필수적인 도구는 성령의 세례를 받는 것입니다. 성령의 권능 없이 전도할 수가 없습니다. 세상은 마귀에게 처해 있기 때문입니다. 마귀의 종 되어 있는 세상 사람을 전도 하는 것은 인간의 힘만으로는 한계가 있습니다. 반드시 성령의 권능으로 전도를 해야 합니다.

세례에는 물세례와 성령세례 두 가지가 있습니다. 물세례는 목사님들이 예수님의 위임을 받아 베풀고 있습니다. 그러나 성령의 세례는 그러한 인간 제도를 통해 주어지는 세례가 아닙니다. 성령의 세례는 영적인 세례입니다. 눈에 보이지 않는 신령한 질서를 따라 주어지는 은총의 세례입니다. 이 성령의 불세례는 인간 집례 자가 베풀 수 없습니다. 오직 하늘에 계신 예수님이 베풀어 주십니다. 살아계신 성령 하나님이 자신을 장악하여 죄악을 씻어내고 새사람으로 거듭나게 합니다. 그렇기 때문에 성령의 세례는 모든 성도에게 베풀어지지 않는 것입니다. 그러나 우리 예수님은 우리 모든 성도들이 이 성령의 세례를 받아 성령이 충만하여 기쁨이 넘치는 승리의 삶을 살길 원하십니다.

성령세례의 의미에 대해서는 교단마다 또 교회마다 또 개인에 따라서 달라지기 때문에 이것이 성령세례입니다 하고 말씀드리기는 조금 어려운 단어입니다. 일반적으로 성령세례는 두 가지 의미로 쓰인다고 봅니다.

**첫째가 성령의 내주하심입니다.** 우리가 예수님을 믿게 되면 성령께서 우리 안에 들어오셔서 우리와 함께 동행 하게 되는데 이것을 성령이 내주하심이라고 합니다. 또한 이것은 성령 세례라고 하기도 합니다. 바로 우리가 예수님을 믿고 하나님의 자녀가 됨으로 말미암아 성령과 연합되는 것입니다. 성령으로 거듭난다는 뜻이 바로 우리가 예수님을 믿음으로 하나님의 자녀가 되는 사건을 의미하는 것입니다. 이런 경우 성령세례란 우리의 일생에 딱 한번 있는 단회적인 사건이 되는 것입니다. 그런데 필자는 이것을 관념적인 지식적인 성령세례라고 표현하고 싶습니다.

**두 번째가 우리가 예수님을 믿고 나서 특별한 경험을 하는 경**

**우입니다**. 성령의 특별한 역사로 말미암아 뼛속까지 회개하는 경험도 하게 됩니다. 체험적인 성령세례입니다. 방언을 받게 되는 경우도 있고, 성령과 친밀한 교제를 하게 되는 경우도 있습니다. 하늘의 권능을 받는 것입니다. 살아계신 하나님을 증명하면 삶을 살아가는 계기가 됩니다. 이런 특별한 경험을 성령세례라고 합니다. 이런 경우 성령세례란 우리의 일생에 한번 체험할 수 있는 사건이 될 수 있습니다. 성령의 세례를 체험하고 나면 성령에 강하게 사로잡힐 때마다 성령의 충만의 역사를 체험하게 된다는 뜻입니다.

바울 사도가 한 번은 에베소 교회를 방문했습니다. 교인들에게 바울이 "너희가 믿을 때에 성령을 받았느냐 가로되 아니라 우리는 성령이 있음도 듣지 못하였노라 그러면 너희가 무슨 세례를 받았느냐 대답하되 요한의 세례로라"(행 19:2-3)고 했습니다. 이때에 "바울이 그들을 안수하매 성령이 그들에게 임하시므로 방언하고 예언도 하니 모두 열 두 사람쯤 되니라"(행 19:6)라고 해서 성령 세례의 필요성을 알게 된 것입니다.

하나님은 성령의 세례를 체험하게 하고 단련하여 하나님 마음에 합한 자를 하나님의 일에 사용하십니다. 베드로의 경우를 예로 들어봅니다. 고기를 잡는 어부였던 베드로가 예수님의 부르심으로 그물을 버리고 주님을 따랐습니다. 주님을 따라 다니면서 문둥이를 치유하고, 죽은 자를 살리고, 오병 이어의 기적을 일으키고, 귀신을 쫓아내는 이적과 기적을 보면서 3년 동안 주님을 따랐습니다. 베드로가 이렇게 주님의 능력을 인정하고 주님을 따르면서 3년 동안 훈련을 받았지만 믿었던 주님이 십자가에 죽게 되자 세 번씩이나 주님을 모른다고 부인한 겁쟁이입니다. 왜 그렇습니까? 성령으로 세례를 받지 못해서 그런 것 아니겠습니까? 성령의 세례를 체험하지 못하고 인도받지 못하니 아직 육신적인 믿음의 수준을 넘지 못한 증거입니다.

그러던 베드로가 마가의 다락방에서 120 문도와 함께 기도하다가 성령으로 세례를 받고 완전히 사람이 변했습니다. 육신적인 사람이 초자연적인 사람으로 변화되었습니다. 성령이 베드로를 장악한 것입니다. 그러자 성령의 언어를 합니다. 어떻게 변화되었습니까? 초자연적인 성령의 사람이 됩니다. 베드로는 오순절 마가의 다락방에서 완전히 변화되어 성령 충만한 사도로 능력의 삶을 보여 주기 시작하였습니다. 귀신이 떠나가고, 병자가 고쳐지고, 죽은 자가 살아났습니다. 베드로가 전하는 말씀에 감동 받아 하루에 3천명이 예수님 믿고 구원받는 역사가 나타났던 것입니다. 놀라운 일이 아닐 수 없습니다. 우리도 성령의 세례를 체험하고 성령의 인도 하에 하나님의 훈련을 순종하므로 받으면 우리에게도 베드로와 같은 특별한 역사가 나타날 수 있다고 확신합니다.

성령으로 세례를 받음은 하나님으로 사로잡히는 것입니다. 성령의 세례는 성도의 마음을 그리스도에 대한 이해와 사랑과 신뢰로 가득 차게 하며, 성령이 삶의 주관자가 되게 하며, 하나님의 자녀로서 하나님의 부름에 적합하도록 능력을 부여합니다. 거듭나는 것과 성령으로 세례 받은 것과는 다른 별개의 사건입니다. “누구든지 그리스도의 영이 없으면 그리스도의 사람이 아니라."(롬 8:9).

그리스도인은 성령에 의해 태어난 사람으로 성령은 그 사람 안에서 중생의 사역을 이루십니다. 그리스도인이란 그 안에 성령이 내주 하는 사람을 지칭하며 성령세례 받은 자를 의미하는 것은 아닙니다. 거듭남으로 구원을 받게 됩니다. 즉 성령으로 거듭나서 하나님의 자녀가 되는 것입니다. 그러나 사람이 성령에 의해 거듭났지만, 성령으로 세례 받지 못한 경우도 있습니다. 그러므로 중생과 성령세례는 동의어가 아니라는 뜻입니다.

그러므로 성령으로 세례를 체험하시기를 바랍니다. 체험이라는 것은 내가 하나님의 역사하심을 눈으로 보게 된다는 뜻입니다. 성령의 세례를 받음으로 비로소 성령의 인도를 받을 수가 있습니다. 그리하여 성령으로 깊은 영의 기도를 할 수 있게 되는 것입니다. 성령으로 깊은 영의기도를 하므로 성령의 불이 임하고, 심령에서 성령의 불이 올라오는 영의 기도를 할 수 있는 것입니다. 성령의 세례는 성령의 불로 사로잡히는 것이기 때문입니다. 우리가 성령의 세례를 체험하려면 사모해야 합니다. 하나님은 사모하는 영혼에게 만족함을 주십니다. 성령의 세례도 사모해야 받는 것입니다. 사모하고 뜨겁게 기도하면서 성령의 세례가 올 때까지 구하면서 기다려야 합니다.

성령으로 세례를 받아야 그때부터 성도가 영적으로 변하기 시작 합니다. 왜냐하면 성령의 세례를 받으면 비로소 육이 영의 지배를 받기 시작하기 때문입니다. 육이 영의 지배를 받아야 비로소 영적인 사람으로 변하기 시작하는 것입니다. 성령으로 세례를 받지 않으면 육은 여전이 세상신이 장악하고 있으므로 예수를 삼십 년을 믿어도 여전이 육의 지배를 받는 것입니다. 하나님의 말씀을 들어도 비밀을 깨닫지를 못하는 고로 육의 사람의 특성인 합리를 가지고 받아들이니 기적을 체험하지 못하는 것입니다. 왜냐하면 영의 능력은 약하고 육의 능력은 강하기 때문입니다.

저는 성도라면 모두가 예수를 영접하고 성령으로 세례를 받아야 한다고 강조합니다. 제가 말하는 성령의 세례는 성령의 내주하심이 아니라, 성령이 전인격을 장악하는 성령 폭발을 말하는 것입니다. 내주하신 성령이 폭발하여 성도의 전인격을 장악해야 육이 치유되어 영의 지배를 받는 영의 사람으로 변하는 것입니다. 성령이 전인격을 장악해야 비로소 육체에 역사하던 세상신이 떠나가기 시작하기 때문입니다.

이는 성도에 따라 성령께서 장악하는데 시간이 다르게 걸립니다. 그래서 하나님은 "항상 기뻐하라! 쉬지 말고 기도하라! 범사에 감사하라! 이것이 그리스도 예수 안에서 너희를 향하신 하나님의 뜻이니라"(살전5:16-18). 하시는 것입니다. 전폭적으로 성령의 인도를 받으며 맡기는 성도는 빨리 변화가 되고, 그렇지 못한 성도는 변화되는데 시간이 더 걸릴 것입니다.

성도가 성령으로 빨리 장악이 되면 그 만큼 연단의 기간도 짧아지는 것입니다. 하나님은 성도가 성령으로 전인격이 장악이 되어 하나님이 원하시는 수준이 되어야 성도에게 배당된 하나님의 복을 풀어주시는 것입니다. 그러므로 성도는 부단하게 성령으로 세례를 받고 전인격이 성령의 지배를 받으려고 의지적인 노력을 해야 합니다. 자신의 생각이나 의지를 내려놓고 전폭적으로 성령의 인도하심을 따르면 좀 더 빨리 하나님이 원하시는 영적인 수준에 도달할 수가 있는 것입니다.

성령의 세례는 성도에게 와있는 영육간의 문제를 치유하는데도 지대한 영향을 미치게 됩니다. 성령으로 세례를 받지 않으면 잠재의식의 치유가 되지 않습니다. 육체에 역사하는 세상신의 힘이 강하기 때문에 좀처럼 치유가 되지 않습니다. 그러다가 성령으로 세례를 받고 뜨겁게 기도하기 시작을 하면 육체가 성령의 지배를 받게 됨으로 치유가 되기 시작을 하는 것입니다.

그러므로 성도가 당하는 영육의 문제를 치유 받으려면 최우선으로 체험해야하는 것이 성령의 세례입니다. 성령의 세례가 없이는 아무리 능력이 강한 사역자라도 치유를 할 수가 없습니다. 치유는 성령께서 하시기 때문입니다. 하나님은 영이십니다. 영육의 문제는 영이신 하나님이 치유하시는 것입니다. 하나님이 치유하시게 하려면 영적인 상태가 되어야 하는 것입니다. 영적인 상태가 되려니 성령으로 세례를 받고 성령의 깊은 임재에 들어가야 합니다. 그러면 하나님의 치유의 손길이 역사하기 시작을 합니다.

하나님의 음성을 들으려고 해도 성령으로 세례를 받아야 합니다. 상처를 치유 받으려고 해도 성령으로 세례를 받아야 합니다. 귀신을 쫓아내려고 해도 성령으로 세례를 받아야 합니다. 질병을 치유 받으려고 해도 성령으로 세례를 받아야 합니다. 재정의 문제를 해결하려고 해도 성령으로 세례를 받아야 합니다. 성령의 세례가 없이는 아무것도 이루어지지 않습니다. 그러므로 성령의 세례는 모든 성도가 꼭 받아야 합니다.

한번 성령으로 세례를 받았다고 다 되는 것이 아닙니다. 지속적으로 성령 충만해야 합니다. 많은 성도들이 성령으로 세례를 받고, 방언으로 기도하면 항상 성령 충만한 줄로 생각을 합니다. 그러나 잘못된 생각입니다. 항상 성령으로 충만 하려고 의지적인 노력을 해야 합니다. 사람은 육을 가지고 있기 때문입니다.

여기서 우리가 더 알아야 할 것이 있습니다. 첫째, 성령의 세례를 이론으로 알고 스스로 성령으로 세례를 받았다고 자처하는 성도들입니다. 이런 분들이 영육으로 문제가 생겨서 치유를 받으러 옵니다. 와서 본인이 기도를 하고, 안수를 해주어도 성령의 역사가 일어나지 않습니다. 몇 주를 다니면 그때에야 반응이 있기 시작합니다. 왜냐하면 자기만의 관념적인 자아가 있어서 영적인 말씀이 귀에 들리지 않기 때문입니다.

두 번째는 몇 년 전에 성령을 체험했다고 자랑하는 성도들입니다. 얼마 전에 여 집사가 2년 전에 성령을 체험했다고 하면서 치유와 능력을 받으러 왔습니다. 2일을 기도하고 안수를 하니까, 성령의 역사가 일어나 몸이 뒤틀리고 괴성을 지르는 것입니다. 한참을 안수하니 성령이 장악을 했습니다. 귀신들이 소리를 지르면서 떠나갔습니다. 지금 교회에는 몇 년 전에 성령을 체험했다고 안심하고 지내는 성도들이 있습니다.

이런 분들이 열심히 믿음 생활을 하면서도 여러 가지 문제로 고통을 당합니다. 왜냐하면 자기에게 역사하는 상처와 악한 영의 역사로 일어나는 것입니다. 그러므로 한번 성령 체험했다고 다 된 것이 아니라, 지속적으로 성령을 체험하며 깊은 영의기도를 하여 심령을 정화시켜야 합니다. 그래야 깊은 영성이 되어 하나님과 교통하는 기도를 할 수가 있습니다. 한번 성령을 체험했다고 자랑삼아 말하는 분들 자기 관리에 신경을 써야 할 것입니다. 우리가 육체가 있기 때문에 영성에 꾸준하게 관심을 가져야 합니다. 한번 체험했다고 멈추면 얼마 있지 않아 육으로 돌아갑니다. 그래서 성도는 주일날이 중요합니다. 주일날 성령 충만을 받고 뜨겁게 기도하며 영성을 유지할 수 있기 때문입니다.

성령으로 세례를 받을 때 보편적으로 이런 역사가 일어납니다. 성령님이 임재 하여 전인격을 장악하시면 쓰러지는 현상이 나타날 때가 많습니다. 이는 성령 안에서 육신의 이성적 기능이 잠깐 동안 멈추는 현상입니다. 그래서 세상말로 입신에 들어가서 여러 가지 신비한 것들을 체험하는 분들도 많습니다. 환상을 보고 예수님을 만나서 말로 표현 할 수 없는 이야기를 듣기도 합니다. 어떤 경우에는 하나님을 찬송하기를 몇 시간이나 쉬지 않고 계속하는 현상이 나타나기도 합니다. 어느 분은 잠을 자다가도 찬양을 했다는 간증을 하기도 합니다. 성령의 임재로 방언이 터지기도 합니다. 많은 분들이 방언통역의 은사가 같이 임하기도 합니다. 성령이 임재 하여 역사하기 시작하면 여러 가지 이해 할 수 없는 현상이 우리 교회 집회 때에 일어납니다. 손발을 움 추리면서 개발처럼 되거나 얼굴을 찌푸리며 몸이 경직되는 현상이 나타납니다. 이는 특정한 죄를 해결하게 되는 경우입니다. 몸이 뒤틀리거나, 호흡이 가빠지거나 빨라지기도 합니다. 슬픔이 솟구치며 울음이 터집니다. 가슴을 찌르는 아픔, 위장이나 아랫배 부근에서 뭉치가 움직이고, 큰소리가 터지고, 가슴이 답답해지고 기침을 합니다. 하품이나 트림이 나오고, 심한 구토현상, 멀미하는 것처럼 속이 울렁거리며 토할 것 같은 현상이 일어나기도 합니다. 몸 안에서 무엇인가 빠져나가는 느낌이 생깁니다. 이는 귀신이 떠나가는 경우와 상처가 치유되는 현상이기도 합니다.

때로는 사람들에게 마음과 몸이 술에 취했을 때와 같이 몸이 흔들리는 현상이 일어나기도 합니다. 그래서 의자에 앉아 있지 못하고 의자에서 내려와 드러눕기도 합니다. 이런 술 취함을 체험한 후에 몸이 가벼워져서 걸음걸이가 비틀거리며 말까지 더듬게 되는 경우도 있습니다. 그리고 말로 표현할 수 없는 환희를 체험했다고 간증하기도 합니다.

지금까지 설명한 것은 분명하게 나타나는 현상이지만 그런데 미세하게 나타나는 현상도 있습니다. 그래서 우리가 성령께서 임하심을 영으로 깨닫지 못한 채 지나치게 되는 경우도 있습니다. 즉 몸이나, 눈까풀의 미세한 떨림, 깊은 호흡, 약간의 땀 흘림, 가슴이 울렁거리는 증상이 있습니다. 커피를 많이 마신 것과 같은 현상이 나타나기도 합니다. 때로는 가슴이 짓눌리는 것 같은 기분이 들거나 공기가 답답하게 느껴지기도 합니다. 그래서 답답하다고 밖으로 나가자고 하는 경우도 있습니다. 실로 성령의 역사는 다양합니다.

## 18장 깊은 기도로 내면을 강하게 하라.

(고전14:15)"그러면 어떻게 할까 내가 영으로 기도하고 또 마음으로 기도하며 내가 영으로 찬송하고 또 마음으로 찬송하리라"

카리스마적인 권능은 자신 안에 성전삼고 계시는 하나님으로부터 나타나는 것입니다. 성령으로 기도하지 않고는 카리스마적인 권능이 나타나지 않는 것입니다. 그래서 하나님은 예수를 믿고 성령으로 거듭난 우리에게 성령 안에서 기도하라고 하시는 것입니다. 바른 기도의 습관이 하나님과 바른 관계를 여는 것입니다. 기도는 참으로 중요한 것입니다. 기도를 성령으로 해야 잠재의식의 상처와 혈통의 문제가 정화됩니다. 영육의 무기력과 탈진에 빠지게 하는 요소들이 잠재의식에 있기 때문입니다. 잠재의식에 웅크리고 있는 영육의 문제를 현실로 끌어내어 배출하려면 성령으로 기도하여 영적인 상태에 들어가야 합니다. 영적인 상태가 되어야 잠재의식의 문제들이 정체를 폭로하기 때문입니다.

예수님은 마태복음 6장 7절에서 "또 기도할 때에 이방인과 같이 중언부언하지 말라 그들은 말을 많이 하여야 들으실 줄 생각하느니라." 강조하십니다. 그런데 기도를 많이 했다고 하는 직분자들과 목회자 일부가 바리새인과 같은 기도를 합니다. 성령으로 기도하는 것이 아니고 잠재의식에서 올라오는 말로 기도를 합니다. 한마디로 중언부언하는 것입니다. 그렇기 때문에 기도를 많이 해도 변화되지 못하고 잠재의식이 정화되지 못하여 세상을 살아가다가 조그마한 상처나 스트레스를 받으면 영적으로 눌리는 것입니다. 조금만 진전되면 침체와 탈진으로 이어지는 것입니다. 문제는 그렇게 기도하는 장본인은 자기의 기도가 정확한 줄로 알고 있다는 것입니다. 기도가 바르지 못하니까, 인간적인 방법으로 무의식과 잠재의식을 정화하려고 하니 될 수가 없는 것입니다. 이 장에서는 자신의 기도를 진단하여 클리닉하시기를 바랍니다. 그래서 성령으로 충만한 상태를 유지하여 하나님과 관계가 열리기를 바랍니다.

우리는 기도를 바르게 알아야 합니다. 기도는 하나님과 사귀는 것입니다. 하나님과 가까이 하는 것입니다. 하나님과 함께 시간을 보내는 적극적인 행위입니다. 하나님과 사랑을 나누는 시간입니다. 하나님의 음성을 듣는 시간입니다. 하나님께 사랑을 고백하고 감사하는 시간입니다. 자신 안의 성전을 견고하게 세우는 시간입니다. 자신의 영혼에 성령으로 충만하게 채워서 마음의 안에 성전을 깨끗하게 하는 시간입니다.

우리의 삶에서 가장 깨어있는 시간, 하나님의 소리를 듣는 시간입니다. 자신을 치료하는 시간입니다. 세상에서 받은 스트레스를 정화하는 시간입니다. 예수를 믿는 성도가 하는 기도는 세상 사람들이 하는 기도와 다릅니다. 자신이 매일 철야하며 새벽기도를 해도 영육이 변화되지 않고, 환경이 어려운 것은 세상적인 기도를 하기 때문입니다. 예수를 믿는 성도가 하는 기도는 다음과 같은 원칙을 가지고 해야 합니다.

**첫째, 성령 안에서 기도하라**. 기도를 할 때에 자신의 생각이나 머리에서 나온 지식이나 언어구사를 잘하려고 하는 생각으로 기도하지 말라는 것입니다. 바른 기도생활을 위해서'좋은 기도의 습관'이 중요하긴 하지만 그 보다 더 중요한 것이 있습니다. 그것은 바로 기도의 영을 받아 가지고 있는 겁니다. 우리가 새벽기도를 생각해볼 때 우리가 항상 새벽에 그 시간에만 살아가는 것이 아니지 않습니까? 우리가 예배당 안에서만 살고 있지는 않지 않습니까? 우리가 가정에서나 직장에서나 세상에서 살아갈 때 우리 앞에 다양하게 펼쳐지고, 우리에게 다가오는 그런 도전과 문제, 그 어려운 상황 속에서 우리의 기도가 정해진 기도의 제목만으로는 우리 삶을 다 감당하지 못해요. 그래서 좋은 기도의 습관을 갖는 것도 중요하지만, 우리가 기도의 영을 가져서 성령 안에서 기도하는 것 그것은 더욱 중요합니다. 마치 내 영이 기도의 영이신 성령 안에 푹 잠겨 있는 것처럼 내가 하루 24시간 어디에서 무엇을 하고 있든지 하나님과 끊임없는 교통가운데서 내 삶이 진행되는 것, 그것이 바로 기도의 영을 가지는 것인데, 이것이 바로 기도생활의 이상이라고 할 수 있습니다. 그래서 하나님 말씀은 우리에게 '성령 안에서 기도하라' '성령으로 기도하라'라는 말씀을 여러 번 당부하십니다. 그 중 한 곳인 에베소서 6장 18절을 같이 읽겠습니다. "모든 기도와 간구를 하되 항상 성령 안에서 기도하고 이를 위하여, 깨어 구하기를 항상 힘쓰며, 여러 성도를 위하여 구하라" 과거 개역에는 '무시로 성령 안에서 기도하라'고 했는데, '무시로'란 항상 이란 뜻입니다. 영어로 always

또는 all times입니다. 그렇다면 어떻게 기도하는 것이 '성령 안에서 기도'하는 것일까요? '성령 안에서 기도한다'는 의미는,"성령의 영성과, 성령의 지성과, 성령의 감성을 따라서 기도하는 것이다" 라고 말할 수 있습니다. 또, 성령의 임재 가운데 기도하는 것입니다. 성령께서 주시는 생각으로 기도하라는 것입니다.

실제적으로 성경에 보면, 성령께서 우리를 위하여 말할 수 없는 탄식으로, 성령의 생각이 삼위일체 하나님과 합치된 상태에서 우리 안에 와계신 성령께서 우리를 위하여 계속 기도하고 계십니다. "이와 같이 성령도 우리의 연약함을 도우시나니, 우리는 마땅히 기도할 바를 알지 못하나 오직 성령이 말할 수 없는 탄식으로 우리를 위하여 친히 간구하시느니라. 마음을 살피시는 이가 성령의 생각을 아시나니 이는 성령이 하나님의 뜻대로 성도를 위하여 간구하심이니라 (롬8:26~27)."

'성령 안에서 기도하라'는 엡6장 18절의 말씀을 실행 할 수 있는 그 약속이, 이 로마서 말씀에 주어져 있습니다. 로마서 8장 26~27절속에는, 성령의 [영성] [지성] [감성]이 나타나 있어요. 성령의 영성은 무엇과 같은가요? 어머니의 영성과 같지요. 어머니는 자녀들을 한없는 사랑으로 용납해주고 품어줍니다. 그러한 것처럼 성령은 포근한 영성, 온유하신 영성, 인자하신 영성으로서 마치 어머니가 자식을 위해 기도하듯이, 성령께서 우리를 위하여 기도하고 계신다는 거예요. 우리는 무엇을 위하여 기도하는지도 모르고, 우리 앞에 어떤 일이 일어날지도 모릅니다.

그렇기 때문에 성령께서 '우리를 위하여 마땅히 무엇을 위해서 기도할지 모르지만, 우리를 위하여 앞서 기도'하고 계신다는 것입니다. 성령의 영성이 그러하단 것입니다. 또 성령의 영성은, 성령은 지성을 가진 인격체이셔서 우리를 위해서 기도 할 바를 명확하게 인지하시고, 그리고 그 생각을 갖고 기도하고 계십니다. 롬8장 27절 말씀에 성령은 지성을 지니신 분이시다. 라는 것을 보여주는 한 표현이 있습니다.'마음을 살피시는 이가 성령의 생각을 아시나니' '성령의 생각'이라고 했습니다. 성령은 생각하신다. 즉, 지성을 지니신 분이십니다. 우리를 향하신 그 성령의 생각이 얼마나 많은지 시편 40편 5절에 이런 말씀이 나옵니다.

"여호와 나의 하나님이여 주의 행하신 기적이 많고 우리를 향하신 주의 생각도 많도소이다" 우리의 부모가 자녀를 위해서 기도하지 않습니까? 자녀에 대한 모든 사정을 헤아리고 살펴서 자녀를 위해서 기도합니다. 부모는 자녀를 위해서 기도하지만, 자녀는 부모를 그렇게 생각하지 않아요. 자기 인생이 바쁘기 때문에 내리 사랑을 해서 부모는 자녀를 위해서 그렇게 안타깝게 간절히 기도하지만, 자녀들은 그 부모에 대한 마음을 헤아리지 못합니다. 저도 자녀를 위해서 기도하면서 '이 아이들이, 부모인 내가 이렇게 하나님 앞에서 간절히 자기들을 위해 기도하는 것을 알고 지내기나 하나?' 그런 생각을 할 때가 있습니다.

마찬가지로 우리는 별로 하나님을 생각하지 못하고 살아가지만 성령께서 우리를 위하여, 해변의 모래보다 더 많으신 그 생각, 그 사랑의 생각을 가지고 우리를 위해서 기도하고 계십니다. 또한 성령은 감성을 지닌 분이십니다. 로마서 8장 26절 말씀에 성령의 감성을 보여주는 한 어구 한 표현이 있습니다. "말 할 수 없는 탄식으로 우리를 위하여 기도하시는 성령님"이라고 했습니다.

성령은 감성을 가지고 계세요. 우리는 성령을 근심하게 할 수도 있고, 우리는 성령을 기쁘시게 도 할 수 있습니다. 성령이 인격적으로 우리를 대해주십니다. 이 말씀이 보여주는 바대로 성령님은 어머니와 같은 그런 넓으신 자애로우신 사랑의 영성을 지니셨고, 또한 성령은 생각을 가지신 지성을 지니신 인격체이시고, 성령은 우리를 위하여 말 할 수 없는 탄식으로 하나님 앞에서 기도하시는 감성을 지니신 분이십니다. 성령께서 우리 안에 오셔서 우리를 위해 그토록 기도하시는 그 성령의 영성과 지성과 감성을 따라 기도하는 것이 성령님 안에서 기도하는 것입니다.

**둘째, 성령으로 기도하는 방법.** 기도에 대하여 바르게 알아야 합니다. 많은 성도들이 문제가 있으면 무조건 기도하면 문제가 풀어지는 줄로 알고 있습니다. 그래서 무조건 기도하라고 합니다. 그렇지 않습니다. 기도는 하나님의 음성을 듣는 것입니다. 문제의 원인에 대하여 하나님께 질문하여 하나님께서 알려주시는 것을 해결하면서 기도해야 합니다. 예를 든다면 회개라든가, 용서라든가, 하나님께서 알려주시는 레마를 받아 순종하며 기도해야 문제가 풀어지는 것입니다. 막연하게 문제를 해결하여 주시옵소서. 하며 기도하면 문제가 해결되지 않습니다. 반드시 하나님에 알려주시는 해결 방법을 적용하여 해결하면서 기도해야 문제가 풀어지는 것입니다. 성도들이 바르게 알아야 할 것은 자신이 당하는 문제는 하나님의 문제라는 것을 믿어야 합니다. 그래서 자신에게 일어나는 문제는 하나님이 해결해야 합니다. 왜냐하면 자신은 예수를 믿을 때 죽었습니다. 다시 예수로 태어났습니다. 지금 예수 인생을 사는 것입니다. 그렇기 때문에 성령으로 기도하여 영의 상태가 되면 하나님께 해결 방법을 질문하여 응답받은 대로 조치를 해야 문제가 해결되는 것입니다. 그렇기 때문에 문제를 해결하려면 기도하지 않으면 안 되는 것입니다. 성령으로 기도하여 영의 상태가 되어야 내적인 상처도 치유되고, 귀신도 떠나가고, 병도 고쳐지고, 문제도 해결되고, 하나님의 음성도 들을 수가 있는 것입니다.

성령으로 기도하는 것은 성령의 임재가운데 성령 안에서 기도하는 것을 말합니다. 마음으로 기도하여 마음의 문이 열려야 영으로 기도하게 되는 것입니다. 영으로 기도하는 것이 성령으로 기도하는 것입니다. 그렇기 때문에 먼저 마음의 기도로 마음의 문을 열어야 영으로 기도할 수가 있는 것입니다. 성령으로 기도하는 비결은 이렇습니다. 숨을 들이 쉬고 내 쉬면서 주여! 숨을 들이 쉬고 내 쉬면서 주여! 숨을 들이 쉬고 내 쉬면서 주여! 자연스럽게 주여! 주여! 를 하면 되는 것입니다. 방언으로 기도할 줄 아는 분들은 호흡을 들이쉬고 내쉬면서 방언기도하고, 호흡을 들이쉬고 내쉬면서 방언기도를 합니다. 즉 내면의 활동이 강화되어 자신의 마음속 영 안에 계신 성령이 밖으로 나오시게 해야 합니다. 코로는 바람을 들이쉬고 배꼽 아랫배로 호흡을 하는 것입니다. 호흡을 들이쉬고 내쉬면서 주여! 주여! 주여! 하다가 성령께서 감동을 주시는 것이 있습니다.

예를 든다면 "혈통에 흐르는 자녀들의 문제 위하여 기도하라!"하실 수도 있습니다. 그러면 자녀를 위하여 기도하는 것입니다. 자녀에게 문제가 있는 것도 할 수가 있습니다. 자녀에게 바라는 것이 있으면 그것을 기도해도 좋습니다. 하나님께 혈통의 문제가 왜 생겼는지 물어보는 것입니다.

알려주시면 조치하는 것입니다. 기도를 마치고 다시 주여! 주여! 주여! 하면서 기도를 합니다. 다시 성령께서 너의 물질문제를 기도하라고 하실 수도 있습니다. 물질문제를 기도합니다. 물질문제가 어떻게 해서 생겼는지 하나님에게 질문하며 기도합니다. 죄악으로 인한 것이라면 회개를 합니다. 회개하고 혈통의 죄악을 타고 들어온 귀신을 축귀합니다. "예수 이름으로 명하노니 선조들의 죄를 따라 들어와 물질 고통을 주는 귀신아 물러가라" 소리는 크지 않아도 됩니다. 성령이 충만한 상태이므로 귀신들이 잘 떠나갑니다. 다시 다른 기도를 위하여 주여! 주여! 주여! 하면서 기도를 합니다.

그러면 성령께서 다시 감동을 합니다. 너의 건강을 위하여 기도하라! 그러면 자신의 건강을 위하여 기도합니다. 기도하면서 하나님에게 질문을 합니다. 하나님! 저의 어느 부분이 문제가 있습니까? 하면서 기도하여 조치를 취하면 됩니다. 무엇을 결정해야 할 경우는 어느 정도 기도하여 성령으로 충만한 상태가 되면 지속적으로 문의 하는 것입니다. 이것을 어떻게 해야 합니까? 이

것을 어떻게 해야 합니까? 이것을 어떻게 해야 합니까? 지속적으로 질문을 하면 문득 떠오르는 생각이 있습니다.

이것이 하나님의 방법입니다. 이것을 해결하면 치유가 되는 것입니다. 이것이 성령으로 기도하는 것입니다. 어려울 것이 없습니다. 자신의 생각이나 욕심을 내려놓고 순수하게 성령을 따라 기도하는 것입니다. 보통 성도님들이 하시는 말씀대로 기도분량이 채워지니까 성령께서 알려주신 것입니다. 기도분량이 채워졌다는 것은 성령님이 역사하실 수 있는 영적인 상태가 되었다는 것입니다. 절대로 성령은 육의 상태에서 응답을 주시지 못합니다.

반드시 성령으로 충만한 영의 상태가 되어야 레마를 들려주십니다. 그러므로 영의 상태가 되도록 성령으로 깊은 영의기도를 해야 합니다. 영의 상태에서 하나하나 감동이나 음성으로 알려주시는 것입니다. 기도의 성공요소는 영의 상태에 들어가는 것입니다. 영의상태에서 성령님과 교통할 수가 있기 때문입니다.

**셋째, 온몸으로 기도하라**. 예수를 믿고 성령으로 거듭난 크리스천의 기도는 이런 단계를 거치면서 발전해야 합니다. 첫째, 육의기도입니다. 머리로 생각으로 지식으로 기도합니다. 둘째, 마음의 기도입니다. 배꼽아래 15센티에 의식을 두고 마음으로 기도를 합니다. 셋째, 영의기도입니다. 마음으로 지속적으로 기도를 하면 발전하여 자신도 느끼지 못하는 순간 영으로 기도를 하게 됩니다. 넷째, 영-혼-육의 전인격이 기도하는 것입니다. 영의 기도를 지속적으로 하다가 보니 한 차원 발전하여 온몸으로 기도하는 것입니다. 온몸으로 기도하는 것이 영의 사람의 기도입니다. 온몸으로 기도하는 단계까지 발전해야 합니다. 그래야 가계의 저주를 해결하고 천국을 누리면서 살아가게 됩니다.

**첫째로 육의기도입니다.** 심령에서 불이 나오는 깊은 영의기도의 1단계는 소리 내어 하는 기도입니다. 깊은 영의기도의 첫 단계는 소리를 내어 또박또박 천천히 기도하는 것입니다. 이때 급하게 하지 말고 정신을 집중하여 기도 문장의 의미를 깊이 의식하면서 반복해야 합니다. 이 단계는 영-혼-육 중에서 "육으로 기도하는 단계"입니다. 영-혼-육이란, 사람을 삼등분(삼분)하여 표현한 말입니다. "평강의 하나님이 친히 너희를 온전히 거룩하게 하시고 또 너희의 온 영과 혼과 몸이 우리 주 예수 그리스도께서 강림하실 때에 흠 없게 보전되기를 원하노라(살전 5:23)" 이는 앞으로 깊은 영의기도를 배우는데 핵심적이고 가장 중요한 요소이며 구별하고 알기가 무척 어려운 부분입니다. 다음은 필자가 깊은 영의기도를 숙달하기 위하여 훈련할 때 현실 수행에 맞게 효과적으로 만들어 사용한 기도문입니다. "하나님 사랑합니다." "하나님 도와주세요." "하나님 용서해 주세요." "하나님 감사합니다."

여러 문장을 가지고 기도해 보았으나, 너무 길어서 효율이 떨어지고 나중에 자동으로 반복할 시에도 장애가 됩니다. 한번 자신이 정한 문장을 자주 바꾸면 반복하는데 어렵고 습관화시키는데 오랜 시간이 걸리므로 한번 정할 때에 간단명료하게 정하고 자주 바꾸지 말아야 합니다. 나중에 이 "한번 기도하는데 걸리는 시간"이 "걸을 때에 오른발과 왼발을 한번 내딛는데 걸리는 시간"과 또는 "호흡 시 들이쉬고 내쉬는 시간"과 잘 맞아야 합니다.

그래서 필자가 바로 전에 말씀드린 간단한 기도문이 적절하다고 생각합니다. 자기 나름대로 기도문을 만들어 사용해도 됩니다. 자주 바꾸지는 마세요. 나중에 힘들어집니다. 이 음성기도는 무의식에 심겨져 자동으로 반복되어지는 것을 경험할 때까지는 계속되어야 합니다. 나중에 2, 3단계 기도에 어려움이 생길 때에는 다시 1단계의 음성기도로 돌아와서 집중력을 길러 다시 올라가야 합니다.

깊은 영의기도의 원리는 자신 안에 계신 하나님께 몰입하는 것입니다. 그렇기 때문에 간단한 분장을 가지고 자신의 배꼽 아래 10센티 아래에 의식을 두고 지속적으로 하나님을 찾는 것입니다. 다른 잡념이 오더라도 거기에 상관하지 말고 오로지 하나님을 찾는 것에 지중하여 영적인 상태에 들어가는 것입니다.

**둘째로 마음의 기도입니다.** 심령에서 불이 나오는 깊은 영의기도 2단계는 마음의 기도합니다. 깊은 영의기도 2단계 기도를 숙달 할 때 "호흡법"을 기도와 연결하면 쉽게 습관화시킬 수 있습니다. 즉 숨을 들이쉬고 내쉬는 동작을 한 사이클로 해서 반복합니다. 조용하고 편안한 곳, 기도에 방해받지 않고 집중하여 기도할 수 있는 자세를 취하시기를 바랍니다. 의자 등받이에 등과 엉덩이를 밀착하여 앉거나, 무릎을 꿇고 하는 것도 좋습니다. 본인이 하기 좋고, 편안하고, 자기를 낮추어 겸손하게 만드는 자세를 취하는 것이 좋습니다. 예를 들면, 숨을 들이쉬면서 "하나님"

하고, 숨을 천천히 내쉬면서 "사랑합니다." 하세요. 숨을 내쉴 때에 더 천천히 하여, "사랑합니다." 라고 말한 뒤에도 계속 기도 내용에 집중하여 머물러 있으면 좋습니다.

또 다른 방법은 숨을 들이쉬면서, "하나님 도와주세요." 하고, 숨을 천천히 내쉬면서 "하나님 용서해 주세요." 이렇게 하는 것은 특별한 왕도가 없고 본인이 편안하고 오래 집중적으로 할 수 있으면 됩니다. 절대로 남이 그렇게 했다고 따라서 할 필요는 없다는 것입니다.

2단계는 목소리를 죽이고 우리 머리의 생각을 죽이고 마음에 고도로 집중하여 기도합니다. 방법은 자신의 배꼽아래 15센티에 의식을 두고 "마음"을 이용하여 집중하는 기도입니다. 1단계 음성기도가 깊어지면 2단계 마음의 기도는 자연스럽게 반복됩니다. 오랜 시간 기도할 때 소리 내어 기도하는 발성기도로 오래 하면 피곤하고 지치므로 1시간은 발성기도, 1시간은 마음의 기도를 하면 서로 조화를 이루는 기도가 됩니다.

이 마음의 기도가 안 되고 정신이 산란해지면 발성기도로 다시 돌아가야 합니다. 잘못하면 잡념에 사로잡히고 기도문이 막히는 경우도 생깁니다. 자념을 해결하는 방법은 잡념에 관심을 두지 말고 하나님을 찾는 기도에 집중하는 것입니다. 기도에 집중하여 기도하다가 보면 잡념이 성령의 역사로 물러가는 것입니다. 절대로 인간의 힘이나 행동으로 잡념이 물러가는 것이 아니고 성령의 역사에 의하여 물러가는 것입니다. 그러므로 잡념이 들어오면 아랫배에 힘을 주고 강하게 호흡을 하면서 마음 안의 하나님을 찾는 것입니다. 다른 방법은 소리를 내어 발성 기도를 하든지, 또는 찬양을 하든지, 성경을 읽고 잡념을 몰아내든지, 지옥이나 예수님의 십자가 죽음을 묵상하든지 등등으로 해결책을 찾아야 합니다.

**셋째로 영의기도입니다.** 심령에서 불이 나오는 깊은 영의기도 3단계는 가장 어려운 단계로 영으로 하는 기도입니다. "정신의 핵심" 영이 거처하는 마음 안에 내려가 영과 하나가 되는 성령의 기도입니다. 즉 혼의 가장 깨끗한 핵심 부분인 "누스(Nous):마음의 눈"가 영과 결합하여 성령으로 드리는 영의기도입니다. 이 기도는 1,2단계 기도가 충분히 발전되어 자동으로 깊은 영의기도가 24시간 쉼 없이 이루어질 때에 일어납니다. 쉬지 않고 하나님을 찾으며 기도하는 단계입니다. 항상 성령의 임재 가운데 있는 상태입니다. 즉 회개와 겸손과 희생으로 영-혼-육이 충분히 정화되고 성령의 조명을 받을 때에 일어납니다.

이때에 하나님을 대면하며 그의 현존과 임재를 느끼며, 우리의 영-혼-육의 전인적인 부분이 치유되고 통합되는 신비한 체험을 합니다. 쎄오리아(Theoria), 즉 하나님을 "관상(Contemplation: 봄, 임재 하심을 느낌, 현존을 체험)"하는 최고의 단계에 이릅니다. '쎄오리아'의 의미는 '묵상, 들여다보기'라는 뜻입니다. 다시 말해 '묵상'이란 '자신의 처지를 제3자의 눈으로 보는 시선'을 의미합니다. 묵상은 자신 안에 감금된 자기를 관찰자의 눈으로 보고 자신만의 길을 찾기 위한 연습입니다. '마음의 눈'이라고 불리는 '누스'를 통해 사물을 경험하고, 관찰하고 이해하는 것이 바로 '쎄오리아'입니다. 쎄오리아는 궁극적으로 신과 합일되는 '쎄오시스'의 과정입니다. 결국 인간은 '쎄오리아'를 통해 자기를 완전히 버리고 신의 경지에 도달할 수 있게 됩니다. 이것은 어떤 부정적 의미의 신비주의나 엑스타시가 아니라, 내 전인이 변화를 받아 지혜와 사랑을 얻기 위한 성령 하나님의 은총의 체험입니다. 이 '쎄오리아'의 결과로 하나님이 주신 성령의 불과 능력이 흘러나오며, 하나님이 주시는 참 지혜가 생기며, 세상을 향해 베풀 수 있는 사랑을 하나님으로부터 받게 됩니다. 저는 이 기도를 통하여 저의 영육의 치유와 깊은 영성을 유지하며 사역을 하고 있습니다. 이 깊은 영의기도 3단계에 의식적으로 들어가야 하겠다고 생각하면 절대 들어갈 수 없습니다. 2단계 마음의 기도를 집중적으로 몰입해서 계속하다가 보면 어느 순간에 영의기도에 들어갑니다. 영의 기도의 최고의 경지로서 여러 가지 영적 체험을 할 수 있습니다. 이 단계에 들어가려면 많은 훈련과 의지와 노력이 필요합니다.

**넷째로 영-혼-육의 전인격(온몸)이 기도하는 것입니다.** 영의 기도를 지속적으로 하다가 보니 한 차원 발전하여 온몸으로 기도하는 것입니다. 전인격이 하나님께 기도하는 것입니다. 쉽게 설명하면 성령께서 영-혼-육의 전인격을 지배하여 온몸으로 기도드리는 것입니다. 하나님과 대면하면서 하나님의 마음으로 자신을 보면서 기도하는 것입니다. 마치 예수님께서 새벽 오히려 미명에, 밤이 맞도록, 또한 겟세마네동산에서 땀방울이 핏방울이 되도록 기도하신 것과 같은 기도입니다. 예수님께서 그렇게 기도하신 것은 오로지 하나님이 자녀들을 위해 본(本)을 보이신 것입니다. "너희들이 이렇게 기도해야 마귀를 진멸할 수 있고, 영혼을 살릴 수가 있고, 십자가를 질 수 있고, 하나님의 음성을 들을 수가 있고, 하나님의 뜻에 순종할 수 있고, 사명을 감당할 수 있다"는 것을 친히 몸으로 보여주신 것입니다. 이렇게 영-혼-육의 전인격으로 기도해야 하나님과 대면할 수가 있고 하나님과 대화할 수가 있는 것입니다.

예수님께서 겟세마네동산의 기도를 하신 후 어떤 일이 벌어졌습니까? 바로 가룟 유다가 군사들을 이끌고 예수님을 잡으러 왔고, 제자들은 다 도망갔고, 예수님은 다음날 십자가에서 달려 죽으셨습니다. 예수님도 십자가의 고통이 얼마나 큰 것인 줄 아셨기에 "심히 고민하여 죽게 되었다. 이 잔을 내게서 옮기시옵소서!"라고 기도하셨습니다. 예수님은 육신을 입고 오셨기에 십자가의 고통이 너무나 힘드셨던 것입니다. 하지만 겟세마네동산의 피땀 어린 기도를 하신 후에 잠잠히 십자가의 길을 가시는 모습을 볼 수 있습니다. 이것이 온몸으로 드리는 피땀 어린 기도의 능력입니다. 온몸으로 기도하는 것이 영의 사람의 기도입니다. 온몸으로 기도하는 단계까지 발전해야 합니다.

## 19장 영혼이 만족하는 생활을 하라.

(요한3서 1~2)"장로인 나는 사랑하는 가이오, 곧 내가 참으로 사랑하는 자에게 편지하노라. 사랑하는 자여 네 영혼이 잘됨 같이 네가 범사에 잘되고 강건하기를 내가 간구하노라."

영혼이 만족하면 영육의 눌림이나 침체나 무기력이나 탈진에서 자유로워질 수가 있습니다. 여기에 더하여 카리스마적인 권능이 나타는 것입니다. 영혼의 만족은 참으로 중요합니다. 인간의 모든 문제가 영혼이 불만족할 때 생기는 것입니다. 영혼이 만족하면 아무 이유 없이 기쁨이 내 온 마음을 사로잡고, 모든 근심이 사라지며 세상이 전혀 두렵지 않은 평화가 내 온 영혼을 지배하는 상태입니다. 아마 크리스천이라면 일시적이나마 이런 경험을 해본 적이 있을 것입니다.

비록 영구적인 것은 아닐지라도 그 시간만큼 내 영혼은 만족감으로 채워진 것입니다. 하나님의 마음으로 마음 안에 채워진 상태입니다. 이와 같이 영혼이 만족스러우면 근심이 사라지고 평화가 찾아옵니다. 영혼에 기쁨이 넘치면 내게 닥치는 어떠한 아픔과 고통도 이겨낼 수 있는 힘이 생깁니다.

영혼은 인간의 정신 작용(감정, 소원, 의지, 욕망 등)을 지배하는 기관(시86:4)입니다. 영혼은 하나님이 지으신 것이요(창

2:7), 하나님께 속한 것으로서(겔 18:3-4), 불멸(不滅)하며(마 10:28), 천하보다 귀한 가치를 지닙니다(마16:26). 성경에서는 '생명'(삼상 24:11) 또는 '마음'(시42:1-2)으로 표현되기도 했습니다. 더욱이 성경은, 살아 있는 존재로서의 인간에게서 그 영혼은 몸과 분리될 수 없는 하나의 통일체로 보고, 또 둘을 상호 보완적인 것으로 여깁니다(약 2:26). 하지만 육체가 죽으면 그 육체에 깃들여 있던 영혼은 분리되는 것이라 봅니다(마 27:50).

한편으로, 영혼은 괴로움을 당하기도 하고(욥 7:1; 시 35:13), 외로움(시 35:12)과 낙망(시 42:5), 피곤함(시 107:5), 주림(시 107:26), 즐거움(사61:10), 처절한 절망감(시107:26) 등을 경험하기도 합니다. 하나님은 당신을 자랑하며(시 34:2), 당신을 갈망하고(시63:1), 기다리는 영혼에게(시130:5) 소생의 은혜를 베푸시고(시 23:3), 피난처가 되어주시며(시 57:1), 그 영혼을 보호하시고(시97:10), 강하게 하시며(시138:3), 또 그 영혼을 기쁘고 즐겁게 하시고(시94:19), 영원토록 함께하십니다(계 20:4). 영혼의 만족함을 누리면 영육의 강건한 복을 받게 됩니다.

어느 회사의 사장과 전무가 함께 점심식사를 했습니다. 두 사람이 같이 같은 식당에서 같은 음식을 먹었는데 회를 먹은 것이 식중독이 원인이 되어 사장은 죽고 말았습니다. 부검해 본 결과 아주 지독한 비브리오 균에 감염되어 불과 몇 시간 만에 죽게 되었다고 합니다. 그런데 이상한 것은 함께 회를 먹은 전무의 위액에서도 비브리오 균이 검출되었습니다. 그런데 한 사람은 죽고 한 사람은 건강에 이상이 없었다는 것입니다. 죽은 사장은 4년 째 부인과 별거하고 있었습니다. 교회의 집사였지만, 교회는 다니는 둥 마는 둥 하였고, 영적인 체험이 없는 그런 껍데기뿐인 신앙인이었습니다. 그러나 건강에 이상이 없었던 전무는 부인과의 사이도 각별했고, 성령으로 기도하며, 범사에 늘 감사하며, 영과 진리로 예배드리며, 열심히 성령으로 봉사하는 집사였습니다. 우리가 뜨겁게 믿음생활을 하면 우리 몸 안에 강한 면역력이 생겨서 웬만한 병균이 침투해 와도 능히 이겨낼 수 있습니다. 그러기에 영혼이 잘되어 만족하면 우리 육체도 건강해 진다는 것은 진리 중의 진리입니다.

**첫째, 하나님과 친밀한 삶으로 전환된다**. 영혼이 만족함을 누리면 하나님과 친밀한 관계가 됨으로 하나님의 손을 구하는 삶에서 하나님의 얼굴을 구하는 삶으로 전환이 됩니다. 우리가 아무리 사모하고, 기도를 많이 하고, 아무리 능력을 경험해도 하나님의 얼굴을 구하는 삶으로 전환하지 않으면 하나님과 친밀함은 절대 열리지 않습니다. 바꿔 말하면 하나님의 손을 구하는 삶에서는 하나님과 친밀함은 절대 불가능합니다.

하나님의 손을 구한다는 것은 자신의 목적과 목표를 위해 하나님의 도움이나 능력과 같은 하나님의 손길을 구하는 것입니다. 하나님의 얼굴을 구한다는 것은 하나님 자신을 구하는 것을 의미합니다. 쉽게 설명하면 “너희가 내 안에 거하고 내 말이 너희 안에 거하면 무엇이든지 원하는 대로 구하라. 그리하면 이루리라."(요15:7). 하나님과 하나가 된 상태라는 것입니다. 하나님을 더 알기를, 더 사랑하기를 구하는 것입니다. 하나님을 주인으로 모시기 위하여 얼굴을 구하는 것입니다.

하나님의 손을 구하는 사람들은 홍해 가에 있던 이스라엘 사람들입니다. 잘되면 하하~ 하고 문제가 생기면 하나님께 원망하면서 소리만 지르는 사람들이입니다. 모세는 하나님의 얼굴을 구하여 대면하는 삶을 살았던 사람입니다. 하나님의 손을 구하는 사람은 능력이나 은사를 달라고 기도하는 사람입니다. 하나님의 얼굴을 구하는 사람은 하나님의 마음을 달라고 기도하는 사람입니다. 하나님의 마음을 자신의 영혼 안에 채우려고 기도하는 사람이 하나님의 얼굴을 구하는 사람입니다. 하나님만 자신 안에 채워지면 무엇이든지 할 수가 있기 때문입니다. 하나님을 채우려고 하나님의 찾으니 그분과 친밀하게 되는 것입니다.

신앙의 본질은 하나님과 친밀함입니다. 하나님을 알고 사랑하는 삶을 말하는 것입니다.  하나님을 알기 위해서는 하나님께서 자신을 계시(조명)하실 때만 하나님을 알 수 있습니다. 하나님의 얼굴을 구하는 것이 필수입니다. 따라서 하나님의 얼굴을 구하는 삶은 신앙의 첫 단추와 같습니다. 반대로 하나님의 손을 구하는 삶에서는 하나님과 친밀함이 절대로 가능하지 않습니다. 자신의 목적과 목표를 위해 하나님의 도움이나 능력과 같은 하나님의 손길을 구하는 것이기 때문입니다.

모세는 시종일관 하나님의 얼굴을 구했습니다. 이스라엘 백성들을 가나안으로 인도하면서 문제에 봉착할 때마다 하나님의 얼굴을 구하므로 하나님의 방법으로 문제를 해결하였습니다. 이스라엘 백성을 애굽에서 인도하여 나오자 얼마가지 못하여 홍해가 나타났습니다. 설상가상으로 애굽 군대가 쫓아옵니다. 하나님의 손을 구하는 이스라엘 백성들은 모세를 원망합니다. 출애굽기 14장 11절을 보면, 그들이 입을 열어 불평합니다. "그들이 또 모세에게 이르되 애굽에 매장지가 없어서 당신이 우리를 이끌어 내어 이 광야에서 죽게 하느냐 어찌하여 당신이 우리를 애굽에서 이끌어 내어 우리에게 이같이 하느냐" 하나님께 기도하려고 하지 않고 죽을 생각부터 합니다. 하나님의 얼굴을 구하지 않으니, 하나님의 마음을 모르고, 하나님의 길을 모르니 원망하는 것입니다. 하나님의 얼굴을 구하는 사람은 하나님의 길(뜻)을 알기 때문에 문제를 만나도 당황하거나 원망하지 않습니다. 하나님의 손을 구하는 자들이 문제를 만났을 때 제일 먼저 하는 것이 불평입니다. 원망입니다. 남의 탓입니다. 모세를 탓하고 하나님을 원망했습니다.

하나님의 얼굴을 구하는 모세는 하나님이 함께 하신다는 믿음으로 하나님께 기도하여 음성을 듣고 담대히 말했습니다. 출애굽기 14장 13절, 14절 말씀을 봅니다. "모세가 백성에게 이르되 너희는 두려워하지 말고 가만히 서서 하나님께서 오늘 너희를 위하여 행하시는 구원을 보라 너희가 오늘 본 애굽 사람을 영원히 다시 보지 아니하리라 하나님께서 너희를 위하여 싸우시리니 너희는 가만히 있을 지니라" "하나님께서 우리를 위하여 대신 싸우실 것이므로 너희는 가만히 있을 것이라. 잠잠하고 조용하고 불평하지 말고 가만히 있어라. 그저 주님께서 하라는 대로 순종하고 맡기고 주님 앞에 감사하며 찬양하며 나아갈 것이라." 이것이 바로 하나님의 얼굴을 구하는 사람에게 있는 살아있는 믿음입니다.

하나님의 얼굴을 구하지 않으면 하나님의 길을 알지 못합니다. 하나님의 길을 따라 행할 때 하나님이 기뻐하는 삶이 가능한 것입니다. 하나님의 길을 모르면 하나님을 기쁘시게 하는 삶은 불가능합니다. 하나님의 손을 구하는 삶에서는 친밀함이 불가능합니다. 따라서 하나님의 길을 알 수 없습니다. 고로 하나님을 기쁘시게 하는 삶은 불가능한 것입니다. 모세는 하나님의 얼굴을 구하는 사람으로 하나님의 길을 알았다는 것입니다. 모세는 하나님의 얼굴을 구하며 하나님과 대화하여 하나님의 계획을 환하게 알고 있었습니다. 하나님의 얼굴을 구하는 사람은 하나님 자신을 필요로 하기 때문에 하나님의 길을 알았다는 것입니다. 그래서 하나님은 모세를 온유함이 지면에 뛰어난 사람이라고 말씀하신 것입니다(민21:3).

모세가 하나님의 얼굴을 구하니까, 모세에게서 하나님의 얼굴이 나타납니다. "모세가 그들에게 말하기를 마치고 수건으로 자기 얼굴을 가렸더라. 그러나 모세가 여호와 앞에 들어가서 함께 말할 때에는 나오기까지 수건을 벗고 있다가 나와서는 그 명령하신 일을 이스라엘 자손에게 전하며, 이스라엘 자손이 모세의 얼굴의 광채를 보므로 모세가 여호와께 말하러 들어가기까지 다시 수건으로 자기 얼굴을 가렸더라"(출34:33-35). 그러니까 하나님과 대면하는 선지자가 된 것입니다. 영혼이 만족하면 성령으로 충만한 상태라 하나님을 대면해도 죽지 않습니다. 하나님은 하나님의 얼굴을 구하는 사람과 일하십니다. 하나님의 얼굴을 구하니 하나님의 권능이 100% 나타나기 때문입니다.

**둘째, 항상 기도하는 성도가 된다**. 성령 충만하고 성령으로 거듭났다고 말하는 이를 보는 것은 쉬운 일이지지만, 성령이 내주하시는 증거인 놀라운 영적 능력을 나타내 보이라 하면 꼬리를 내리고 과거의 사건만 반복해서 말하는 이가 적지 않습니다. 하나님은 과거의 하나님이 아니라, 현재의 하나님이시듯이, 과거에 성령 충만했던 사실이 중요한 게 아니라, 현재에도 그러한 상태를 항상 유지해야 합니다. 이는 쉬지 않고 기도하는 영적인 습관을 들이지 못한 탓입니다. 한 때 성령 충만한 것이 중요한 게 아닙니다. 지금 이 순간 내주하시는 성령님과 친밀한 삶을 유지해야 하는 것입니다. 과거에 열심히 기도했던 경험은 중요하지 않습니다. 지금 이 순간에도 쉬지 않고 기도하는 사람이 되어야 합니다. 교회의 기도시간이나 기도원에서의 기도가 아니라, 일상의 삶에서 쉬지 않고 기도하는 영적인 습관을 들이지 않는다면 성령으로 거듭나는 삶은 언감생심(焉敢生心)입니다.

필자는 아침과 잠자리에 들기 전에 각각 한두 시간 기도하는 것을 습관으로 들이고 있지만 그게 전부가 아닙니다. 낮에도 틈만 나면 기도를 시도합니다. 자동차 안이든, 집이든, 걷기를 하든, 공원의 벤치이든 상관하지 않습니다. 눈을 뜨고 기도할 때도 많습니다. 그래서 하루 종일 기도하며 하나님의 영(마음)으로 채우려고 노력을 합니다. 물론 아직까지 기도의 달인의 경지에 도달했다고 할 수 없지만, 적어도 기도의 달인이 되려고 애쓰고 노력하고 있는 것은 분명합니다. 쉼 없는 기도에 도달하려면 성령이 내주하시는 기쁨과 평안을 누려야 가능합니다. 성령이 내주하시면 자신의 의지가 아니라, 성령의 이끌림에 따라 기도에 몰입하게 됩니다. 물론 이 때의 기도는 응답을 바라는 기도목록의 나열이 아니라, 하나님의 이름을 찾고 부르며 그분의 내주를 갈망하고 찬양하고 감사하는 기도가 대부분입니다. 기도가 신앙인의 의무가 아니라, 기쁨과 평안을 누리는 시간으로 채워짐을 경험할 때 비로소 쉬지 않고 기도하는 경지에 도달할 것입니다.

**셋째, 강하고 담대해진다**. 영혼이 만족함을 누리면 강하고 담대하여 하나님께서 사용하시는 크리스천이 됩니다. 하나님은 사람을 통하여 자신의 일을 하십니다. 그렇기 때문에 합리적인 사람이나 나약한 사람을 통해서는 하나님은 일을 하실 수가 없습니다. 다윗과 같이 강하고 담대한 사람을 통해서 일을 하십니다. 하나님은 여호수아에게 강하고 담대하라고 하셨습니다. 자신 앞에 일어나는 일은 자신이 하는 것이 아니고, 하나님께서 자신을 통하여 하신다는 믿음을 가지고 행하는 사람이 필요한 것입니다.

하나님은 강하고 담대한 마음을 가질 때 그 사람을 통해서 큰 일을 할 수 있습니다. 우리의 주위에 우리를 위협하는 여러 가지 일들이 많이 다가오고 다가옵니다. 태산과 같은 경제적인 타격도 다가오고, 원수들도 다가오는 것입니다. 환경의 어려움도 다가옵니다. 우리는 마음이 위축되어서 그만 놀래서 뒤로 물러가려고 합니다. 그러나 성경은 말씀하기를 "나의 의인은 믿음으로 말미암아 살리라 뒤로 물러가면 내 마음이 저를 기뻐하지 아니하리라."고 말씀하신 것입니다. 강하고 담대한 마음을 가진 사람을 하나님은 찾으시는 것입니다.

**넷째, 마음의 평안을 유지할 수 있다**. 영혼이 만족함을 누리는 크리스천은 새로운 삶을 살아야 합니다. 새로움을 유지하기 위해서 새로운 영, 마음이 하나님이 주시는 온갖 것으로 충만하게 채워져야 합니다. 그래야 마음 안에 좌정하고 계시는 하나님으로부터 능력을 공급받아 마음이 평안하고 안정한 심령을 유지할 수가 있습니다. 충만하지 못하면 이런 믿음을 깨뜨리고 불신의 모습과 냉랭한 모습과 상처의 모습이 자리 잡게 되는 것입니다. 건강하지 못하기에 병들이 침투하는 것입니다. 건강치 못하면 지탱하지 못합니다. 곧바로 주님과 거리를 두는 것으로 바뀝니다. 새로운 피조물은 항상 하나님이 주시는 은혜를 공급받아야 합니다. 무엇인가 채워주지 않으면 사람뿐만 아니라, 동물, 기계 등 다 멈춰버리고 만다는 것입니다. 성령으로 충만하여 새로워진 영과 마음은 똑같은 예배, 기도, 찬양, 말씀, 물질이라 할지라도 달리 보이는 것입니다. 영혼이 만족을 누리기 전에는 예배, 기도, 찬양, 말씀, 물질이 다 무거운 짐과 같이 느껴지는 것입니다. 충성, 봉사, 헌신이 눈에 들어오지 않습니다. 그러나 하나님이 주시는 은혜로 영혼이 만족을 누리어 성령으로 충만하면 모든 것이 은혜요, 감사뿐인 것입니다. 가난한 것도, 아픈 것도, 고달픈 것도, 온갖 힘겨운 일이 있어도 하나님이 영과 마음에 부어주시는 은혜로 힘이 있고 믿음이 살아나고 긍정적이고 생산적이고 창조적인 사람으로 바뀌지게 되는 것입니다.

예수님은 제자들에게 서로 사랑하라고 하셨습니다. 새 계명은 없던 것이 새로 말씀되어지는 것이 아니었습니다. 이미 하나님이 하신 말씀입니다. 그런데 인간은 구원받은 그 은혜를 망각하고 하나님이 명하신 사랑을 하지 않기에 또 다시 예수님이 하신 말씀입니다. 영과 마음이 연약해진 자는 이 주님의 말씀을 받아서 사랑을 주고 사랑해 줄 수 있는 성도가 되어야 합니다. 옛적에 하신 구약의 말씀이지만 예수님은 신약에서 말씀하셨습니다. 우리들도 그렇습니다. 옛적에 말씀을 듣지 않았나요? 다 들은 말씀입니다. 원인은 나에게 있는 것입니다. 새롭게 받아 드리고 가르침을 잘 받아 말씀으로 무장될 때 그것이 새로운 양식이 되고 새로운 양식이 나를 영적으로나 마음으로나 건강하게 만든다는 것입니다. 주님이 주신 사랑으로 모든 것을 삭제하고 새로운 사람으로 거듭나서 과거의 것, 현재의 것을 기억조차 하지 마시고 예수 사랑, 아가페적인 사랑을 지금부터 실천해 나가시는 성도들이 되시기를 바랍니다. 우리 모두는 영혼의 만족을 얻었습니다. 그러므로 중도에 더렵혀지게 해서는 안 됩니다. 주님을 위하여 더 생각하고 행하고 섬기고 발전되는 신앙이 되도록 한 걸음 한 걸음 나아가는 것입니다. 인간은 육체를 가지고 있기 때문에 범죄 하기 마련입니다. 아담 이후에 하나님은 범죄 할 것을 아셨습니다. 그리고 사람을 지으심을 한탄하셨습니다. 바벨탑, 노아의 홍수 등은 인간을 벌하시고 노아를 통해 새로운 피조물이 되게 하셨습니다. 그런데 인간은 그때뿐이었습니다. 하나님이 주신 에덴을 다 잃어버렸습니다. 지금도 예수 그리스도로 말미암아 받은 은혜를 세상 것으로 잃어버리는 예가 많습니다. 이것이 인간의 역사입니다. 얼마 못가 또 다시 죄를 짓고 하나님을 버리고 등지고 대적하여 교회를 아프게 하고 하나님이 세우신 주의 종들의 마음을 아프게 합니다. 여기서 알아야 할 사실이 있습니다. 하나님은 근본적인 영혼의 치료를 원하십니다. 그것은 우리는 성전인 교회에 모여서 영과 진리로 예배를 드리며 회개 기도하고, 하나님의 얼굴을 구하며 사는 것을 지금도 요구하시고 계시는 것입니다. 사무엘과 백성들이 이런 신앙을 가질 때 사무엘이 사는 날 동안에는 블레셋이 쳐들어오지 않았다고 하였습니다. 이것이 우리의 신앙이어야 합니다. 지금의 믿음이어야 합니다. 근본과 본질을 놓치지 마시기 바랍니다. 하나님은 돌아 서도록 하기 위해서 하나님은 진노하시고 채찍을 들으시고 내어 버리시는 것도 있다는 것입니다.

하나님이 하시는 역사는 때로는 질병의 채찍, 고통의 채찍, 물질의 채찍, 자녀들의 불순종의 채찍, 가정에 이유 없는 어려움이 오는 채찍, 죽음의 채찍, 나라와 민족 속에 임하는 채찍, 전 세계 속에 임하는 채찍이 있습니다. 이것을 하나님은 형벌이라고 하셨습니다. 오늘날 우리는 하나님을 모시고 복을 받으며 살아야 합니다. 영과 마음이 죽은 상태로는, 영과 마음이 부서진 상태로는, 영과 마음이 파괴된 상태로는, 영과 마음이 병들어버린 상태로는 안 됩니다. 우리는 새로운 피조물이라는 존재를 잘못되게 만들어서는 안 됩니다. 내 영이, 내 마음이 하나님이 거하시고 늘 함께 하시는 존재가 될 때 진정 우리는 복 있는 사람이 되어 복을 주시는 하나님으로부터 행복한 신앙의 삶을 살 수 있게 되는 것입니다. 이런 성도가 교회를 평안하게 하고 주의 마음을 기쁘시게 하고 하나님의 마음을 시원케 하는 것입니다.

**다섯째, 범사가 잘 된다**. 영혼이 잘됨같이 범사에 잘되고 강건해진다는 말씀은 영혼이 잘되므로 범사가 잘되어지고 강건해진다는 의미와 지금 가이오는 영혼이 잘되고 있는데 그 영혼처럼 모든 범사도 잘되고 강건해지기를 기도한다는 의미가 있습니다. 우리 인간이 바라는 것은 범사가 잘되고 강건해지는 것입니다. 범사가 잘된다는 말은 자녀가 잘되고, 사업도 잘되고, 가정도 평안하고, 계획도 소망도 잘 이루어지고, 어려운 문제도 잘 해결되어진다는 말입니다. 범사가 잘되는데 어떻게 잘된다는 말입니까? 하나님이 잘되게 해주시도록 기도한다는 것이며, 하나님이 잘되게 해주신다는 것입니다. 영혼이 잘되는 것처럼 영혼이 잘

된 사람에게 범사에 잘되게 해주시도록 기도한다는 것입니다. 그리스도인은 하나님의 도움 없이 무조건 자기 힘으로 자기 능력이나 지혜로 잘되어 질 수가 없는 것이고, 또 그리스도인이 자기 힘이나 능력으로 잘되어지는 것은 복이 아니고 불행입니다.

건강한 영혼은 근심하거나 걱정하지 않습니다. "너희는 마음에 근심하지 말라 하나님을 믿으니 또 나를 믿으라"(요14:1). 하나님을 믿으면 근심 걱정이 물러가고 희망과 낙관을 갖게 됩니다. 세상의 어두운 힘과 불안한 미래가 자신감을 잃고 비관론에 감염되게 합니다. 건강한 영혼은 낙관론만 선택합니다. 건강치 못한 영혼은 비관론만 선택합니다. 머리는 기억을 쌓아두는 창고입니다. 영혼이 건강치 못한 사람의 머릿속에는 나쁜 기억들로 가득 차 있으나, 건강한 영혼의 창고에는 좋은 기억들로 가득 차 있습니다.

낙관론자는 미래를 낙관하며 긍정적 사고와 가능성을 가지고 있습니다. 비관론은 근심, 걱정, 두려움이 가득합니다. 윈스턴 처칠은 "낙관적인 사람은 위험 속에서도 기회를 찾고 비관적인 사람은 기회 속에서도 위험을 찾는다."고 했습니다. 인생은 선택입니다. 선택은 나의 영혼이 합니다. 교회와 인연을 갖고, 하나님을 알게 되고, 신뢰하게 되고 사랑하게 되면 좋은 일이 있을 것입니다. "하나님을 아버지라 부르는 자는 좋은 일이 있으리라 많이 있으리라…."

**여섯째, 육체가 건강해 진다**. 요즘 신문에서 심심찮게 '9988'이라는 말을 봅니다. 99세까지 팔팔하게 살자는 뜻이랍니다. 건강은 현대인들의 으뜸가는 종교가 되었습니다. 건강 문제는 정말 중요합니다. 건강이 무너지면 마음도 무너지기 쉽습니다. 그렇기에 신앙은 정신의 일이라면서 몸을 소홀히 한다면 그것은 크게 잘못된 일입니다. "건전한 육체에 건전한 정신이 깃든다."는 말이 있습니다. 로마시대의 문장가인 유베날리스(Decimus Junius Juvenalis)의 풍자시에 나오는 대목입니다.

범사가 잘되어 지는 사람, 건강도 강건해진다는 것입니다. 육체의 건강은 복의 기초이고 주춧돌입니다. 건강을 통해서 모든 어려움을 극복하고 회복할 수 있습니다. 범사가 잘되고 강건해지는 것은 상부상조의 관계가 있습니다. 범사가 잘되면 마음이 기쁘고, 마음이 기쁘면 건강에 유익이 되고 도움이 됩니다. 범사가 잘되고 강건해지는 것, 하나님이 주시는 복입니다. "너는 범사에 하나님을 인정하라 그리하면 네 길을 지도하시리라, 여호와를 경외하며 악을 떠날지어다. 이것이 네 몸에 양약이 되어 네 골수로 윤택하게 하리라."(잠3:6, 8) 하나님께서 범사에 네 길을 지도하시고 네 골수로 윤택하게 하신다는 것입니다. 사람이 강건해야 되는 것은 육체만이 아니라 속사람도 강건해야 합니다. 속사람은 마음이나 의지나 능력입니다. 육체도 건강하고 마음도 의지도 능력도 강건해야 됩니다. "성령으로 말미암아 너희 속사람을 능력으로 강건하게 하신다."(엡3:16)고 했습니다. 이처럼 범사가 잘되고 육체도 강건하고 속사람도 강건해지는 복은 영혼이 잘됨같이 육체적으로도 받아야할 복이고 하나님이 주시는 복입니다.

# 20장 성령의 이끌림을 받으며 살아라.

(롬8:13-14)"너희가 육신대로 살면 반드시 죽을 것이로되 영으로써 몸의 행실을 죽이면 살리니, 무릇 하나님의 영으로 인도함을 받는 그들은 곧 하나님의 아들이라."

카리스마적인 권능을 가지고 하나님께 쓰임을 받으려면 반드시 성령의 인도를 받아야 합니다. 카리스마적인 권능은 자신의 독단으로는 불가능합니다. 카리스마적인 권능은 반드시 성령으로 세례를 받고 성령의 이끌림을 받아야 나타납니다. 성령의 인도를 받아야지 사람 따라하지 말라는 것입니다. 카리스마 있는 크리스천이 되려면 사람을 의식하지 말아야 합니다. 예를 든다면 어떤 카리스마 있는 크리스천(목회자)이 "금식기도를 얼마 했고, 철야기도를 얼마동안 했고, 산 기도를 얼마동안 했다."고 그 사람같이 되기 위하여 따라서 하지 말라는 것입니다. 그대로 따라하면 그 사람의 제자 밖에 될 수가 없습니다. 성령님은 사람마다 각기 다르게 역사하십니다. 그렇기 때문에 자신 안에 계신 성령님의 인도를 받아야 합니다. 그래야 자신 안에 성전삼고 계시는 하나님과 관계가 열려 어디를 가나 동행하면서 카리스마를 나타낼 수가 있습니다. 명심해야 할 것입니다.

영육의 눌림이나 침체나 무기력이나 탈진은 성령의 이끌림과 인도를 받지 않고 사람따라 하고 자신의 독단으로 생활하기 때문에 찾아온다고 생각합니다. 하나님은 성도가 성령으로 세례를 받고 기도하면 성령으로 인도하시면서 군사를 만들어 가십니다. 하나님은 성령의 인도를 받아 하나님의 뜻에 부합된 삶을 살아가라고 하십니다. 왜 우리가 성령의 인도를 받아야하나? 성령의 인도를 받지 않으면 하나님에게 쓰임 받지 못하고 방황만 할 수 있기 때문입니다. 또 잘못하면 하나님의 축복을 받지 못하고 인생을 고생 만하다가 마칠 수가 있기 때문입니다. 성령의 인도를 받는 삶이란 무엇입니까? 하나님의 아들 자녀이면 당연한 것입니다. "무릇 하나님의 영으로 인도함을 받는 그들은 곧 하나님의 아들이라"(롬 8:14). 하나님의 자녀는 성령의 인도를 받아야 합니다. 영적인 사역은 성령의 인도 없이는 불가능하기 때문입니다.

**첫째, 성령의 인도를 받으려고 하라.** 성령의 인도 기본은 자기 마음대로 하지 않는 것입니다. 그런데 일부 목회자와 성도들은 자기 마음대로 오고, 자기 마음대로 갑니다. 무슨 말 인가하면 어떤 감동에 의하여 어느 장소나 교회를 갑니다. 분명하게 예수를 믿을 때 죽었고, 다시 예수로 살았다면 자기 마음대로 하면 안 되겠지요. 그런데 자기 마음대로 합니다. 필자는 어떤 장소를 가든지 성령께서 데리고 갔다는 의식을 가지고 있습니다. 그래서 어디를 가든지 완전하게 끝이 나야 돌아옵니다. 그런데 목회자가 아직 자기 마음대로 왔다가 갔다가 한다면 목회가 안 됩니다. 성령의 인도를 받지 않고 이직 육체의 사람이기 때문입니다. 기본이 되지 않았기 때문에 기적을 체험하고, 예수 이름으로 기적을 행하지 못합니다. 왜 나는 기도에 능력이 없는 가, 기도해도 기적이 나타나지 않는 가, 자기 마음대로 살기 때문입니다.

한 가지 추가한다면 우리 교회는 성령의 역사가 강하기 때문에 성령으로 세례 받지 못한 사람들은 굉장한 두려움이 자신을 주장합니다. 기도할 때 필자가 안수 할 때 자신 안에서 이상한 것들이 떠나갑니다. 영적으로 보면 지극히 정상이고 축복입니다. 하나님께서 자신을 장악하기 때문입니다. 그런데 무서워서 도망을 가거나 다시 오지 않습니다. 조금만 참으면 되는 데 그것을 견디지 못하는 것입니다. 필자가 심령을 보면 정말로 문제가 많은데 목회자가 도망을 갑니다. 분명하게 성령님이 데리고 오셨는데 마음대로 도망을 갑니다. 그러니 성령의 인도를 받지 못하는 것입니다. 교회가 자립할 수가 없는 것입니다. 성도님들은 영육의 문제가 해결이 되지 못합니다. 성령의 인도를 거부했기 때문입니다. 기본을 충실하게 해야 성령께서 장악하시고 자신을 통하여 기적을 행하시는 것입니다. 기본이 성령의 인도에 순종하는 것입니다.성령의 인도를 받으려면 성령으로 세례를 받아야 합니다. 기적을 체험하거나 예수님의 이름으로 일으키려면 성령으로 세례 받는 것은 필수입니다. 성령으로 세례를 받지 않고 기적을 체험할 수가 없습니다. 성령께서는 이성의 기능이 성령의 지배를 받는 영의 상태에서 기도하거나 말씀을 묵상할 때 문제에 대한 해결방법을 깨닫게 하십니다. "이렇게 하라. 저렇게 하라." 성령은 우리의 지성을 무시하지 않습니다. 우리의 지성에 하나님께서 성령의 지성으로 깨닫게 해주셔서 깨달음을 통하여 성령이 인도해 주시는 것입니다.

그렇기 때문에 범사에 성령의 인도를 받으려면 성령님을 인정하고 환영하고 모셔드릴 뿐만 아니라 문제가 생겼을 때 "성령이여 내게 깨달음을 주시옵소서. 이것이냐 저것이냐 깨달음을 주시옵소서. 이 길이 옳으냐? 저 길이 옳으냐? 깨달음을 주시옵소서. 어느 것이 하나님의 뜻인지 깨달음을 주시옵소서." 깨달음을 바라고 성령으로 기도할 때 하나님의 성령께서 우리에게 빛을 비추어서 깨닫게 해주십니다. 그 깨달음대로 순종하고 걸어가면 성령의 인도를 받는 것이 되는 것입니다. 성령께서 인도하고 계시다는 것을 알도록 기적을 행하시는 것입니다.

**둘째, 성령의 인도에 절대적으로 순종하라**. 날마다 기적을 체험하면서 살아가려면  성령의 인도를 받는 것이 필수입니다. 하나님께서는 성령을 통하여 크리스천의 문제를 해결하게 하시기 때문입니다. 성령의 인도에 순종해야 합니다. 현실 문제를 해결 받으려면 기도해야 합니다. 기도하여 하나님의 음성을 들어야 합니다. 그렇기 때문에 현실적인 문제가 있으면 세상 적이고 이성적인 방법으로 해결하려고 하지 말고 먼저 하나님께 기도해야 합니다. 하나님은 현실 문제를 통하여 육신에 속한(아브람) 크리스천을 영에 속한 크리스천(아브라함)로 바꾸신다는 것을 알아야 하고 믿어야 하고 행해야 합니다. 직접 말씀하시는 하나님의 뜻을 알아야 현실 문제를 하나님의 방법으로 해결 받을 수 있기 때문입니다. 예수를 믿고 교회에 나와 믿음 생활하는 크리스천은 하나님의 자녀입니다. 하나님의 자녀는 하늘에 시민권이 있습니다.

이제 하나님께서 주시는 것으로 살아야 합니다. 영육의 문제도 하나님이 알려주시는 방법으로 해결해야 합니다. 하나님께서는 자녀들의 문제를 하나님의 사람을 통하여 해결하십니다. 세상에서 해결하지 못하는 문제도 하나님께 기도하면 하나님께서 하나님의 사람을 만나게 하여 해결하십니다. 하나님의 사람을 만나서 하라는 대로 순종하면 문제가 기적같이 해결이 됩니다. 하나님은 해결하지 못하는 것이 없습니다. 하나님께 기도하여 성령의 감동을 받고 순종하여 현실문제가 기적같이 해결이 되었다면 성령의 인도를 받고 있는 것입니다. 하나님께 질문하세요. 하나님은 문제를 통하여 하나님께 기도하게 하십니다. 대화하기를 원하신다는 것입니다. 하나님께 직접적으로 음성을 듣기를 원하신다는 것입니다. 물어보세요. 자신의 현실 문제를 어떻게 해야 할지를 지속적으로 물어보시기를 바랍니다.

크리스천이 영육의 혈실적인 문제가 발생하거든 당황하지 말고 하나님께 기도하여 하나님의 해결방법을 알아내야 합니다. 하나님의 직접적인 계시를 들어야 합니다. 하나님은 현실 문제를 통하여 하나님과 대화하는 영적인 크리스천으로 바꾸시기 때문입니다. 성경책에 글로 적어진 말씀을 보고 믿음 생활하던 크리스천을 기도하여 성령으로 하나님의 음성을 듣고 순종하는 크리스천으로 자라게 하시는 것입니다. 성경에 보면 바울도 현실의 문제를 해결하기 위하여 기도했습니다. 혹시라도 유대인의 선생인 랍비와 같은 율법주의 목사님이 현실의 문제를 기도하라고 허락했다고 하실까, 노파심에서 바울의 경우에 대하여 설명합니다. 고린도후서 12장 7-9절에 보면 "여러 계시를 받은 것이 지극히 크므로 너무 자만하지 않게 하시려고 내 육체에 가시

곧 사탄의 사자를 주셨으니 이는 나를 쳐서 너무 자만하지 않게 하려 하심이라. 이것이 내게서 떠나가게 하기 위하여 내가 세 번 주께 간구하였더니, 나에게 이르시기를 내 은혜가 네게 족하도다. 이는 내 능력이 약한 데서 온전하여짐이라 하신지라. 그러므로 도리어 크게 기뻐함으로 나의 여러 약한 것들에 대하여 자랑하리니, 이는 그리스도의 능력이 내게 머물게 하려 함이라"

하나님은, 바울을 자만하지 않게 하려고 그에게 가시를 주셔서 극렬하게 꺾으셨습니다. 성경은 말하기를 사탄의 사자가 자기를 습격해 와서 바울이 너무 고통스러워서 세 번 사탄의 사자를 물리쳐 달라고 하니까, 세 번째 하나님이 말씀하기를 "내 은혜가 네게 족하도다. 이는 내 능력이 약한 데서 온전하여짐이라" 그렇게 응답했습니다. "네가 사탄의 공격을 받아서 약하지만은 네가 약할 때 내 은혜가 더 강하다. 지금 상태로써 만족하게 여기라"는 것입니다. 그 바울이 자기 몸의 치료를 위해서 세 번 기도해서 하나님께 거절당했습니다. 왜 하나님이 사탄의 사자를 주어서 바울을 밤낮 치게 만들었냐하면 자만하거나 교만하지 않도록 하기 위해서 그런 것입니다. 내가 고통스러워 견딜 수가 없는데 어떻게 기도하지 않을 수가 있겠습니까? 고린도후서 12장 7절로 8절에 "여러 계시를 받은 것이 지극히 크므로 너무 자만하지 않게 하시려고 내 육체에 가시 곧 사탄의 사자를 주셨으니 이는 나를 쳐서 너무 자만하지 않게 하려 하심이라 이것이 내게서 떠나가게 하기 위하여 내가 세 번 주께 간구하였더니" 하나님이 내 은혜가 내게 족하다고 대답을 했습니다.

기도하여 은혜를 머물게 하는 것이 얼마나 좋은 것인가 깨달았습니까? 바울선생은 굉장한 사도입니다. 대 신학자요, 대사도요, 하나님의 권능 있는 종입니다. 그러나 바울은 말하기를 "내가 나 된 것은 내가 잘나서 된 것이 아니라, 내 속에 들어온 하나님의 은혜가 나를 이렇게 만들었다. 하나님의 은혜가 이렇게 만들었다. 나는 아무것도 아니다. 나는 이렇게 될 수 없다. 내 속에 들어온 하나님의 은혜가 그렇게 만들었다. 그것을 어떻게 깨달았느냐." 고난을 당해서 괴로움 속에서 자기의 무능력을 깨닫고 하나님의 은혜만이 자기를 일으켜 세워줄 수 있다는 것을 깨닫게 된 것입니다. 하나님은 이렇게 현실 문제를 해결하여 주시지 않고 문제를 통하여 기도하게 하실 수가 있습니다. 그러나 이는 특별한 경우입니다. 하나님께 현실문제의 해결을 위하여 기도하면 99%는 해결방법을 주셔서 해결하게 하십니다. 그러나 해결되지 않은 것은 분명한 이유가 있습니다. 그것은 순종하지 않기 때문입니다.

성령님께서 감동하시어 장소나 사람을 만났다면 장소나 사람이 하는 말에 순종해야 합니다. 성령의 감동을 받고 필자의 교회와 저에게  찾아오는 분들이 있습니다. 그런데 일부는 필자가 하는 말에 순종을 하지 않습니다. 그러면 백이면 백 해결이 안 됩니다. 예를 든다면 이렇습니다. 모계에 무당의 내력이 있어서 자녀가 영적이고 정신적인 문제가 발생했습니다. 그러면 어머니와 함께 치유를 받아야 합니다. 그런데 어머니가 치유를 받으러 오면 한동안 성령의 역사로 힘들게 됩니다. 며칠만 견디면 되는 데 하루 오고 안 옵니다, 자녀만 보냅니다. 근본의 해결이 될 수가 없습니다. 윗물이 맑아야 아랫물도 맑다고 하지 않습니까? 또 다른 경우는 시간이 걸리고, 물질이 들어가면 계산속에 빠져서 순종을 하지 않습니다. 자기 생각대로 합니다. 아니 나아만 장군이 문둥병을 해결 받았는데 자기 생각대로 해서 해결 받았습니까? 엘리사가 하라는 대로 일곱 번 요단강에 몸을 담그니까, 문둥병이 해결이 되었습니다. 그러니까, 성령의 감동을 받고 장소나 사람을 만났다면 조언하는 말에 순종하는 것이 중요합니다. 순종하지 않으면 백이면 백 모두 해결이 되지 않습니다. 세상 적이고 인간적인 생각을 쫓아가니 성령님이 장악을 하지 못한 연고입니다. 무엇보다 순종이 중요합니다.

일부 목회자와 직분 자들이 영육의 현실 문제를 가지고 고생하는 성도들에게 이렇게 말합니다. 하나님을 의지하고 맡기라고 합니다. 하나님을 의지하고 맡기라는 말을 바르게 이해해야 합니다. 하나님을 의지하라는 말은 하나님의 말씀대로 순종하라는 것입니다. 말씀대로 순종하고 해결 되는 것은 하나님께 맡기라는 것입니다. 아니 여리고 성이 하나님을 의지하고 맡긴다고 가만히 앉아서 무너지기만을 기다렸다면 무너졌겠습니까? 하나님의 말씀대로 순종하니까, 순종하는 믿음을 보시고 하나님께서 여리고 성을 무너지게 한 것입니다.

**셋째, 성령으로 내면을 집중 치유하라.** 영육이 강건하려면 성령의 인도를 받아야 합니다. 그러면서 성령의 지배를 받아야 합니다. 성령께서 장악을 하시면 내면의 상처와 맺힌 것들을 치유하십니다. 필자가 집중치유를 하면서 종종 말하는 것들이 있습니다. 마음 안에 들어있는 상처와 스트레스와 혈통의 문제는 세상 무엇으로도 치유할 수가 없다는 것입니다.

예수를 믿고 교회에 다니면서 열심히 기도하고 신앙생활을 잘하는 분들 중에 50살이 넘어가면서 온몸이 다 아프다고 하시는 분들이 있습니다. 심지어는 자신이 다니는 교회 목사님이 신유은사가 있어 안수를 받고 치유를 받아도 치유가 되지 않는 다고 하소연을 합니다. 몸이 아픈 다른 사람들은 목사님의 안수를 받고 치유가 되었다고 하는데 자신은 치유되지 않는 다는 것입니다. 왜 이렇게 온몸이 아프냐는 것입니다.

몸에 상처 때문입니다. 상처를 말씀과 성령으로 치유하여 배출을 했어야 하는데 그냥 지내다가 보니까 온몸에 퍼진 것입니다. 세상 한의학에서는 몸에 독이 쌓여있다고 합니다. 사람의 몸에 독이 쌓이는 원인 제공자는 스트레스, 환경의 영향, 음식이라고 합니다. 사람의 몸에 독소가 쌓인 것을 구분할 때 6단계로 구분을 합니다. 1-2단계는 피곤하고 졸리는 것입니다. 3-4단계는 소화기관에 문제가 생깁니다. 소화가 잘 안되고 배변이 잘되지 않습니다. 조그마한 일에도 짜증을 잘 내게 됩니다. 5-6단계는 성인 질병으로 나타납니다. 심장병, 당뇨병, 고혈압, 각종 암으로 나타납니다. 그리고 영육의 무기력과 침체와 탈진을 가지고 옵니다. 더 나아가 치매까지 불러오게 됩니다. 마음의 상처가 쌓여서 영적인 무기력과 탈진에 빠지는 것입니다.

그런데 마음 안에 쌓인 상처는 세상의 의술이나 약으로 정화할 수가 없습니다. 반드시 밖으로 배출해야 하는데 의술이나 방법이

나 약으로 해결할 방법이 없습니다. 잠재의식에 형성된 독소를 제거해야 영육의 기능이 정상이 되는데 제거할 방법이 없다는 것입니다. 세상에서 하는 심리치료나 물리치료나 찬양치료나 다른 어떤 방법으로도 잠재의식의 상처를 제거할 방법이 없습니다.

그래서 문제는 잠재의식을 어떻게 치유하느냐 입니다. 우리는 예수를 믿음으로 치유받기가 쉽습니다. 먼저 성령으로 세례를 받아야 합니다. 성령으로 세례 받고 마음 속 잔재의식의 상처를 치유해야 합니다. 내적인 상처를 치유하는데 이성적인 치유가 아니라 영적인 치유를 받아야 합니다. 영에서 성령의 역사가 일어나 잠재의식을 드러내어 밖으로 배출해야 완전치유가 가능한 것입니다. 성령의 역사로 치유하는 방법밖에는 도리가 없습니다. 지금 교계에는 이성적인 내적치유를 하는 곳이 많습니다. 이성적인 치유를 받으면 근원이 치유되지 않습니다.

영적인 치유란 성령께서 하시는 치유로서 잠재의식의 상처를 현재의식으로 드러내어 밖으로 배출하는 것입니다. 배출은 기침이나 하품, 토함, 트림, 울음, 재채기 등등을 통해서 몸 안에 쌓여있는 상처(사기와 독소)를 배출해야 합니다. 상당한 기간 동안 지속적으로 상처를 밖으로 배출해야 합니다. 시간이 걸리는 일입니다. 절대로 단기간에 되지 않습니다. 마음을 느긋하게 먹어야 합니다.

저는 항상 강조하는 것이 성도는 상처를 마음과 육체에 쌓이게 하지 말아야 한다고 합니다. 미리미리 예방신앙을 하라는 것입니다. 자신의 몸에 이상증세가 나타난 다음에 치유 받으려고 하면 그만큼 시간이 많이 걸리게 됩니다. 그래서 크리스천들은 주일을 잘 활용해야 합니다. 주일날 성령이 충만한 예배를 드리면서 치유 받는 것입니다. 하나님께 예배도 드리고, 성령 충만도 받고, 말씀으로 영도 깨우고, 말씀과 성령으로 내적인 상처를 치유 받는 것입니다. 우리 충만한 교회는 매주일 오전에는 40분 이상, 오후에는 50분 이상 기도하면서 성령 충만 받고, 성령의 역사로 내적인 상처를 밖으로 배출하는 기도를 합니다.

알아야 할 것은 성령의 역사가 자신 안에서 나와야 잠재의식의 상처를 치유한다는 것입니다. 성령이 역사하는 교회 시대인 지금은 성령을 받은 사람이 말씀을 전하고 기도할 때 임합니다. 이는 말씀을 전하는 사람의 심령에 임재 했던 성령이 나타난 것입니다. 성령은 먼저 성령세례를 받은 성도 안에 임재 하여 계십니다. 그리고 성령으로 세례 받은 성도들이 모인 장소에 임재 하여 계십니다. 성령으로 세례를 받은 목회자가 전하는 말씀 안에 임재 하여 계십니다. 그러므로 성령의 불은 성령으로 세례를 받은 성도의 마음속에서 나오는 것입니다.

지금 하나님은 예수를 영접한 성도의 마음 안에 계십니다. 예수님은 요한복음14장 20절에서 "그 날에는 제가 아버지 안에, 너희가 내 안에, 제가 너희 안에 있는 것을 너희가 알리라"하셨습니다. 고린도전서 3장 16절에서는 "너희는 너희가 하나님의 성전인 것과 하나님의 성령이 너희 안에 계시는 것을 알지 못하느냐"했습니다. 빌립보서 2장 13절에서는 "너희 안에서 행하시는 이는 하나님이시니 자기의 기쁘신 뜻을 위하여 너희에게 소원을 두고 행하게 하시나니"라고 하십니다. 이렇게 볼 때에 분명히 성령의 불은 내 안에서 나오는 것이 맞습니다. 하나님이 성도의 마음 안에 계시기 때문입니다.

성령의 불이 자신 안에서 나오는 것을 인정하지 않으면 이런 현상이 나타납니다. 밖에서 역사하는 불만 받으려고 하기 때문에 잠재의식의 상처가 치유되지 않아서 영의통로가 뚫리지를 않습니다. 왜냐하면 밖에다가만 관심을 집중하기 때문입니다. 내 안에 관심을 가져야 자신이 보이는데 밖에다가 관심을 두니 자신이 보이지 않는 것입니다. 그래서 밖에다가 관심을 두니 영의 통로가 열리지를 않습니다. 영의통로가 막혀있으니 항상 갈급합니다. 성도는 심령에서 은혜가 올라와야 영의 만족을 얻을 수가 있습니다. 밖에서 들리고 보이는 것을 가지고 은혜를 받으려고 하니 항상 심령이 갈급한 것입니다. 교회나 은혜의 장소에 가서 말씀을 듣고 예배를 드릴 때는 은혜를 받은 것 같습니다.

그러나 마치고 돌아서면 허전합니다. 기도를 할 때도 마찬가지입니다. 기도를 하면 마음이 편안해지는 것 같습니다. 조금 지나면 심령이 갑갑해집니다. 밖에서 역사하는 성령의 불을 받아서 몸은 뜨거운데 마음은 평안하지 못합니다. 마음이 평안하지 못하니 성품이 변하지 않습니다. 남이 하는 조그마한 소리에도 참아내지 못하여 혈기를 냅니다. 성령의 불이 마음에서 올라오지 않으니 육체에 역사하는 세상신이 역사하기 때문입니다.

좀처럼 심령이 변하지 않으니 그리스도인으로서 본을 보이지 못합니다. 세상의 믿지 않는 사람들보다 더 악하고 혈기를 잘 냅니다. 이런 성도가 기도하는 것을 보면 거의 목에서 나오는 소리로 기도를 합니다. 기도할 때 나름대로 생각하기는 성령으로 충만하다고 생각하는데 절대로 그렇지 못합니다.

이런 성도가 밖에서 역사하는 성령의 불을 잘 받습니다. 밖에서 역사하는 불로 인하여 육체가 훈련되어 있기 때문입니다. 성령이 역사하면 뜨거움도 강합니다. 그러니 성령의 불을 받았다고 믿어버리는 것입니다. 마음속에서 불이 나오게 하지 않으니 육체에 역사하던 세상신이 떠나가지를 않습니다. 기도를 해도 세상신이 적응을 하여 같이 기도하면서 꼼짝도 하지 않습니다. 이런 분들의 모두가 이구동성으로 하는 말이 얼마 전에 어디에서 성령의 강한 불을 받았다고 합니다. 이런 분들이 영적인 무기력과 탈진에 잘 빠진다는 것입니다. 잠재의식이 정화되지 않았기 때문입니다.

예를 든다면 이런 경우입니다. 제가 어느 기도원에 간적이 있었습니다. 기도 시간이 되었습니다. 강단에서 집회를 인도하시는 목사님이 성령의 불을 받아라! 불! 불! 불! 하니까? 어느 여성이 욱욱하는 것입니다. 제가 물었습니다. 왜~ 그렇게 몸을 움츠리면서 욱욱합니까? 그랬더니 이렇게 대답을 합니다. 강사 목사님의 성령의 불이 강하기 때문에 자기에게 그런 현상이 나타난다는 것입니다. 이는 잘못 이해한 것입니다. 우리 안에 역사하는 성령의 불은 밖에서 역사하여 나에게 와서 느끼게 할 수도 있습니다. 그렇다고 욱욱하는 것은 아닙니다.

제가 지금까지 성령치유 사역을 하면서 욱욱하는 분들을 안수하여 영의통로를 뚫으면 속에서 말로 표현하기 힘들 정도로 더러운 것들이 나옵니다. 이 더러운 것들이 나가고 나면 절대로 욱욱하지 않고, 조용하고 평안하게 영으로 기도를 합니다. 얼굴이 평안하게 보일 정도로 평안해집니다. 욱욱하게 하는 것은 상처 뒤에 역사하는 악한 영들입니다. 이들이 떠나가고 나면 잠잠해지면서 평안을 느끼고 영으로 깊은 기도를 합니다.

이렇게 성령의 불을 받았다고 하는 분들이 상처를 많이 가지고 있습니다. 자신의 속에서 떠나보내지 않고 받아들이기 때문입니다. 은혜의 장소에 가서 말씀 듣고 기도할 때는 충만한 것 같습니다. 한 3일만 지나면 갈급해 집니다. 혈기가 나고 괜히 짜증을 많이 냅니다. 더 진전이 되면 영적인 눌림과 침체와 탈진에 빠지게 됩니다. 영적인 눌림과 침체와 탈진에 빠지는 것은 잠재의식의 상처를 치유하지 못한 연고로 발생할 수 있습니다. 심령의 영이 막혀있어서 일어나는 현상입니다. 이런 분들은 절대로 영의 만족을 누리지를 못합니다. 마음의 상처와 상처 뒤에 역사하는 세상신이 영을 압박하기 때문입니다. 치유를 받으려면 호흡을 깊게 들이쉬고 내쉬면서 배에서 나오는 소리로 주여! 주여! 주여! 를 한 5분만 하면 성령께서 장악을 하시면서 밖으로 나타납니다. 밖으로 나타나면서 잠재의식의 상처가 밖으로 배출이 됩니다. 그런데 보통 이런 분들이 자아가 강하여 주여! 주여! 주여! 를 하면서 기도를 하지 않습니다. 몸을 움츠리고 으으으 하면서 자신만이 인정해주는 성령의 불을 받았다고 믿기 때문입니다. 본인이 인정해야 빨리 잠재의식을 정화할 수가 있습니다.

## 21장 영혼의 치유를 받아야 한다.

(살전 5:23)"평강의 하나님이 친히 너희를 온전히 거룩하게 하시고 또 너희의 온 영과 혼과 몸이 우리 주 예수 그리스도께서 강림하실 때에 흠 없게 보전되기를 원하노라"

카리스마적인 권능이 나타나지 않고 영혼이 만족을 누리지 못한다면 영혼의 치유를 받아야 합니다. 영혼이 만족해야 영육의 눌림이나 침체나 무기력이나 탈진에서 자유 함을 누릴 수가 있기 때문입니다. 생명의 말씀과 성령으로 잠재의식을 치유해야 영혼에 만족을 누릴 수가 있습니다. 하나님은 무의식의 상처를 치유하여 영혼의 만족을 누리는 성도와 교통하십니다. 영혼의 만족을 누리지 못한다면 상태를 정확하게 진단하여 전문적인 치유를 받는 것이 좋습니다. 필자는 영혼의 만족을 누리지 못한다고 말하는 분들에게 전문적인 영혼의 치유를 권하고 있습니다.

**첫째, 막혀있던 영혼을 치유 받은 간증입니다.** 저는 강북에 있는 믿음교회 김 권사입니다. 저는 영적으로 갈급하여 참으로 방황을 많이 했습니다. 교회에서 목사님은 열심히 하면 형통해진다고 하여 무조건 열심히 신앙생활을 했습니다. 열심히 하면 하나님이 다 해주실 줄 믿었습니다. 새벽기도를 빠뜨리지 않고 열심히 다녔습니다. 예배는 모두 빠지지 않고 열심히 참석을 했습니다. 십일조 한번을 거르지 않고 했습니다. 교회 행사를 하면 앞장서서 봉사를 했습니다. 구역장을 10년 넘게 봉사를 했고, 여전도회장을 2년을 했습니다. 교회를 건축 할 때 건축헌금도 드렸습니다. 누구든지 밖으로 보면 정말로 모범적인 성도였습니다. 이렇게 열심히 하는데 문제가 하나 있었습니다. 저의 심령이 날마다 갈급한 것입니다. 무엇인지 모르게 항상 갈급했습니다. 마음에 채워지지 않은 그 무엇이 있었습니다. 그래서 교회에 가서 기도를 하면 조금 나아지는가 싶다가 조금 지나면 다시 갈급한 것입니다. 조그마한 상처를 받아도 기도가 되지 않는 것입니다. 마음에 맺힌 응어리가 있는 것 같았습니다.

그래서 국민일보를 보고 성령과 영성 집회를 한다는 광고만 보면 찾아가서 은혜를 받았습니다. 그런데 문제는 그때 뿐 이었다는 것입니다. 다시 갈급해지는 것입니다. 어느 영성원에는 거의 2년을 다녔습니다. 그래도 해소가 되지를 않았습니다. 사람들은 성령의 불을 받아야 한다고 해서 성령의 불을 받으려고 성령의 불의 역사가 있다는 곳은 다 다녔습니다. 그래도 심령이 갈급한 것은 마찬가지 이었습니다. 우연하게 서점에 갔다가 "영안을 밝게 여는 비결"이라는 책을 보니 마음에 감동이 와서 사다가 읽었습니다. 읽어 보니, 한번 가보고 싶은 생각이 들었습니다. 전화를 해보니 매주 집회가 있다는 것입니다. 사모함으로 집회에 참석해서 인지 첫날부터 말씀과 성령의 역사에 은혜를 받았습니다.

집회에 참석한지 이틀이 지난 후였습니다. 오후 시간이었습니다. 사모님이 찬양을 인도하셨습니다. 마음을 열고 영으로 찬양을 불렀습니다. 찬양을 부르는 중에 마음속에서 뜨거운 기운이 올라오는 것을 느꼈습니다. 연이어 강요셉 목사님이 전하시는 영성과 성령세례에 관한 말씀을 들었을 때 너무나 은혜를 받았습니다. 말씀 속으로 제가 끌려들어가는 체험을 했습니다. 말씀에 은혜를 받으니 마음이 열렸습니다. 말씀을 마치시고 일어서서 자신의 의자 앞에 서서 찬양을 하라고 했습니다.

그래서 일어서서 찬송을 불렀습니다. 같은 찬송을 반복해서 부르게 하셨습니다. 찬송을 반복해서 부르는데 여기저기서 소리를 지르고 흐느끼면서 울부짖었습니다. 저 역시 몸을 가누지 못할 정도로 몸이 앞뒤로 흔들렸습니다. 가슴이 답답해졌습니다. 가슴에서 불덩어리가 올라오는 느낌을 받았습니다. 눈에서는 계속 눈물이 흘러 내렸습니다. 그러면서 서러움이 속에서 올라왔습니다. 그래서 울음을 참지 못하고 터트렸습니다. 막 울었습니다. 몸은 가누지 못할 정도로 흔들렸습니다.

도저히 서서 찬송을 부르지 못할 지경에 이르렀습니다. 그래서 의자에 앉아서 찬송을 불렀습니다. 이제 몸에 진동이 오기 시작을 했습니다. 막 떨리는 것 이었습니다. 나도 모르게 막 팔을 흔들면서 소리를 질렀습니다. 그러면서 방언이 터졌습니다. 방언을 하면서 진동이 더 강하게 일어났습니다. 의자에서 30cm 정도 뛰면서 기도를 했습니다. 그러다가 중심을 잃고 의자 아래로 떨어졌습니다. 그러자 강요셉 목사님이 오셔서 안수를 해주셨습니다. 안수를 하면서 더 강하게 역사하여 주시옵소서. 하고 기도하니까, 제 속에서 비명이 나왔습니다.

그러면서 몸이 뒤틀리기 시작을 했습니다. 정말 내가 감당할 수 없었습니다. 몸이 뒤틀리면서 속에서 괴성이 계속 나왔습니다. 그러니까 강 목사님은 성령님 더 강하게 역사하여 주시옵소서. 하시면서 안수를 하셨습니다. 그러자 제 다리가 머리위로 올라오면서 발작을 했습니다. 자연히 그런 현상이 일어나더니 제가 의자를 모두 차고 다니면서 발작을 했습니다. 아마 그때 충만한 교회 의자는 모두 차고 다녔을 것입니다. 어느 정도 시간이 경과 되니 몸이 안정이 되는 것을 체험하게 되었습니다. 그러자 강 목사님이 “지금까지 이렇게 진동하게 한 더러운 영은 기침으로 떠나갈지어다” 하며 명령을 하시는 것이었습니다.

그러자 멈출 수가 없을 정도로 기침이 많이 나왔습니다. 기침을 하는데 가슴이 뻥하고 뚫리는 기분이 들었습니다. 정말로 시원했습니다. 십년 묵은 체증이 내려가는 기분이었습니다. 한참 기침을 하고 나니 이제 속에서 방언이 나오는 것입니다. 제가 그때까지 하던 방언소리와 다른 방언이 터져 나왔습니다. 방언을 한참 했습니다. 그러자 온몸이 뜨거워지는 것입니다. 내 몸이 불덩어리가 되는 것 같은 기분이 들었습니다. 너무 뜨거워서 성령님 너무 뜨겁습니다. 하며 소리를 질렀습니다. 한참을 그렇게 지내다가 잠잠해졌습니다. 그러나 몸은 여전히 뜨거운 것이었습니다. 그때 강 목사님이 저에게 이게 성령의 불세례라는 것입니다.

오늘이야 성령의 불세례를 받았습니다. 오늘 드디어 영의 통로가 열렸습니다. 그러시는 것입니다. 정말 생전 처음 그런 신비한 현상을 체험했습니다.

기도를 하는데 정말로 은혜롭게 술술 나왔습니다. 그 이후로 말씀을 보면 너무나 꿀맛입니다. 기도가 저절로 되었습니다. 입술에는 항상 찬양이 넘치고 있습니다. 혈기가 사라지고 있습니다. 마음이 너무나 평안해 졌습니다. 십년동안 기도하던 소원이 성취되었습니다. 지금 삼 개월을 다니고 있습니다. 너무나 평안합니다. 강목사님이 하시는 말씀이 무조건 열심히 하는 신앙은 사람을 변화시키지 못합니다. 기독교는 머리로 아는 종교가 아니고 알고 느끼고 나타나는 생명의 종교라는 것입니다. 알고 있는 만큼 변하는 것이 눈으로 보이고 몸으로 느껴야 한다는 것입니다.

그래서 성령으로 충만하여 영의 통로가 열려야 한다는 것입니다. 그 다음에 성령의 인도를 받으며 열심히 해야 심령이 변하고 환경이 변하면서 영적으로 깊어집니다. 사람은 영적인 존재이기 때문에 영의 통로가 열려 영의 만족을 누려야 방황을 멈춘다는 것입니다. 지금 저는 뼈에 사무치게 느끼고 있습니다. 마음이 편안해지니 정말로 마음의 천국을 누리고 있습니다. 모두 말씀과 성령으로 영의통로를 뚫어야 영의 만족을 느낍니다.

**둘째, 주기적인 영적진단을 받아야 합니다**. 하나님은 말씀과 성령으로 자신의 영적진단을 주기적으로 하여 영육으로 강건하게 지내게 하십니다. 예수를 믿고 성령으로 거듭난 성도는 영적 진단이 습관이 되어야 합니다. 성도의 문제는 영에서부터 시작이 되기 때문입니다. 자신의 육체에 문제가 생긴 것은 이미 영적인 문제가 깊어진 것입니다.

제가 집필하여 출판한 책을 읽고 상담 전화를 하시는 분들이 있습니다. 이분들이 이구동성으로 하는 말이 기도가 되지 않는다는 것입니다. 기도가 되지 않는다는 것은 영의 질병이 깊어진 것입니다. 이때에 치유법은 막힌 기도를 성령의 역사로 뚫는 것입니다.

절대로 혼자 기도하려고 해도 기도가 열리지를 않습니다. 반드시 영적인 사역자의 안수를 받아 막힌 영의 통로를 뚫는 것이 급선무입니다. 문제는 기도가 되지 않는 지경에 까지 진전되지 않게 하기 위하여 영적진단을 주기적으로 하는 것입니다. 육체를 건강하게 하기 위하여 건강진단을 주기적으로 합니다. 40세가 넘으면 건강보험 공단에서 2년에 한 번씩 건강 검진을 받게 합니다. 이때 자신의 건강 상태를 확인하고 문제가 있는 곳은 치유합니다. 그래서 건강을 유지하게 합니다. 이처럼 건강한 영적 삶을 살기 위해서는 주기적으로 영적 진단을 받을 필요가 있습니다. 저는 주기적인 영적진단을 아주 많이 강조합니다. 성령의 역사가 강한 장소에 가서 자신의 영적인 상태를 주기적으로 진단하는 것입니다. 암은 조기에 진단하면 100% 치유가 되지만, 검진을 하지 않으면 말기가 될 때까지 우리 몸은 암을 느끼지 못합니다.

그래서 의사들이 하는 말이 암을 발견하는 것은 주기적인 검진 밖에 없습니다. 라고 말을 합니다. 영적인 병도 이렇습니다. 영의 바이러스인 마귀나 귀신이 들어왔는데도 우리의 몸이 느끼지 못하는 경우가 많습니다. 영은 신호를 보내는데도 무지해서 그 신호를 놓치는 경우가 많습니다. 그러므로 주기적으로 자신의 영적인 상태를 점검할 필요가 있습니다. 주기적인 영적 상태의 점검은 무엇보다 중요합니다.

세대에 역사하는 영적인 존재들은 태중에서 들어옵니다. 이것들이 평소에는 잠복하여 있다가 취약한 시기가 되면 고개를 들고 일어나 문제를 일으키는 것입니다. 이를 예방하기 위하여 주기적인 영적 검진이 필요한 것입니다. 저는 평소에 이렇게 말합니다. 예수를 믿고 교회에 들어오면 먼저 성령으로 세례를 받아야 합니다. 성령으로 세례를 받은 다음에 말씀과 성령으로 내면의 상처를 치유하는 것입니다. 상처를 치유 받으면서 병행하여 자아를 십자가에 매다는 것입니다.

성령의 역사로 혈통에 대물림되는 악한 영을 축귀하는 것입니다. 그리하여 영적체질을 만드는 것입니다. 이는 어려서부터 적용해야 되는 것입니다. 세대에 역사하는 악한 영을 성령의 역사로 드러내어 미리 축귀하는 것입니다. 그래서 저는 우리 충만한 교회에 다니고 있는 성도들의 자녀를 매주 안수해서 영적으로 맑은 상태를 유지하게 하려고 노력합니다. 이렇게 주기적으로 안수를 받으니 영적으로 깨끗해지는 것은 물론이고 육적으로도 건강하게 지냅니다. 기존 성도들은 주일날 영적점검을 받는 것입니다. 성령의 역사가 강하게 나타나니 세대에 대물림 되던 악한 영이 더 이상 숨어있지 못하고 정체를 폭로하는 것입니다. 폭로되어 떠나가게 하고 매 주일 성령의 역사를 체험하며 영적 상태를 유지하는 것입니다.

저는 항상 이렇게 말합니다. 성도들은 주일날이 아주 중요하다고 말입니다. 요즈음 세상 살아가는 것이 힘이 들어 주일 하루밖에 교회를 나오지 못하는 분들이 많습니다. 이 중요한 주일을 성령으로 충만하게 예배를 드려서 영성을 유지하는 것입니다.

이렇게 신앙생활을 하지 못하니 세대에 역사하던 악한 영들이 예수를 믿어도 꼼짝하지 않고 숨어 있다가 영육으로 취약한 시기에 고개를 들고 나와 문제를 일으키는 것입니다. 제가 지금까지 성령치유 사역을 하면서 체험한 바로는 세대에 역사하던 악한 영이 장로가 된 다음에도 영육으로 이해 못하는 고통을 가하는 것입니다.

우리 충만한 교회 성령치유 집회와 주일 예배에 참석하여 성령의 강한 역사를 체험하고 자신 안에 도사리고 있던 중풍의 영들이 정체를 폭로하여 떠나보낸 분들이 부지기수입니다. 또 무속의 영들이 숨어 있다가 정체를 폭로하여 떠나보낸 성도 목회자가 많습니다. 이는 현재 진행형입니다. 지금도 역사가 일어난다는 것입니다. 오늘도 일어날 것입니다. 오셔서 체험해 보시기를 바랍니다. 이렇게 사전에 성령의 역사로 정체를 폭로하여 떠나보내지 않고 취약한 시기에 드러나서 고통을 당하다가 찾아오는 분들 또한 부지기수입니다.

또 매주 토요일 진행하는 개별 집중치유 시간에 자신도 모르고 지내던 영적인 문제가 드러나 치유가 됩니다. 어떤 분은 무당의 영이 정체를 밝히고 떠나갑니다. 어떤 분은 중풍의 영이 드러나 떠나갑니다. 어떤 분들은 관절염을 일으켜서 걷지 못하게 하려고 숨어있던 귀신들이 정체를 폭로하고 떠나가기도 합니다. 저는 모든 성도와 목회자가 집중 치유를 받아서 자신의 영적인 상태를 진단 받아야 한다고 강조합니다. 영적인 진단은 나이가 젊을 때 받는 것이 아주 좋습니다. 저는 아이들은 초등학교 다닐 때 받는 것이 가장 좋다고 생각을 합니다. 영적인 진단을 주기적으로 하시기를 바랍니다.

고통을 당하다가 이렇게 해도 안 되고, 저렇게 해도 안 되니, 할 수 없이 저희 교회 같은 곳에서 치유를 받는 것입니다. 그런데 때는 이미 늦은 것입니다. 이미 정체를 드러냈기 때문에 치유하려면 시간이 많이 걸리는 것입니다. 세대에 역사하는 악한 영은 태중에서 침입을 합니다. 침입하여 정체를 드러내는 시기는 두 가지가 있습니다.

첫째로 성령의 역사에 의하여 청체를 드러냅니다. 이것이 제일로 좋은 현상입니다. 두 번째는 여러 가지 상황이 좋지 못하여 스트레스를 당하여 영육으로 취약한 시기에 드러내는 것입니다. 이 상황이 제일로 나쁜 것입니다. 이런 취약한 시기에 드러나는 것을 방지하기 위하여 주기적인 영적 점검을 하여 악한 영들을 드러내는 것입니다.

그래서 성도는 교회를 잘 정해야 합니다. 그리고 주일을 효과적으로 보내면서 주기적인 영적 점검을 받아야 합니다. 많은 성도들이 이렇게 주기적인 영적 점검을 받지 않음으로 인하여 불필요한 고통을 당하고 있습니다.

어떤 분은 목사가 된 다음에 악한 영들이 드러나 고생을 합니다. 어떤 분은 안수 집사가 된 다음에 악한 영이 드러나 말로 표현 못하는 고통을 당하기도 합니다. 저는 하나님의 은혜로 성령 치유 사역을 하고 있습니다. 사역을 하다 보면 영적으로 무지하여 예수를 잘 믿으면서도 불필요한 고통을 당하면서 사는 분들을 볼 때 참으로 안타깝기 짝이 없습니다. 기독교 신앙은 예방 신앙입니다. 주기적인 영적검진이 필요한 것입니다.

다시 한 번 강조합니다. 우상 숭배가 혈통에 대물림되는 성도는 반드시 드러납니다. 어떤 사람은 17세에 발생합니다. 어떤 사람은 20세에 발생합니다. 어떤 분은 26세에 발생하기도 합니다. 어떤 분은 34세에 발생할 수도 있습니다. 대략 이런 증상이 발생하는 사람의 유형을 보니 집안에 우상의 숭배가 심한 집안의 내력이 있는 가문에서 발생합니다. 그리고 태중에서나 유아시절에 상처를 많이 받은 분들이 많이 발생됩니다. 대개 심장이 약하여 잘 발생합니다. 그러므로 제가 강조하는 것과 같이 불같은 성령을 체험하고 내적치유를 미리 받아야 합니다. 그러면 성령의 임재로 사전에 상처가 드러나서 치유가 됩니다. 정기적인 영적 진단이 아주 중요합니다.

그리고 병이 들었을 때 주변에서 안다고 해서 그 사람을 고치지 못하듯이 영적인 질환도 같은 이치입니다. 병이 들면 전문의의 도움이 필요하듯이 영적인 질병 역시 전문 사역자의 도움이 필요한 것입니다. 목회자는 부분적으로 고칠 수는 있습니다. 그러나 전문가가 접근하는 방식과는 다릅니다. 전문가는 총체적으로 접근하며 병의 뿌리를 제거합니다. 그래서 전문가가 있는 것입니다. 영적 진단은 주기적으로 받아볼 필요가 있습니다. 병의 근원을 조기에 발견하면 치유가 쉽습니다. 그러나 그 시기를 잃게 되면 거의 치유가 되지 않습니다. 치유가 된다하더라도 시간과 노력이 많이 듭니다. 조기 검진 이것이야말로 효과적인 치유의 지름길입니다. 자신의 귀중한 영을 관리하기 위하여 영적진단을 주기적으로 받는 습관을 들이시기를 바랍니다.

**셋째, 잠재의식의 내적치유를 받아야 합니다**. 내적치유는 생명의 말씀과 성령께서 하시는 깊은 차원의 치유입니다. 잠재의식과 무의식의 깊은 곳의 아픔, 마음의 상처를 치유하는 것입니다. 성령의 깊은 임재로 사역하는 잠재의식, 무의식의 치유입니다. 또 내적치유는 인간관계의 치유입니다. 반드시 생명의 말씀과 성령의 역사로 깊은 차원의 치유를 해야 합니다. 인간은 영적이고 심리적인 존재이기 때문에 인간관계는 감정의 관계, 심리적인 관계입니다. 그런데 감정이나 심리상태, 영적상태가 좋지 못하면 인간관계가 좋지 못하게 되며, 한걸음 더 나아가 하나님과 좋은 관계를 맺지 못합니다. 사람들은 하나님을 믿지만, 하나님과 좋은 관계를 맺지 못하고 있습니다.

내적치유는 이러한 관계성을 치유하는 것입니다. 내적치유는 인간의 가장 내적인 부분인 영으로부터 시작하여 성품, 인간관계, 하나님과의 관계까지도 치유하며, 육신의 질병까지도 치유합니다. 내적치유는 전인격적인 치유로서 성령의 깊은 역사로 이루어지는 사역입니다. 사람은 하나님의 형상으로 창조되었습니다(창 1:27-28).

사람이 하나님의 형상이라는 의미는 하나님의 대리자, 하나님과 같은 권세로서, 하나님을 대신해서 이 세상을 다스리고 지배하고 보살피는 존재라는 것입니다. 사람은 원래 이러한 존재로 창조되었습니다. 이를 위해서 하나님이 오직 사람에게만 영을 주셨습니다. "여호와 하나님이 땅의 흙으로 사람을 지으시고 생기를 그 코에 불어넣으시니 사람이 생령이 되니라"(창 2:7).

영을 가진 영적인 존재가 된다는 것은 영에서 나오는 권세, 힘, 생명력으로 환경을 장악하고, 이 사명을 감당하는 존재가 되라는 것입니다. 영으로 혼과 육, 환경을 지배하며 다스리는 존재가 되라는 것입니다. 영으로 늘 성령하나님과 교제함으로 하나님께서 주시는 권세를 늘 소유하며, 하나님의 뜻을 받아서 권능을 사용하며, 하나님께서 맡기신 일을 하여야 하는 것입니다. 참으로 영적 존재인 사람은 주께서 내안에, 내가 주안에 늘 교제함으로 주님과 내가 하나가 되는 것과(요15:4-10), 하나님이 하신 일을 우리도 하는 존재인 것입니다. 그런데 아담의 범죄 이후 모든 인간의 영성이 잠들어버리게 되었고, 이 세상은 오직 육과 이성이 다스리는 세상이 되었습니다. 죄가 다스리는 세상이 된 것입니다(창 15:13-14,16). 그래서 마음에 상처가 생기고 마귀에게 당하며 사는 신세가 되었습니다(창 15:13-14,16).

그러나 이제 예수 그리스도의 십자가 보혈의 공로로 말미암아 하나님의 자녀가 된 크리스천은 아담 이후로 이제야말로 제대로 하나님을 섬길 수 있는 존재가 된 것입니다. 하나님을 가장 깊은 속에 모시게 된 것입니다. 이제는 하나님과 깊은 교제를 하며 영원히 하나님을 모시게 되었습니다. 아담의 죄로 말미암아 영이 죽었던 사람이 다시 영이 살게 되었으므로 하나님과 교제하고 사귀는 영적인 사람이 됩니다. 영이신 하나님의 성품을 가지게 된다는 것이며, 영이신 하나님을 닮아 간다는 것입니다. 이제야말로 제대로 죄와 싸워 이기고, 저주와 싸워서 이기고, 환경을 지배하고 변화시킬 수 있는 존재가 된 것입니다(고전 6:19-20).

그러나 이 모든 것은 하나님을 우리 속에 모시고 늘 교제함으로만이 가능한 것입니다. 이것이 성도의 신분입니다. 그리고 이렇게 하나님을 안에 모시기 위해서 하나님은 우리에게 "내가 거룩하니 너희도 거룩할 지어다"(벧전1:16) 하고 거룩함을 요구하십니다. 피뿌림 받고 죄 사함 받아 구원받은 하나님의 자녀들은 이제부터 하나님을 모시는 생활, 하나님과 교제하고 하나님을 섬기는 생활, 환경을 지배하고 다스리는 생활을 하기 위해서 반드시 거룩해져야 합니다. 우리 영-혼-육의 모든 더러움을 생명의 말씀과 성령으로 기도하며 계속 씻어내야 합니다. 이것이 성화의 길이요, 이것이 바로 내적 치유입니다. 하나님은 살전 5장 23절에서 "평강의 하나님이 친히 너희를 온전히 거룩하게 하시고 또 너희의 온 영과 혼과 몸이 우리 주 예수 그리스도께서 강림하실 때에 흠 없게 보전되기를 원하노라" 말씀하십니다.

하나님은 우리의 영-혼-육 모든 부분이 온전하기를 원하십니다(살전5:23). 가정의 화평함, 좋은 인간관계, 사회에서의 밝은 삶을 살기를 원하십니다. 내적 치유는 이러한 하나님의 관심에 가장 가까운 깊은 차원의 치유입니다. 인간의 지체는 영-혼-육이 서로 밀접한 관계를 가집니다. 눈으로 보이는 부분의 상처만을 치유함으로 온전한 치유가 되지는 않습니다. 원인이 되는 더 깊은 곳, 다른 부분까지도 치유해야 온전한 치유가 되는 것입니다. 이는 성령님만 할 수 있는 사역입니다. 성령의 깊은 임재로 무의식의 상처를 현실로 드러내어 치유해야 합니다. 성령의 역사가 없이는 할 수 없는 사역입니다. 반드시 성령으로 세례를 받아야 할 수 있는 깊은 차원의 치유입니다.

그러므로 내적 치유는 하나님의 뜻에 가장 가까운 치유입니다. 영적인 존재인 인간은 같은 영적인 존재인 하나님과 이웃과의 관계성을 가지고 사는 존재입니다. 그런데 많은 사람들이 이

관계성이 잘되어 있지 않음으로 내적으로 문제를 가지게 됩니다. 인간이 갖고 있는 신체, 심리적인 질병중 대다수가 상한 감정이나 영적인 문제와 긴밀한 관계를 가지고 있기 때문에 내적치유는 이런 영역들을 중점적으로 다룹니다. 영에 있는 성령의 권능으로 마음과 육체에 있는 상처를 치유하는 것입니다. 내적치유를 바르게 하는 것은 생명의 말씀과 성령의 깊은 역사로 사역을 해야 합니다. 내적치유를 받는 성도들도 생명의 말씀과 성령으로 내적 치유하는 장소에서 치유를 받아야 합니다.

그리고 내적치유는 내적치유 전문센터에서 받아야 한다는 고정 관념에서 벗어나야 합니다. 내적치유는 전문 센터에서 치유하는 방법을 터득한 다음, 자신이 교적을 두고 있는 교회에서 치유를 받으려고 해야 합니다. 단 자신이 교적을 둔 교회가 성령의 역사가 있는 교회라야 모든 예배와 기도시간에 치유를 받을 수가 있습니다. 그래서 마음의 상처와 질병과 영육의 문제로 고생하는 성도는 교회를 잘 정해야 합니다. 성도는 교회가 아주 중요합니다. 그래야 주일날을 이용하여 치유를 받을 수가 있기 때문입니다.

**충만한 교회는** 매주 다른 과목을 가지고 매주 화-수-목(11:00-16:30)집회를 인도합니다. 무료집회입니다. 단 교재를 구입해야 입장이 가능합니다. 매주 다른 과목으로 집회를 합니다. 매주 다른 여러 가지 과목을 학습하면서 과목마다 다르게 역사하는 성령으로 상처와 질병과 귀신들이 떠나갑니다. 과목마다 성령께서 역사하는 방향이 다르기 때문입니다.

# 4부 카리스마를 사용하는 법

## 22장 전인격이 성령의 지배를 받아라.

(고전 2:10-13)“오직 하나님이 성령으로 이것을 우리에게 보이셨으니 성령은 모든 것 곧 하나님의 깊은 것까지도 통달하시느니라. 사람의 일을 사람의 속에 있는 영 외에 누가 알리요 이와 같이 하나님의 일도 하나님의 영 외에는 아무도 알지 못하느니라. 우리가 세상의 영을 받지 아니하고 오직 하나님으로부터 온 영을 받았으니 이는 우리로 하여금 하나님께서 우리에게 은혜로 주신 것들을 알게 하려 하심이라. 우리가 이것을 말하거니와 사람의 지혜가 가르친 말로 아니하고 오직 성령께서 가르치신 것으로 하니 영적인 일은 영적인 것으로 분별하느니라.”

카리스마적인 권능은 성령의 지배를 받아야 나타납니다. 성령께서 전인격을 지배해야 영-혼-육이 정상기능을 발휘하기 때문입니다. 하나님께 쓰임을 받을 분들의 전인격이 성령의 지배를 받는 사람이 되는 것은 때려야 땔 수 없는 필수불가결한 것입니다. 하나님은 모든 성도들이 성령의 지배를 받기를 소원하십니다. 특별하게 영육의 눌림이나 침체나 무기력이나 탈진은 성령의 지배를 받아야 예방이 가능합니다. 왜 예수를 믿으면서 평안하지 못하고 영혼의 만족을 누리지 못하는가? 왜 영육의 무기력이 찾아오고 침체가 되고, 탈진에 빠질까요? 성령의 지배를 받지 못하기 때문입니다. 자신의 전인격이 성령의 지배를 받지 못하기 때문입니다.

한마디로 세상 것이 섞여있기 때문입니다. 세상 것이 섞여서 방해함으로 영혼의 만족을 누릴 수가 없는 것입니다. 이것은 아주 심각하게 받아드려야 합니다. 그래야 성령의 역사에 관심을 가져서 성령의 지배를 받는 성도가 될 수 있기 때문입니다. 전인격이 성령의 지배를 받지 않고는 영혼이 만족을 누릴 수가 없기 때문입니다. 우리 예수 믿는 사람들의, 삶의 특징이 있다면, 그것이 무엇이라고 생각하십니까? 입으로만 예수를 믿는다고 시인하는 그런 보통의 신앙의 삶이 아니라, 예수를 믿고 난 다음에 변화된 삶을 살아가는 성도들의 특징을 말하는 것입니다. 이러한 성도들의 삶의 특징이 무엇이겠습니까? 그것은, "영-혼-육 전인격이 성령의 지배를 받는 삶"이라, 그렇게 말 할 수 있습니다.

그러면, 성령의 지배를 받는 삶이란, 또 무엇을 말하는 것입니까? 전인격이 성령께 사로잡혀 사는 것을 말하는 것입니다. 성령을 주인으로 모시고 세상을 살아가는 것입니다. 마음 안에 성전이 있는 성도입니다. 매사를 성령님과 의논하고 성령의 뜻을 따라 사는 것을 성령의 지배를 받는 삶이라고 말할 수 있습니다. 성령의 인도함을 받아, 성령의 능력에 의해서 살아가는 삶을 말하는 것인 줄로 믿습니다. 성령님이 나를 지배하고 다스리는 삶,

이전에 우리의 삶이, 육체의 본능이 지배하는 삶이었고, 죄가 지배하는 삶이었다면, 이제 예수를 믿고, 변화를 받고 난 다음에 나타나는 삶은, 성령에 의해서 지배를 받는 삶이 되어야 합니다.

에베소서 5장 14절 말씀을 보게 되면,"그러므로 이르시기를, 잠자는 자여 깨어서 죽은 자들 가운데서 일어나라. 그리스도께서 네게 비취시리라 하셨느니라."말씀하고 있습니다. 지금 우리의 신분은 어떤 신분입니까? 이제 예수 안에서, 새로운 생명을 소유하고 태어난, 하나님의 자녀들입니다. 그러므로 이제는, 과거의 세상 적이고, 육신적인 삶의 방식은 벗어버리고, 하나님의 자녀로서 살아가야 하는 삶의 방식을 따라야 한다는 것입니다. 그 하나님의 방식을 따르는 삶, 걸어 다니는 성전의식을 가지고 살아가는 삶, 이것이 바로 성령의 지배를 받는 삶이라는 것입니다.

그러나 오늘 우리 성도들의 삶은 어떻습니까? 아직도 우리의 많은 부분이 주님의 방식을 따르지를 못하고 있습니다. 아직도 내 자아가, 내 속에 살아 쉼 쉬고 있고, 아직도 내 뜻이 내 인생의 대부분을 결정하고 있습니다. 어둠의 권세에 속해 있는 죽음의 자리에서 이제는 벗어나, 나의 삶을 주장하시고, 온전히 이끌어 주시기를 원하시는, 빛 되신 예수 그리스도를 향해, 걸어가야 하는데도 불구하고, 우리는 여전히 그 빛을 외면하고, 고개를 어둠의 세상을 향해, 돌리고 있다는 것입니다. 우리의 삶에 빛이 크게 비취면, 어두움은 작아지게 되고, 결국에는 그 어둠이 흔적없이 물러가게 됩니다. 그러나 반대로, 우리의 삶에 어두움이 크면 어떻습니까? 빛이 작게 느껴지게 됩니다. 그리고 이 상태로 계속 있게 되면, 나중에는 그 어두움이, 빛을 완전히 삼켜 버리게 된다는 것입니다.

그래서 예수를 믿어도, 예전과 비교해 별로 변화된 것이 없는 여전히 세상의 흑암 속에서 헤매며, 오히려 더 무능력한 가운데, 오히려 더 고통스런 가운데, 삶을 살아가게 된다는 것입니다. 왜냐하면 성령의 역사가 일어나지 않으니 마귀와 귀신들이 자꾸 장악하기 때문입니다. 그래서 오만가지 문제가 발생하는 것입니다. 빨리 알아차리고 잠재의식을 정화하여 성령의 지배를 받아야 합니다. 그래야 기적을 체험하기도 하고, 예수님의 이름으로 기적을 행하면서 살아갈 수가 있습니다.

가슴에 손을 얹고 생각해 보세요. 주님이 우리에게 요구하시는 삶의 모습이, 과연 이러한 것이겠습니까? 주님이 우리에게 요구하시는 삶은, 결코 이러한 모습의 삶은 아닐 것입니다. 주님은 우리에게, 변화된 삶을 요구하십니다. 그것도 어정쩡한 변화가 아니라, 확실히 변화된 삶을 요구하십니다. "아니 저 사람 예수 믿고 나더니, 완전히 달라졌네!" 이런 평가와 칭찬을 듣는 그러한 삶을 원하신다는 것입니다. 그런데 이렇게 변화되기 위해서는 반드시 성령의 역사가 있어야 가능한 것입니다. 성령의 지배를 받아야 변화되는 것입니다. 예수를 믿으면서도 변화되지 않는 것은 성령의 역사 없이 이론으로 지식으로 전통으로 믿음 생활을 하기 때문입니다.

그래서 이런 찬송이 있지요? "내 죄 사함 받고서 예수를 안 뒤, 나의 모든 것 다 변했네. 지금 나의 가는 길 천국 길이요, 주의 피로 내 죄 씻었네." 할렐루야! 예수를 믿고 나서, 자신의 모든 것이 변화되어 지는 것, 바로 이러한 놀라운 삶의 변화의 역사를, 하나님은 우리 모두에게 기대하고 계신다는 것입니다.

우리의 신앙의 출발은, 하나님의 권능을 믿는 믿음에서 출발하는 것입니다. "하나님은 나의 모든 것을 아시는 가운데, 나의 모든 것을 주의 권능으로 채워주시며, 온전케 하시는 하나님이십니다." 이것은 모두 성령으로 되는 것입니다. 우리가 이것을 믿어야, 하나님을 평생의 주인으로 모시며 따를 수 있는 것입니다. "내가 사망의 음침한 골짜기로 다닐지라도 해를 두려워하지 않을 것은, 주께서 나와 함께 하심이라." 다윗은 담대하게 신앙의 고백을 했습니다. 그리고는 선언하지요. "나의 평생에 선하심과 인자하심이 정녕 나를 따르리니 내가 여호와의 집에 영원히 거하리로다." 할렐루야!

세상 사람들이 우리를 향해, 너는 못한다고 말할지라도, 우리 예수 믿는 성도들은 예수 안에서 할 수 있다고, 얼마든지 가능하다고 말하며, 믿음으로 밀고 나가 행해야 기적을 체험하는 것입니다. 삶에 자신감과 담대함이 있어야 한다는 것입니다. 왜입니까? 하나님의 권능이 오늘도 나와 함께 하시기 때문에…. 성령의 역사가 오늘도 나의 삶에 나타나기 때문에…. "너 가는 길을 누가 비웃거든, 확실한 증거를 보여 주어라. 성령이 친히 감화하여 주사, 저들도 참 길을 얻으리" 지금 우리 모두가, 성령의 다스림 속에서, 성령의 인도함 속에서, 이런 확실히 변화된 인생을 살아갈 수 있기를, 주님의 이름으로 축원 드립니다.

그러면, 오늘 우리가 어떻게 하면 이런 성령의 지배함을 받는 능력 있는 삶을 살아갈 수 있겠는가? 여기에 대한 고민이 있어야 진정한 성도일 것입니다. 그래야 바른 길을 찾아서 성령의 인도를 받으며 성령의 지배를 받는 성도가 될 수 있기 때문입니다. 그런데 이에 대한 해답이 바로 에베소서 5장 18절에 나타나 있다는 것입니다. "술 취하지 말라. 이는 방탕한 것이니, 오직 성령의 충만을 받으라."했습니다. 우리가 성령의 지배를 받는 삶을 살아가는 방법, 뭐 다른 게 있겠습니까? 내 속에 성령의 크기를, 내 자아보다 더 크게 만들면 되는 것입니다. 성령이 자신을 지배하게 하면 됩니다. 성령님을 주인으로 모시고 살면 되는 것입니다. 성령이 내 속에 끊임없이 임하게 만들어서, 그 성령이 나의 삶을 온전히 주장할 수 있도록, 자신의 신앙을 가꾸어 나가면 되는 것입니다. 그렇잖아요? 그 외에 무슨 방법이 있겠습니까? 성령의 지배를 받으며 살아가는 것 알고 보면 너무나 쉽습니다. 습관이 되지 않기 때문에 어려운 것입니다.

그러면, 우리가 생각해 볼 것은 무엇입니까? 이 성령의 세례가 언제 어느 때에, 우리에게 임하고 장악하게 되는가? 하는 것입니다. 성령으로 세례를 받아야 성령의 지배를 받을 수 있기 때문에 아주 중요한 것입니다. 성령으로 세례가 언제 임합니까? 직장에서 일할 때 성령이 임합니까? 가정에서 설거지 하고, 청소할 때 성령이 임합니까? 학교에서 공부할 때 성령이 임합니까? 언제 우리에게 성령이 임하게 되어 집니까? 성령이 역사하는 교회에서 우리가 말씀 듣고, 기도하고, 찬송할 때, 성령이 임하고 성령으로 세례 받고 성령으로 충만하니 성령으로 장악이 되는 것입니다. 성령으로 세례를 받으려면 성령의 역사가 있는 교회에 가야합니다. 혼자 기도해서는 절대로 성령으로 세례를 받을 수가 없습니다.

그래서 성도들에게 유형교회는 아주 중요합니다. 성령은 반드시 성령의 역사가 일어나는 장소에서 체험할 수가 있기 때문입니다. 성령의 역사가 강하게 일어나는 교회에서 성령으로 장악이 되어 삶의 현장에서 기도할 때 성령의 지배를 받을 수 있습니다. 마음 안에 성전이 있다고 믿어야 성령의 지배를 받습니다.

성경을 보세요. 초대 교회의 성도들이 언제 성령을 체험하고 받았습니까? 각 가정마다 모여 예배하고 말씀 들을 때, 또 마가의 다락방 같은 곳에 모여, 그들이 기도하고, 찬송할 때, 하늘로부터 급하고 강한 바람 같은 성령이, 홀연히 그들 가운데 임하게 되어졌다는 것입니다. 그렇다고 가정에서만 성경보고, 기도하라는 얘기는 아닙니다. 그때는 그 가정이 곧 교회였습니다. 초대교회는 곧 가정 교회였습니다. 하나님은 언제나 교회 가운데, 좌정하여 계시는 줄 믿습니다. 교회는 유형교회와 무형교회를 모두 망라하는 것입니다. 그래서 지금도, 언제나 성령의 역사가 일어나는 교회에 모여 성경보고, 말씀 듣고, 기도하고, 찬양할 때, 성령이 임하게 된다는 것입니다. 그런데 홀연히 라는 말이 무슨 말입니까? 갑자기라는 말이지요. 오로지 하나님만을 생각하며 몰입 집중하여 기도할 때 홀연히 성령이 장악하시는 것입니다.

성령이 임하시는 것은 전적으로 성령님의 뜻이지만 분명한 것은 적당히 말씀보고, 적당히 기도하고, 적당히 찬송할 때 임하는 것이 아니라, 성령님을 주인으로 모시고, 마음 중심으로 예배하고, 말씀을 깊이 묵상하고, 전심으로 기도하고, 뜨겁게 찬송할 때, 성령은 우리 가운데 분명 임하게 된다는 사실입니다. 그러므로 내 삶 속에 말씀 보는 시간을 늘리고, 기도하는 시간을 늘리고, 찬송하는 시간을 늘리면, 그 때에 우리도 성령이 충만하게 될 가능성이 더 많아진다는 것입니다.

에베소서 5장 15절-16절 말씀에, "그런즉 너희가 어떻게 행할 것을 자세히 주의하여 지혜 없는 자같이 말고, 오직 지혜 있는 자같이 하여 세월을 아끼라. 때가 악하니라."했습니다. 무슨 뜻입니까? 세상에 취하여, 하나님이 주신 시간들을 자기 임의로 사용하여, 허송세월을 보내지 말고, 우리의 시간들을 영적인 부분들에 할애해서, 말씀과 기도와 찬양의 시간들을 통하여, 하나님의 뜻을 온전히 분변한 가운데, 그 뜻대로 살아가는 신앙의 모습이, 필요하다는 것입니다. 항상 하나님을 생각하고 집중하는 자세가 중요합니다. 그래서 결과적으로 우리의 삶이, 성령이 원하시는 대로, 성령이 이끄시는 대로, 성령의 지배함을 받아, 살아가게 된다는 것입니다.

우리가 이렇게 성령의 지배를 받게 되면, 우리의 삶에 어떤 역사가 나타나겠습니까? 먼저 우리는 하늘의 신령한 지혜와 강력한 능력을 이끌어낼 수가 있습니다. 날마다 기적을 체험하게 됩니다. 예수님의 이름으로 기적을 일으킬 수가 있습니다. 그리고 세상에 능력을 행사하게 됩니다. 그래서 세상을 살아가도 힘 있게, 당당하게 살아가게 된다는 것입니다. 사단의 권세가 지배하는 이 세상에서, 사단의 올무에 걸려 허우적거리는 인생을 살아가는 것이 아니라, 하나님의 자녀답게 하나님의 권능을 힘입어, 사단의 권세를 깨뜨리며, 주의 이름으로 날마다 승리하며 살아가는 삶, 이런 역사들이 우리의 삶에 나타나게 된다는 것입니다.

더 나아가 마음에 천국을 이루어 항상 하나님과 교통하면서 살아갈 수가 있는 것입니다. 성도는 무엇보다도 하나님과 관계를 열어 친밀하게 지내야 합니다. 하나님과 친밀하게 지내려고 성령의 지배를 받는 것입니다. 성령의 지배를 받게 되니 마귀와 귀신이 감히 넘보지 못하는 성도가 되는 것입니다. 그래서 무시로 하나님을 찾는 것입니다. 항상 성령으로 충만하여 성령의 지배를 받는 삶을 살기위해서 하나님을 찾는 것입니다. 많은 성도들이 성령이 충만 하면 교회에 나가서 기도할 때 손을 흔들고 벌벌 떨면서 기도하면 성령으로 충만한 줄로 착각합니다.

그러나 성령으로 충만하다는 것은 항상 하나님을 생각하면서 하나님을 찾는 상태가 성령으로 충만한 상태인 것입니다. 걸어 다니는 성전의식을 가지고 성령님을 찾는 상태입니다. 이렇게 될 때 전인격이 성령의 지배를 받게 되는 것입니다. 성도들은 성령의 권능으로 살아가야 합니다. 성도들에게서 성령의 능력이 빠진 인간의 힘이나, 경험으로는 하나님을 기쁘시게 하지 못합니다. 성령의 도우심이 빠진 인간의 재주나 재능으로 세상을 이길 수가 없습니다. 성령의 지배를 받지 않는 성도는 잎만 무성한 무화과나무로 자라게 만들 뿐이라는 겁니다. 열매가 없이 잎만 무성한 무화과나무, 그 나무는 인간의 눈으로 볼 때는 멋있게 자란 나무이고, 가지도 무성하고, 잎도 너무나도 푸른 나무이지만, 결국 어떻게 되었습니까? 주님의 저주로 인해 말라 죽고 말았다는 것입니다. 이러한 사실을 우리는 유념해야 할 줄로 압니다. 전인격이 성령의 지배를 받아야 합니다.

성령의 지배를 받으면 무슨 일을 해도 포기하지를 않습니다. 쉽게 절망하지 않습니다. 끝까지 될 때까지 밀어붙이는 끈기 있고, 집중력이 있는 인생을 살아가게 된다는 것입니다. 그래서 기도를 해도, 남들과 다릅니다. 언제까지 기도합니까? 응답될 때까지 기도 한다는 것입니다. 하나님은 신실하신 하나님이십니다. 신실이 뭡니까? 믿을 신자, 열매 실자가 아닙니까? 말 그대로 우리가 믿는 대로 열매를 맺게 해 주시는 하나님이시라는 겁니다. 그것을 의심 없이 믿는다는 것이지요. 그래서 시간이 문제지, 응답은 반드시 된다는 믿음을 가지고 기도하게 된다는 것입니다. 하나님이 귀찮아서라도 응답해 주실 줄 믿습니다. 불의한 재판

관의 마음을 움직여, 자신의 억울한 사정을 풀게 한 것은 한 여인의 끈질긴 기도 때문이었습니다. 집중력 있는 기도 때문이었다는 겁니다.

오늘 인생을 살아감에 있어, 직장 생활을 함에 있어, 또는 교회에서 맡은 사역을 감당함에 있어, 자꾸만 힘이 들고, 자꾸만 내가 피곤하게 느껴지는 때가 있습니까? 인생의 사역에 나타나는 열매는 없고, 자신의 힘만 고갈되는 그런 경험을 하신 적이 있습니까? 그래서 모든 것 그냥 포기하고 싶은 그런 생각이 드십니까? 혹 이런 가운데 지내는 분들은 없으십니까? 곰곰이 생각해 보시기 바랍니다. 일이 많아 힘든 것이 아닙니다. 환경이 어려워 힘든 것이 아닙니다. 무엇 때문입니까? 내가 성령에 충만하지 못하기 때문에 힘이 든 것입니다. 내가 성령의 지배를 받지 않고, 내 힘과 내 뜻으로 살아가려고, 그 일을 감당하려고 했기 때문에 힘이 든 것입니다. 자신의 힘으로 하나님의 일을 하려고 하기 때문에 힘이 드는 것입니다. 우리가 바르게 알아야 할 것은 성도가 하는 모든 일은 하나님의 일입니다. 그렇기 때문에 성도는 성령이 지배하여 성령의 힘으로 인생을 살아가고, 직장 생활을 해야 됩니다. 사람의 힘으로 하나님의 일을 하려니 얼마나 힘이 들겠습니까? 상상에 맡깁니다.

19세기의 사역자, D.L 무디가 이런 말을 했습니다. "사역자들을 망가뜨리는 것은 과도한 사역이 아니라 성령 없이 일하는 것이다" 참 멋진 얘기 아닙니까? 우리가 과도한 사역을 해서 무너지는 게 아니라는 겁니다. 성령 없이 일하기 때문에 무너지는 것입니다. 기계가 망가지는 게 기계를 많이 돌려서 망가지는 것입니까? 아닙니다. 윤활유 없이 돌리기 때문에 망가지는 것입니다. 오늘 우리가 하나님 앞에 성령의 충만을 위해 기도해야 하는 이유가 여기 있는 것입니다. 하나님 앞에서 기도하는 가운데 성령의 은혜를 받고, 성령의 능력으로 사명을 감당하는 하나님의 거룩한 자녀들이 다 되시기를 바랍니다. 우리는 사명을 꼭 교회에서 사역하는 것으로 한정하면 안 됩니다. 성도들이 하는 모든 일은 하나님께서 주신 사명입니다. 직장 생활도 사명입니다.

사업을 하는 것도 사명입니다. 예수를 믿고 성령으로 거듭난 성도가 하는 모든 일은 사명입니다. 사명을 거창하게 생각하지 마시기를 바랍니다. 다 같이 한 번 따라합시다. "주여! 성령 없이는, 아무 일도 하지 않게 하옵소서." "주여! 성령 없이는, 능력전도하지 않게 하옵소서." "주여! 성령에 사로잡힌 인생이 되게 하옵소서." 성령의 지배함을 받아, 예수님과 동행하면서 예수님의 이름으로 기적을 행하면서 하나님께 쓰임을 받으시기를 바랍니다.

## 23장 하나님의 창조의 법칙을 준수하라.

(막 6:30-33)“사도들이 예수께 모여 자기들이 행한 것과 가르친 것을 낱낱이 고하니, 이르시되 너희는 따로 한적한 곳에 가서 잠깐 쉬어라 하시니 이는 오고 가는 사람이 많아 음식 먹을 겨를도 없음이라. 이에 배를 타고 따로 한적한 곳에 갈 새 그들이 가는 것을 보고 많은 사람이 그들인 줄 안지라 모든 고을로부터 도보로 그 곳에 달려와 그들보다 먼저 갔더라.”

예수를 믿고 성령으로 세례를 받은 크리스천이 카리스마적인 권능이 나타나지 않는 것은 영적인 문제가 있기 때문입니다. 영육의 눌림이나 침체나 무기력이나 탈진은 자신의 관리를 등한히 했기 때문에 당하는 것입니다. 하나님은 건강할 때 쉬면서 건강에 관심을 가지라고 말씀하십니다. 하찮은 미물도 관심을 가지면 달라집니다. 미물들과 마찬가지로 사람도 그러합니다. 어떤 것이 필요한지, 어떤 마음이 필요한지, 어떤 것이 지금 힘든지, 조그마한 ‘관심’을 가지면 궁예의 관심법이 없어도 다 보입니다. 건강에 관심을 가지면 건강해진다는 것입니다. 건강에 관심이 있는 사람은 생각도 건강합니다. 우리 몸은 생각하는 대로 됩니다. ‘나을 수 있다’는 긍정적인 생각보다, ‘나을 수 없다’라는 부정적인 생각을 하게 되면 우리 몸은 정말로 회복되기 어렵습니다. 암이 있는 부위에 손을 대고 ‘넌 곧 없어진다.’는 생각을 늘 하고 있으면 암세포가 없어지거나 줄어들고, 더 자라지 않거나 자라더라도 그 속도가 느려진다고 합니다.

몸을 변화시키고 건강하게 만드는 데 긍정적인 생각이 얼마나 좋은 영향을 미치는지 바로 보여 주는 사례라 할 수 있습니다. 긍정적인 생각 외에도 몸 안의 독소를 배출시키는 것 역시 내 몸을 살리는 근본적인 건강법입니다. 몸 안의 독소만 제거해도 예고 없이 찾아오는 질병으로부터 몸과 마음을 건강하게 지킬 수 있습니다. 그런데 몸 안에 독소를 배출시키는 기술이나 약은 세상에 없습니다. 반드시 생명의 말씀과 성령으로 배출시키는 합니다. 성령으로 장악이 되면 성령께서 독소를 배출하십니다. 나쁜 생각을 좋은 생각으로 바꾸는 것도 넓은 의미에서의 '해독'입니다. 한마디로 건강에 관심을 가지라는 것입니다. 하나님의 뜻대로 건강하게 살아가려면 부지런해야 합니다. 돼지 같이 게으르지 말고 부지런해야 건강도 지킬 수가 있는 것입니다. 절대로 게으른 사람이 건강할 수가 없습니다.

악보에는 쉼표가 있습니다. 음악 악보는, 음표만으로 되어 있지 않고 반드시 쉼표가 나옵니다. 어떤 분이 악보 보며, 노래하다 죽었답니다. 이유는 쉼표가 없어서…. 휴식의 시간이 꼭 필요합니다. '따로' 시간을 내고, '조용한 곳을 찾아' 지친 영과 육이 쉼을 얻게 해야 합니다. 그래야, 아름다운 연주가 가능한 것입니다. 아름다운 쉼이 있을 때, 나의 인생교향곡은 멋지게 연주될 것입니다. 예수님의 제자들은, 계획대로 휴식을 취했을까요? 사역에 바빠서 결국 쉬지 못했습니다. 사람들이 먼저 알고, 쉬로

가는 장소에 몰려와 있었습니다. “그들이 가는 것을 보고 많은 사람이 그들인 줄 안지라 모든 고을로부터 도보로 그 곳에 달려와 그들보다 먼저 갔더라”(막6:33). 일하는 것보다, 휴식하는 게 더 어렵습니다. 늘 있는 일이 아니기에, 더 많은 계획과 철저한 준비가 필요입니다.

필자는 쉬는 것도 투자라고 생각합니다. 쉼도 재테크입니다. 재테크만 신경 쓰지 말고, 쉼 테크도 잊지 말아야 합니다. 휴식은, 버리는 시간이 아닙니다. 새로운, 창조의 시간입니다. 캐나다의 영성신학자 유진 피터슨은, 만약 일과 쉼 중에서 선택해야 한다면 일이 아니라 쉼을 선택해야 한다고 말합니다. 그는 “바쁜 사람은 게으른 사람이다.”라고 말합니다. 그들은 정작 해야 할 일은 하지 않고, 깊이 있는 일을 하지 않고 의미 없는 일만하기 때문이라고 합니다. 이에 대해 피터슨 박사는, 멜빌의 ‘백경’이라는 소설을 인용하면서 이렇게 설명하고 있습니다. “고래잡이배가 모비 딕이라는 흰 고래를 좇고 있는데, 바다는 출렁이고 선원들은 혼신의 힘을 다해 노를 젓는다. 그런데 그 배에는 아무 일도 하지 않고, 조용히 그림처럼 앉아있는 사람이 한 명 있는데 바로 작살 잡이다. 작살 던지는 사람은 아무 것도 하지 않는 것처럼 보인다. 하지만 꼭 필요한 때, 결정적인 순간에 그는 작살을 정확하게 쏘아 고래를 잡는 것이다. 분주함은 우리에게서 이런 영성과 예리함을 빼앗아 수준을 낮춘다. 휴식은 결코 멈춤이 아니고, 더 멀리 뛰기 위한 움츠림이다.” 영혼의 휴식을 통해 얻은 샤프함과 활력, 편안함, 건강하고 멋진 신체를 통해, 자신의 목표에 한 발자국 더 가까이 다가갈 수 있습니다.

**첫째, 예수님도 휴식을 강조하셨다**. 영육의 무기력과 탈진은 하나님의 말씀대로 살지 않은 연고입니다. '고속도로를 여행하다 보면, 갓길도 있고 휴게소도 있습니다. 우리는 갓길에 잠시 쉬어가기도 하고, 필요하면 휴게소도 찾습니다. 우리 인생에 갓길 같은 것이, 휴식입니다.' 제자들은 사역(전도)을 마치고, 예수께 모여서 보고했습니다. "사도들이 예수께 모여 자기들이 행한 것과 가르친 것을 낱낱이 고하니"(막6:30). 크게 2가지였는데, 그들이 "행한 것"과 "가르친 것"이었습니다. 막6:12-13절에 언급된, 제자들 사역의 요약입니다. 행위와 교훈이, 잘 조화를 이루고 있었습니다. 보고 받으신 예수께서, 제자들에게 휴식을 제안하셨습니다. "…너희는 따로 한적한 곳에 가서 잠깐 쉬어라…"(막6:31상). 제자들이 휴식이 필요하다는 것을, 예수께서는 아셨습니다. 지금까지의 사역이 치열했습니다(막6:12-13). 제자들은 주님의 명령대로 회개하라하며 복음을 전파하고, 귀신들을 축출하고, 병자들을 치료했습니다. 사람들에게, 치일대로 치인 지친 상태였습니다. 사람들의 발길이 끊이지 않아, 식사할 겨를도 없었습니다. "…오고 가는 사람이 많아 음식 먹을 겨를도 없음이라"(막6:31하). 치열한 사역이 있었다면, 휴식도 필요합니다. 휴식은 결코, 낭비나 사치가 아닙니다. 내일을 위한 준비입니다. 예수께서는 휴식을 권고하시면서, 몇 가지를 말씀하셨습니다. "이르시되 너희는 따로 한적한 곳에 가서 잠깐 쉬어라 오고 가는 사람이 많아 음식 먹을 겨를도 없음이라"(막6:31). 예수님께서 말씀하신 휴식의 법칙은 첫째로 "따로" 해야 한다. 휴식의 방식에 관한 설명입니다. 휴식은 사람들과 격리되어야 가능합니다. 복잡한 것으로부터 벗어나야 합니다. 둘째로 "한적한 곳"에서 해야 한다. 휴식의 장소(공간)에, 관한 말씀입니다. 셋째로 "잠깐" 해야 한다. 휴식의 정도에, 관한 언급입니다. 예를 든다면 계속 쉬면, 실업자요 백수입니다.

제자들은 예수님의 권고를 따라, 배를 타고 한적한 곳으로 갔습니다. "이에 배를 타고 따로 한적한 곳에 갈 새"(막6:32). 우리는, 쉬어야(휴식을 필요로)하는 존재입니다. 하나님이 애초부터, 우리들을 그렇게 만드셨습니다. 이걸 무시하면, 여러 가지 문제들이 발생합니다. '능률저하'가 나타납니다. 사역이나 삶에 감도나 수준이 떨어집니다. '관계악화'가 될 수 있습니다. 가족, 직장동료, 주변 사람들을 불편하게 할 수 있습니다. 주변 사람들을 위해서라도 영육이 건강해야 합니다.

그래서 충분한 휴식이 필요합니다. 세상에 가서 일을 하든지, 목회를 하든지 쉬어야 합니다. 피로에 쌓인 직장상사 짜증 유발기가 됩니다. 자꾸 피로가 쌓이면 영육의 무기력이나 탈진에 빠지게 됩니다. 이렇게 되면 행복한 삶이나 사역이 어렵습니다. 하나님께서 결코 원하시는 것이 아닙니다. 심각한 경우에는, 과로사로 죽음에 이르기도 합니다. 무서운 건, 중간과정이 없습니다. 화산 폭발하듯 한 순간에 폭발합니다. 후회해도 대는 늦을 수가 있습니다. 예방이 필수입니다.

휴식은 육적인 휴식과 정신적인 휴식과 영적인 휴식이 필요합니다. 첫째로 육신의 휴식입니다. 휴식은, 꼭 필요합니다. 열심히 살았다면, 더욱 그렇습니다. 하나님도 쉬셨습니다. 우리야 오죽하겠습니까? 휴식하지 않아도 된다는 크리스천은 교만한 사람입니다. 왜 그렇습니까? 사람을 창조하신 하나님도 6일 일하고 하루를 쉬셨는데 자신이 무어라고 쉬지 않아도 된다는 것입니까? 교만한 것입니다. 현대인들은, 전쟁터를 방불케 하는 생존현장에 던져진 채 살아갑니다. 우리 교회 성도들을 보면 마음이 아플 때가 있습니다. 육체적인 피로만이 아니라, 정신적 스트레스가 이만저만 아닙니다. 생존경쟁이 심하기 때문입니다. 한국인의 40대 사망률이, 세계 최고입니다. 무한경쟁시대, 스트레스 상당합니다. 주일은 교회에 나와서 예배드리고 쉬면서 하늘의 능력을 공급받아야 합니다. 주일날 성령으로 충만 받아야 영육이 자기 기능을 발휘할 수 있습니다. 영국의 극작가, J. 포드는 말했습니다. "노동만 하고 쉬는 것을 모르는 사람은, 브레이크가 없는 자동차와 같이 위험하기 짝이 없다. 기계를 계속 사용하고 쉬지 않는다면 기계의 수명은 짧아진다." 잠간잠간 쉬어가야 합니다. 잘 먹고 성령으로 기도하며 육체가 쉬고 잠만 푹 자도, 상당수는 힘을 얻습니다. 능력의 종 엘리야도 탈진했습니다(왕상 19:1-9). 로뎀 나무 아래에서 하나님께서 주신 음식과 물을, 자고, 먹고, 자고, 먹고 하여 힘을 얻어서 40주야를 걸어서 하나님의 산 호렙에 이릅니다. 문제는 하나님께서 주시는 음식을 먹었다는 것입니다. 우리도 자신 안에 계신 하나님으로부터 생기를 공급받아야 합니다. 생기는 성령입니다. 그래야 세상을 이길 수가 있습니다.

예수님의 일상은, 복음서를 보면 너무 바쁘셨습니다. 그렇지만 허둥대지 않으셨습니다. 그 이유를 '예수 전'의 작가, 르낭은 이렇게 말합니다. "예수 그리스도의 삶, 이처럼 완벽하고 조화된 풍성한 삶의 모본이 어디 있겠는가? 그는 열심히 일하셨다. 그러나 그는 적절히 쉬셨다. 그는 일할 때와 쉬실 때를 아셨다. 그는 열중할 때와 관조할 때를 아셨다. 그는 즐거워할 때와 슬퍼할 때를 아셨다. 그는 사람들과 어울릴 때를 아셨고, 홀로 있을 때를 아셨다. 그는 사람들과 어울릴 때 즐거워하셨다. 그러나 그는 홀로 있을 때도 여유로우셨다. 그에게는 언제나 여유가 있었다. 그래서 사람들은 즐겁게 그를 따라 다닐 수가 있었다…."

둘째로 영적인 안식입니다. 진정한 휴식이 되려면, 육체나 정신의 휴식만이 아니라, 영적안식이 필요합니다. 왜냐하면, 우리는 영적 존재이니까? 육신을 쉬는 휴식과 함께, 영혼의 안식을 위한 별도의 쉼이 있어야 합니다. 평소에는 마음으로 기도를 해애 합니다. 자신의 내면에서 신령한 능력을 공급받아야 합니다. 주일날 안식일입니다. 하나님은, 우리를 만드신 분이십니다. 인간에 대해, 그분이 가장 잘 아십니다. 우리 몸 사용설명서가, 성경에 들어있습니다. '휴식(안식)'은, 하나님이 주신 사용설명서의 중요한 목록 중 하나입니다. 우리의 건강과 행복한 삶을 위해, 휴식은 필요하고 하나님은 명령하셨습니다. 하나님은 안식일을 명령하셨습니다. "안식일을 기억하여 거룩하게 지키라 엿새 동안은 힘써 네 모든 일을 행할 것이나 일곱째 날은 네 하나님 여호와의 안식일인즉 너나 네 아들이나 네 딸이나 네 남종이나 네 여종이나 네 가축이나 네 문안에 머무는 객이라도 아무 일도 하지 말라 이는 엿새 동안에 나 여호와가 하늘과 땅과 바다와 그 가운데 모든 것을 만들고 일곱째 날에 쉬었음이라 그러므로 나 여호와가 안식일을 복되게 하여 그 날을 거룩하게 하였느니라"(출20:8-11). 이것 무시하면, 다 망가집니다.

마음의 여유와 기쁨이 있는 삶은, 하나님으로부터 말미암게 됩니다. 영어성경(NIV)은, 막6:31절에서 예수님이 이렇게 말씀하신 것으로 되어 있습니다. "come with me(나와 함께 가자)" 영적인 안식은 예수님과 함께 하는 것입니다. 예수님과 하나 되는 것입니다. 주일은 다 내려놓고, 하나님을 만나고 예배하라는 것입니다. 생명의 말씀으로 영을 깨우며 성령으로 충만 받으며 영혼의 쉼을 얻게 됩니다. 안식일은 인간의 행복을 위해, 하나님이 만들어주신 제도입니다. 인류가 여가를 즐기고 휴식을 찾게 된 것은, 오래된 문화가 아닙니다. 불과 100여전 전만 해도, 휴일을 갖는다는 것은 일부 특권층에게나 해당되었습니다. 그런데 오래 전 고대 사회부터, 이 '쉼'의 문화를 정착시킨 민족이 유대인입니다.

고대부터 유대인들처럼, 안식에 대한 철저한 개념을 가지고 있는 민족은 없습니다. 유대인들은 안식일 오전에, 회당에 나가 하나님의 말씀을 접합니다. 낮에는 낮잠을 자고, 저녁에는 가족과 대화하며, 다음날의 일상을 준비합니다. 이런 휴식을 통해 유대인들은, 지구촌에서 가장 창조적인 백성이 되었습니다. 전 세계에서 유대인은 고작 2%에 불과(1400만 명)한데, 세계를 이끌고 있습니다. 2,000년을 나라 없이 지냈지만, 여전히 건재합니다. 그들을 지켜온, 힘이 무엇일까요? "유대인들이 안식을 지킨 것이 아니라, 안식일이 유대인을 지켰습니다." 하나님께서 안식일을 지키는 유대인을 지켰습니다.

우리 삶에 꼭 필요한 것 중 하나가, 적당한 휴식입니다. 일하는 것이 하나님의 뜻이라면, 쉬는 것도 하나님의 뜻입니다. 19세기 초에 인디언들에게 복음을 전했던 브레이너드(David Brainerd) 선교사가 있습니다. 건강을 돌보지 않고 선교사역을 하다가, 몸에 무리가 와서 27세의 젊은 나이에 죽었습니다. 그는 죽으면서 이런 말을 남겼습니다. '나는 휴식도 하나님의 일인 것을 몰랐다.' 하나님은 일과 휴식이라는, 두 개의 리듬을 함께 가지고 계셨습니다. 따라서 우리 인간도, 일을 열심히 해야 하지만, 쉬기도 해야 합니다.

요즈음 많은 크리스천들과 개척교회 목회자들이 세상일과 목회로 인하여 무기력과 탈진에 빠져서 일을 하지 못하고, 목회를 쉬는 것을 볼 수가 있습니다. 생명을 잃는 것도 볼 수가 있습니다. 이것은 결코 하나님의 뜻이 아닙니다. 하나님의 말씀 안에서 쉬면서 일하여 영육의 무기력이나 침체나 탈진에 빠지는 일이 없기를 바랍니다.

**둘째, 건강할 때 건강을 지키라는 것이다.** 필자는 평소에 예방신앙을 강조합니다. 군대에서 지휘관할 때 예방활동의 중요성이 무의식에 심겨져 있기 때문입니다. 건강도 건강할 때 예방하라는 것입니다. 우리 몸은 기계와 같습니다. 건강은 건강할 때 지켜야 합니다. 건강을 잃으면 모든 것을 잃게 됩니다. 친구도 생활도 재산도 모든 것을 잃게 됩니다. 모든 삶의 근본 토대는 건강입니다. 부자가 많은 재산을 창고에 넘치도록 쌓아 놓았다 하더라도 건강하지 못하면 그림의 떡이 되고 맙니다.

아무리 많은 재능과 능력, 재산이 있더라도 건강하지 못하면 누리지 못 하게 됩니다. 몸이 약해서 보약을 먹느니 차라리 가난하더라도 건강해서 보약을 먹지 않는 것이 낫습니다. 건강 은 타고난 체질도 중요하겠지만 관리가 더욱 중요합니다. 돈을 많이 버는 것도 중요하지만 돈을 낭비 하느냐 절약을 하느냐에 따라 부자도 되고 가난한 자도 될 수 있습니다. 마찬가지로 건강도 몸을 함부로 하느냐 아니면 절제하느냐에 따라 강건해지기도 하고 허약하기도 합니다.

약한 체질이라 하더라도 과로를 피하고 과음 과식을 삼가 하면 건강한 생활을 할 수도 있습니다. 이름은 잘 기억이 안 나지만 고대의 유명한 수학자였던 사람인데 그는 체질이 허약체질이었다고 합니다. 의사는 그가 마흔 살을 살지 못하고 죽을 것이라고 단언했습니다. 이 말을 듣고 그는 수학을 연구하고 공부하는 시간 이외에는 모든 시간을 잠을 자는데 사용했습니다. 대부분의 연구도 허약한 탓으로 침상에서 드러누운 채 하는 경우가 많았다고 합니다. 이러한 노력으로 그는 80세까 지 건강을 지키며 많은 업적을 남겨 놓았다고 합니다. 만일 그가 무절제한 폭음과 과로로 자 신을 혹사시켰다면 어떻게 되었을까요? 아마 의사의 말대로 40세도 채 못 되어 죽었을 것입니다.

우리 몸은 기계와 같습니다. 무리하게 취급하면 망가지고 맙니다. 20년도 넘게 지금도 옛날의 포니 차를 타고 다니는 사람도 있습니다. 자동차의 수명은 10년이면 많이 쓰는 것이나 조심해서 타고 다니 면 20년도 쓸 수 있습니다. 반대로 아무리 새 차라도 관리를 제대로 못하면 얼마 못가 망가지고 말 것입니다. 특히 노년은 젊었을 때와는 달리 체력이 점점 떨어지고 있는 상태이기에 위험하다고 합니다. 너무 무리해서 쓰러져 다시 일어나지 못하는 사람도 이 시기에 특히 많다고 합니다.

모든 병의 원인은 과로와 스트레스에 있다고 합니다. 스트레스는 과로를 만드는 원인이 되기도 합니다. 마음속에 불안이 쌓이면 잠을 못 이루게 됩니다. 근심으로 밤을 새우거나 육체를 다른 취미 나 일로 혹사시키게 됩니다. 사람들이 일에 시달려 스트레스가 발생하는 경우도 있지만 혼자라는 불안에서 오는 경우도 있습니다. 세계적인 고산지대인 알프스 산장에 폭설이 쏟아져서 외부와 고립되어 버린 사람을 소재로 한 소설이 있습니다.

그는 쌓인 눈 때문에 문밖에 한 발짝도 나갈 수 없는 상태에 빠지게 되었습니다. 그는 알프스 산 속의 적막에서 오는 불안에 빠지게 됩니다. 그는 불안에 지친 나머지 허깨비를 보는 등 점점 정신 분열증 증세로 시달립니다.

몸도 늙어 거의 한달 남짓 사이에 백발이 되었습니다. 남들과 고립 되어 있는 외로움이 얼마나 자신의 심신에 치명적인가를 보여주는 소설입니다. 프랑스 영화 '빠삐용'이라는 영화에서 본

것인데 탈출하다 도망간 죄수에게는 다시는 도망가지 못하도록 잔인한 형벌을 줍니다.

그것은 탈출한 죄수를 독방에 가두는 것입니다. 독방에서 일년쯤 감금되면 바싹 늙어 버린 중늙은이의 모습이 되어 버립니다. 견딜 수 없는 외로움이 지속되면 그 스트레스로 순식간에 늙어버리고 정신적으로도 이상하게 되는 것입니다.

그 기간이 길면 길수록 점차 환상과 망상에 시달립니다. 고통스럽게 죽어가는 것입니다. 이러한 외로움에서 오는 불안을 떨치기 위해서는 의지할 수 있는 누군가가 절대적으로 필요합니다. 마음 편한 친구를 사귀는 것도 한 방법일 것입니다.

한자(漢字)의 사람 인(人)자의 모양을 보게 되면 두 사람이 서로 의지하는 모습입니다. '서로 의지하지 않고는 살 수 없는 것이 사람이다'라 는 뜻입니다. 어쨌든 우리는 남과 인간관계를 맺으려면 정신적이든 경제적이든 간에 남에게 도움이 되거나 도움을 받을 수 있는 사람이 필요합니다.

남의 도움을 받으려면 먼저 도움을 줄 수 있는 힘이 자신에게 있어야 합니다. 힘은 자신의 능력에서 나옵니다. 남의 힘을 빌어서 나오는 힘은 믿을 것이 못됩니다. 그것은 남에 의해서 좌우되는 것이라 변동이 많기 때문입니다. 자신의 힘의 근본은 인간관계 나 실력이 있어야 하며 그것을 갖기 위해서는 강한 의지와 의욕이 필요합니다. 능력은 사회적으로 인정받을 수 있게 됩니다. 능력은 많은 사람들에게 도움을 줄 수 있기 때문입니다. 남한테 필요한 사람이 될 때 외로움에서 오는 스트레스를 줄일 수 있습니다. 사지가 멀쩡해도 무능하다면 사회에서 필요 없는 존재가 됩니다. 그는 사람들 속에 따돌림을 받아 고립될 것입니다. 건강은 사회에 잘 적응하며 사는 것도 포함이 됩니다.

건강하게 오래 사는 것만으로 생에 무슨 의미가 있는가를 생각해 보겠습니다. 건강하게 살려고 하는 이유는 여러 가지가 있겠지만, 자신의 실력이나 업적으로 남에게 도움을 주기 위해서이기도 할 것입니다.

남에게 도움을 주는 이유는 남에게 소중한 사람으로 기억되고 싶기 때문입니다. 세상에서 가장 불행한 사람은 잊혀진 사람이라고 어느 시인은 말하지 않았습니까? 오래도록 사람들의 가슴속에 살아 있는 사람이 되려면 평소에 많은 사람들에게 도움을 남길 수 있어야 합니다. 외로 움을 벗어나기 위해서는 누군가의 가슴에 소중한 사랑을 남겨야 하지 않을까 생각해 봅니다. 남에게 도움이 되는 사람은 외로움을 벗어날 수 있을 것입니다. 건강은 건강할 때 지켜야 합니다.

규칙적인 생활을 하고 과로를 피해야 됩니다. 육체를 무분별하게 사용하지 말고 무리하디 말아야 합니다. 자신이 도움을 줄 수 있는 사람을 찾아야 합니다. 자신에게 도움을 줄 수 있는 분은 하나님이십니다. 먼저 영적으로 건강해야 한다는 말입니다. 이와 같으면 건강한 생활을 해 나갈 가능성도 많아질 것입니다.

**셋째, 영성에 관심을 가지고 관리하여야 한다**. 영혼이 건강해야 정신이 건강하고, 정신이 건강해야 육체가 건강한 것입니다. 영혼이 건강하지 않으면 정신도 육체도 건강하지 못하다는 것입니다. 하나님께서는 노력하지 않고 그냥 거저 되게 하지 않습니다. 건강한 영혼을 유지하기 위해서도 그만큼 노력이 필요합니다. 아니, 이 세상에 부모님 말고, 노력하지 않고서도 얻을 수 있는 게 있습니까? 마찬가지로 우리의 영혼을 건강하게 유지하기 위해서 많은 노력을 기울여야 하는 것이 마땅함에도, 우리는 너무나 노력 없이 신앙생활을 하고 싶어 합니다. 아니, 건강한 영혼을 유지하는 것이 중요하다는 것조차도 모르고 있는 것 같습니다. 건강할 때 건강을 지켜야 한다는 것을 알면서도, 사람들은 병원신세를 지고 나서야, 건강의 소중함을 알고 운동을 하고, 먹을 것을 가려먹기 시작합니다. 아니, 병원에 온들 어쩔 수 없는 병든 몸으로 결국 죽음을 맞는 사람들도 수없이 많이 있습니다. 우리의 영혼도 육체와 마찬가지입니다. 우리의 영혼도 건강할 때 지켜야 합니다. 어떻게 영혼의 건강을 지킬 수 있습니까?

1)정기적인 영적 진단을 받아야 합니다. 육체나 영혼이나 모두 다 건강할 때 지켜야 합니다. 주기적으로 병원에 가듯이 수련회나 특별집회 등을 통해 내 영혼의 건강을 진단해야 합니다. 1년에 한 번씩 하라는 정기진단을 바쁘다고 무시하고, 돈이 든다고 무시했다가 나중에 큰 낭패를 당하는 경우를 너무나도 많이 봅니다. 영혼의 건강도 마찬가지입니다. 영육치유와 각종 집회 등을 통해서 내 영혼의 건강상태를 점검하고, 회복하는 귀한 시간들이 꼭 필요합니다. 성령치유 집회 참석 통해서 내 영혼의 상태를 드러내고, 하나님 말씀에 순종하며 버릴 것은 버리고 예수님께로 헌신할 것은 과감하게 던지는 시간들이 우리에게 반드시

필요한 것입니다. 그래서 우리가 년 말 년 시에 개별집중치유를 두 번 한 것입니다. 시간이 들고, 돈이 들어도 정기진단을 받아야 하는 것처럼, 우리의 영혼상태도 꼭 점검되어져야 하는 것입니다.

2)규칙적인 운동을 해야 합니다. 건강을 유지하기 위해서 꾸준한 운동을 하듯이 꾸준한 예배와 신앙생활을 통해서 내 영혼을 단련해야 합니다. 영적인 건강은 당신의 신앙을 훈련하는데서 옵니다. 정말 바빠서, 운동할 시간이 없어서 운동을 하지 못하는 사람들이 너무나 많이 있습니다. 하지만 정작 건강에 이상이 있어서 병원신세를 진 사람들은 운동을 시작합니다. 그것은 시간이 없어서가 아니라, 운동을 자신의 우선순위에 넣지 않았기 때문입니다. 중요한 것을 알면서도 제쳐놓았기 때문입니다. 마찬가지로 우리의 영혼도 규칙적인 운동이 필요합니다. 규칙적인 예배를 통해서 하나님을 만나고 각종 부서와 소그룹활동과 신앙생활을 통해서 우리의 영혼을 단련해야 합니다.

바쁘다고, 시간이 없다고요? 내 삶의 가장 우선순위에 영과 진리로 드리는 예배가 있어야 할 줄 믿습니다. 건강은 영혼의 건강에서 찾아옵니다. 진정한 영육간의 위험은 우리가 영적으로 건강하지 못할 때옵니다. 우리와 주님과의 관계에서 건강하지 못하게 되면 사람들과의 관계가 깨어질 때 오는 고통을 겪게 되고 영적으로 약해질 것입니다. 탈진이 찾아올 수가 있습니다. 인간은 강철이 아닙니다. 하나님도 6일 일하시고 하루를 쉬셨습니다. 쉴 때는쉬어야 합니다. 절대로 사람은 강철이 아닙니다.

## 24장 영육을 건강하게 하는 습관을 가지라.

(렘 22:21)"네가 평안할 때에 내가 네게 말하였으나 네 말이 나는 듣지 아니하리라 하였나니 네가 어려서부터 내 목소리를 청종하지 아니함이 네 습관이라"

크리스천들이 영육의 무기력이나 침체나 탈진에 빠지는 것은 자신의 관리에 관심을 게을리 했기 때문에 당하는 것입니다. 당연하게 카리스마적인 권능이 나타나지 않는 것입니다. 영적인 일이나 영육의 건강은 관심과 습관이 중요합니다. 관심이 있어야 보이지 않은 영적인 면이 열리기 때문입니다. 영육의 건강에 관심이 있어야 영적인 습관이 됩니다. 영-혼-육이 건강한 삶을 살아가기 위하여 영적인 습관이 중요합니다. 사람은 하루에도 몇 번씩 선택을 하고 결정을 하며 살아갑니다. 무엇을 먹을까? 누구를 만날까? 무엇을 해야 하나? 어떤 길로 가야 하나? 모든 순간마다 어느 한 쪽을 선택해서 결정을 내려야 합니다. 인생 전체를 봐도 마찬가지입니다. '그때 그렇게 하지 말았어야 하 는데…' 하고 자신의 선택을 후회하기도 하고, '참 잘했다'고 만족해하기도 합니다. 로마총독 빌라도 역시 그런 순간에 처했습니다. 그는 예수님을 석방할 수 있는 권한을 가지고 있었습니다.

빌라도는 예수님이 죄가 없다는 사실도 알고 있었습니다(마 27: 23). 그런데도 군중들이 악을 쓰며 바라바를 석방하라고 소리지르자 그는 자신의 판단을 중지하고, 예수님을 십자가에 못 박으라고 내어 주었습니다. 역사상 가장 잘못된 결정을 내렸습니다.

우리가 솔로몬을 지혜의 왕이라고 하지만 그에게도 잘못된 습관이 있었습니다. 하나님의 말씀을 순종하는 것보다 눈앞에 보이는 여인들을 더 사랑하는 습관이었습니다. 그 결과 이방의 우상들이 온 나라를 뒤덮게 되었고, 나라를 분단시키는 죄를 범했습니다(왕상 11: 12). 그러므로 우리는 이 세상에 속한 넓은 길이 아니라, 주님이 원하시는 좁은 길로 들어가는 선택을 할 수 있도록 믿음과 지혜를 달라고 기도해야 합니다. 사람은 지금 눈앞에 보이는 것만을 생각하기 쉽습니다. 그런 점에서 영적인 습관을 확고하게, 또 바르게 들이는 것이 참 중요합니다.

산토끼를 잡으려고 다니는 사람들은 한 길목에 덫을 놓습니다. 처음 그 자리에서 한 마리가 잡히면 당분간 다른 토끼들이 그 길로 다니지 않습니다. 그런데 얼마 정도 시일이 지나면 토끼들은 습관적으로 다시 그 길로 다니게 됩니다. 그래서 금방 다시 덫에 걸려 죽습니다. 그래서 습관이 중요합니다. 영적으로 좀 힘들고 어려운 것처럼 보여도 예수님 쪽으로 방향을 틀어놓고 살아야 합니다. 처음 믿을 때부터 '먼저 하나님의 나라와 그 의를 구하는' 훈련을 받고, 그대로 삶의 습관이 되도록 노력하시기 바랍니다. 하나님께서는 그 나머지, 우리 인생에 필요한 것을 다 더하여 주십니다.

**첫째, 기도하는 습관이 되어야 한다**. 성령으로 기도하는 것이 습관이 되지 않으면 영-혼-육의 건강은 생각하지 말아야 합니다. 적지 않은 크리스천들이 한 때는 기도를 열심히 하며 살았지만 지금은 기도를 하지 않고 있다는 것입니다. 그 이유는 여러 가지일 것입니다. 그러나 가장 큰 이유는, 일상의 삶에서 스스로 기도하는 습관을 들이지 않았기 때문입니다. "예수께서 나가사 습관을 따라 감람산에 가시매 제자들도 따라갔더니"(눅22:39). "새벽 아직도 밝기 전에 예수께서 일어나 나가 한적한 곳으로 가사 거기서 기도하시더니"(막1:35).

기도의 습관을 들이신 대표적인 분이 바로 예수님이십니다. 예수님은 기도의 습관을 들여서 틈만 나면 사람들을 피해 한적한 곳에 가서 기도하셨습니다. 예수님은 거처할 장소 가 없이 광야에서 쉬기도 하시고 기도도 하셨습니다. 그런데 기도할 곳이 없어 기도를 못한다거나, 기도할 시간이 없어 기도하지 못한다고 변명을 하는 게 말이 되겠습니까? 예수님 주변에는 항상 수많은 사람들이 따라다녔기에, 혼자 있을 시간과 조용한 장소도 찾기 어려우셨기 때문입니다.

규칙적으로 기도하는 습관을 들이지 못한 이유는 의지가 약한 탓만은 아닙니다. 많은 이들이 새벽기도회에 나가고 있지만, 특정장소에서 기도하는 습관은 좋은 습관이 아닙니다. 쉬지 않고 기도하는 습관은 특정한 장소에서 할 수 없습니다. 방해받지 않은 장소이면서 가장 많은 시간을 보내는 곳이 바로 자신의 집입니다. 그러므로 자신의 집에서 기도하는 습관을 들여야 합니다. 그러나 우리네 교회에서는 교회중심의 신앙생활을 강조하기 때문에, 기도조차도 교회에 나와야한다고 가르치고 있습니다. 이런 나쁜 가르침 때문에 쉬지 않고 기도하는 습관을 들이지 못하고 있습니다.

또한 기도하는 내용도 성경적이 아니기 때문에 하나님과 동행하는 삶을 누리지 못하고 있습니다. 기도란 하나님으로부터 무엇을 뜯어내는 수단이 아니라, 그분과 깊고 친밀하게 교제하는 통로입니다. 그러므로 하나님이 기장 기뻐하시는 기도는 무시로 하나님의 이름을 부르고 간절히 찾아야합니다. 그런 기도를 일상의 삶에서 쉬지 않고 하는 습관을 들이는 것이 성경적인 기도입니다.

이처럼 많은 이들이 기도의 습관을 들이지 못하는 이유는 성경적인 기도가 아니기 때문입니다. 하나님이 기뻐하시는 기도를 하였다면, 놀라운 능력과 기도응답은 물론 평안과 기쁨이 넘쳐나는 은혜를 경험하기 때문에 다시는 놓치고 싶지 않을 것입니다. 그러나 자기만족과 자기의 의를 드러내는 기도습관뿐이라면, 기도가 아니라 고단하고 팍팍한 노동일 수밖에 없습니다. 그래서 시간이 지나면 슬그머니 꼬리를 내리는 것입니다.

한 때는 능력 있는 기도로서 하나님의 은혜를 경험하고 성령충만한 기쁨을 누렸던 사람들이 기도를 쉬고 있는 이유는, 성령과 깊고 친밀한 기도의 습관을 들이지 않았기 때문입니다. 기도를 쉬는 것은 영혼이 죽어있다는 증거입니다. 영혼이 죽어있기 때문에 기쁨과 평안을 잃고 고단하고 팍팍하게 살아가고 있습니다. 이들의 종착역은 지옥의 불길입니다. 그렇기에 세상에서 가장 불쌍한 사람이, 신앙생활을 열심히 하고 기도도 열정적으로 하였지만 하나님으로부터 버림받은 사람일 것입니다. 그 사람이 바로 성령과 교제하는 기도의 습관을 들이지 못한 사람입니다. 이런 사람이 영-혼-육이 건강할 이유가 없습니다. 건강은 영혼에서 시작이 되기 때문입니다.

**둘째, 예배드리는 습관이다**. 예배의 습관은 하나님의 은혜를 얻는 거룩한 습관입니다. 예배하는 습관은 아주 좋은 거룩한 습관입니다. 습관이라는 말이 부정적으로도 쓰이기 때문에 기도하는 습관 예배하는 습관이라고 말하면 오해의 소지가 있어 보입니다. 그러나 습관적인 기도와 기도의 습관은 다릅니다. 마찬가지로 습관적인 예배와 예배의 습관은 다릅니다. '습관적인'이라는 말은 기도와 예배를 습관적으로 의미 없이 한다는 부정적인 의미가 있지만, '습관'은 기도와 예배를 늘 한다는 긍정적인 의미가 있습니다. 예배의 습관은 깊은 체험을 얻게 합니다. 하나님의 강복을 받습니다.

1) **아브라함은 이사할 때마다 '예배드리는' 거룩한 습관이 있었습니다**. 삶의 장막을 옮길 때마다, 자신의 삶의 근거지를 옮길 때마다, 하나님께 번제를 드렸습니다. 창세기 12장 7~9절에 보면 "여호와께서 아브람에게 나타나 이르시되 내가 이 땅을 네 자손에게 주리라 하신지라 자기에게 나타나신 여호와께 그가 그 곳에서 제단을 쌓고, 거기서 벧엘 동쪽 산으로 옮겨 장막을 치니 서쪽은 벧엘이요 동쪽은 아이라 그가 그 곳에서 여호와께 제단을 쌓고 여호와의 이름을 부르더니, 점점 남방으로 옮겨갔더라." 아브라함과 같이 예배드리는 것이 습관이 된 성도는 영-혼-육이 건강하지 말라고 해도 건강한 성도입니다. 우리는 어려서부터

예배드리는 것이 습관이 되게 해야 합니다.

2) **엘가나와 한나는해 마다 실로에 올라가서 하나님께 '예배하며 제사하는' 거룩한 습관이 있었습니다.** 이들은 사무엘을 얻었습니다. 사무엘의 부모들은 임신을 하지 못해서 슬픔에 가득 차 있으면서도 해가 바뀌면 하나님께 예배하고 제사하였습니다. 사무엘상 1장 1-3절에 이렇게 말씀하고 있습니다. "에브라임 산지 라마다임소빔에 에브라임 사람 엘가나라 하는 사람이 있었으니 그는 여로함의 아들이요 엘리후의 손자요 도후의 증손이요 숩의 현손이더라. 그에게 두 아내가 있었으니 한 사람의 이름은 한나요, 한 사람의 이름은 브닌나라, 브닌나에게는 자식이 있고 한나에게는 자식이 없었더라. 이 사람이 매년 자기 성읍에서 나와서 실로에 올라가서 만군의 여호와께 예배하며 제사를 드렸는데 엘리의 두 아들 홉니와 비느하스가 여호와의 제사장으로 거기에 있었더라."

예배드리는 습관이 참으로 중요합니다. 예배를 통하여 하나님의 은혜를 받아 영-혼-육의 건강을 유지할 수가 있기 때문입니다. 예배를 통하여 모든 것을 채울 수가 있습니다. 영적인 것을 잘 몰라서 예배를 등한히 하는 것입니다. 영적인 진수를 아는 성도는 절대로 예배를 등한히 하지 않습니다. 우리 충만한 교회 성도들은 예배에 빠지지 않습니다. 예배를 통하여 자신의 부족한 모든 것을 채움 받기 때문입니다. 체험을 했기 때문에 예배드리는 습관이 된 것입니다.  예배를 통하여 영-혼-육의 양식을 공급받아 풍성하고 건강하게 지낼 수가 있는 것입니다. 성도는 주일 예배를 통하여 한 주간 동안 세상을 살아갈 수 있는 하늘의 양식을 공급받는 것입니다.

**셋째, 말씀을 묵상하는 습관이 중요하다**. 예수 믿었으면 복 받은 것입니다. 그런데, 복은 열매를 맺는 것이랍니다. 잎사귀는 늘어나는데, 열매가 없으면 그것은 제대로 되는 것 아닙니다. 껍데기만 있는 것 아닙니다. 복 있는 사람은 말입니다. 그렇다면 복 있는 사람은 어떻게 사는 사람입니까? '오직 여호와의 율법을 즐거워하여 주야로 그것을 묵상하는 자로다.' 오직은 반드시 그것을 지나가야 한다는 것입니다. 바로 하나님의 말씀을 묵상하는 삶입니다.

내재화된 가치관만이 사람을 변화시킵니다. 말 안 듣는 애들은요. 야단치고 나면 2,3일은 통합니다. 하지만, 그 이후에는 안 됩니다. 그것이 내재화되지 않았기 때문입니다. 그것을 계속 반복하면 가능합니다. 젊은이들이 군대에 가면 아침에 6시에 기상하려면 정말 힘이 듭니다. 처음에는 죽을 것 같은데, 나중에는 가능합니다. 몸에 배어버립니다. 더 이상 고참병들이 몽둥이를 들지 않아도 자연스럽게 됩니다. 그런데 어떻습니까? 제대하고 한 달 정도 지나고 나면, 다른 가치관이 내재화되기 시작합니다. 그러면 이제는 6시에 일어나지 않습니다.

내재화 되면 힘이 생기기 시작합니다. 내 속에서 영적인 삶의 힘이 일어납니다. 그리고 주위에 있는 사람에게서 이야기가 들립니다. '말에 힘이 있다. 교회 가고 싶다.'그런 말들이 들리기 시작합니다. 핵심은 진리를 내면화 시키는 것입니다. 그것을 통해서 변화되는 것입니다. 설교 한편 읽고 나면 묵상해야 됩니다.

공부할 때도 마찬가지입니다. 진도 나가고 나서 그대로 덮어버리면 아무것도 남지 않습니다. 그런데 그것을 다시 한 번 돌아봐야 됩니다. 그렇게 되면 안 까먹습니다.

어떻게 마르지 않는 나무가 가능합니까? 마르지 않는 샘물, 시냇가에 뿌리를 내려야 나무가 안 마르지요. 물이 없으면 마를 수밖에 없잖아요. 그 마르지 않는 시냇가가 어디입니까? 바로 하나님의 말씀입니다.

부자가 아니어도 풍성한 삶이 있는데, 부자이어도 풍성한 삶이 없을 수 있습니다. 돈 많은 사람이 왜 바람 피우고, 자살합니까? 말씀의 은혜가 말라버린 겁니다. 무엇으로 자신의 공간을 채워야 하는지를 몰라요. 그러니까 바람도 피워보고, 술도 먹어보고, 쇼핑도 해보고 그러는데도 풍성함이 없어요. 말씀이 내 안에 말라버렸기 때문입니다.

내 안에 말씀이 올 때, 삶이 풍성해 지는 것입니다. 만약 목사인 제가 말씀을 매일 묵상하여 풍성해지지 않으면 목사직이 돈벌이밖에 되지 않습니다. 얼마나 누추해 지겠어요? 다른 것으로 채워지지 않으니까 엉뚱한 것으로 자꾸 채우려고 하는 것입니다. 절대로 채워지지 않습니다. 어떻게 해야 된다고요? 말씀으로 뿌리를 내려야 합니다.

시냇가에 심기 워야 합니다. 물과 자양분을 잘 얻도록 그 근처에 있어야 합니다. 우리는 주일 설교를 듣고, 수요일에 똑 같은 설교 안합니다. 다른 설교를 합니다. 성도들은 설교를 듣고 되새

김해야 합니다. 매일매일 이것을 해야 합니다. 이것을 소홀히 하면 안 됩니다. 믿음이 안자랍니다. 형식을 갖추라는 이야기가 아닙니다. 붙들고 씨름을 해야 합니다. 내 안에 맺힐 때가지 해야 합니다. 그때 능력이 나타납니다.

묵상하는 삶은 정상적인 그리스도인의 삶입니다. 묵상을 통해서만 내가 깨달은 가치를 내면화 시킬 수 있다고 했습니다. 도덕률도 윤리도 절대로 내 것이 되지 않습니다. 아무리 좋은 말씀을 들어도 변화되지 않습니다. 내 안에 내재화 될 때만 변화가 됩니다. 또 묵상하는 삶은 풍성한 삶이라고 했죠? 시냇가에서 자양분을 당기지 않기 때문에 풍성함이 없다고 했습니다. 말씀이 뿌리를 통해 들어와서 내 안에 자리를 잡으면 열매를 맺게 되는 것입니다.

묵상하지 않으면 영이 죽습니다. 영이 죽으면 영-혼-육에 문제가 생기기 시작을 합니다. 그래서 '말씀이 없이는 아침이 없다.'라는 말을 믿음의 선진들이 강조했습니다. 성경 묵상도 안하고, 담대하게 식사하시는 분들…. 묵상하는 삶은 정상적인 삶입니다. 우리가 밥을 먹는 것을 보고 위대한 삶이라고 하지 않습니다. 말씀 묵상하는 것 정상적입니다. 모든 그리스도인들은 말씀을 묵상해야 합니다. 그것이 없으니까 믿음의 증거가 나타나야 합니다.

**넷째, 영적건강 상태의 검진을 습관화하라**. 우루과이의 한 작은 성당의 벽에는 아래처럼 변형된 주기도문이 써 있다고 합니다. "하늘에 계신"이라고 하지 말아라. 세상일에만 빠져 있으면서 "우리"라고 하지 말아라. 너 혼자만 생각하며 살아가면서 "아버지"라고 하지 말아라! 아들, 딸로서 살지 않으면서 "아버지의 이름이 거룩히 빛나시며"라고 하지 말아라. 자기 이름을 빛내기 위해서 안간 힘을 쓰면서 "아버지의 나라가 오시며"라고 하지 말아라. 물질만능의 나라를 원하면서 "아버지의 뜻이 하늘에서와 같이 땅에서도 이루어지소서"라고 하지 말아라. 네 뜻대로 되기를 원하면서 "오늘 저희에게 일용할 양식을 주시고"라고 하지 말아라. 가난한 이들을 본체만체 하면서 "저희에게 잘못한 이를 저희가 용서하오니 저희 죄를 용서하시고"라고 하지 말아라. 누구에겐가 아직도 원한을 품고 있으면서 "저희를 유혹에 빠지지 않게 하시고"라고 하지 말아라. 죄 지을 기회를 찾아다니면서 "악에서 구하소서"라고 하지 말아라. 악을 보고도 아무런 양심의 소리를 듣지 않으면서 "아멘"이라고 하지 말아라. 주님의 기도를 진정 자신의 기도로 바치지 않으면서…. 왜 이런 주기도문을 써 놓았을까요? 이시대의 올바르지 못한 기독교인들에게 핀잔을 주는 것임을 누구나 바로 알 수가 있는 것입니다. 우리는 어떠한 그리스도인인가 종종 자신을 점검해야 합니다. 주기도문의 내용대로 제대로 살아가는 올바른 기독교인인지, 아니면 제대로 살지 못해 핀잔을 받아야 마땅한 기독교인인지….

필자는 참으로 안타까운 전화를 많이 받습니다. 목사님! 저희 어머니는 젊었을 때 노방전도도 열심히 하셨고, 교회에서 기도도 봉사도 열심히 하셨습니다. 그런데 갱년 기에 들어서니 점점 영적인 상태가 좋지 못하시다가 지금 치매가 와서 요양원에 계십니다. 목사님! 저의 어머니를 치유할 수 있을 까요? 다른 사정은 우리 딸이 어려서부터 믿음이 좋아서 교회를 그렇게 잘 다녔습니다. 그런데 고등학교에 들어가더니 시름시름 아프다가 지금 영적이고 정신적인 문제가 발생하여 학교를 다니지 못합니다. 어찌해야 하겠습니까? 모두가 정기적인 영적검진을 받지 않아 생긴 일입니다. 영적검진을 받았으면 사전에 예방이 가능한 질병입니다. 예방신앙이 정말로 중요합니다.

어느 날 유치원생 딸아이가 샤워하다가 자기의 움푹한 배꼽을 콕콕 찍어보며 고개를 갸우뚱하다가 엄마에게 물었답니다. '엄마, 배꼽은 왜 있는 거예요?' 가만히 아이를 내려다보던 엄마 왈! '응 그건 말이지. 하나님이 사람을 만들어놓고 익었나? 안 익었나? 젓가락으로 찔러 보신표시란다.' 고 했답니다.

우리의 믿음도 젓가락으로 푹 찔러 보아야 합니다. 익은 믿음인지, 안 익은 믿음인지…. 성령의 인도를 받고 있는 상태인지, 아닌지…. 그것이 자신의 믿음을 시험해서 확증하는 것입니다. 필자가 몇 년 전에 평생 한 번도 해보지 못한 종합건강검진이라는 것을 자의 반, 타의 반 하게 되었습니다. 그러면서 종합검진이 적게는 이 십 만원에서 많게는 수백 만 원이 든다는 것을 알게 되었습니다. 비싼 이유는 더 정밀하게 검진할수록 비용이 많이 드는 것이기 때문입니다. 비용이 부족해 가장 싼 기초건강검진을 하였지만, 눈에 보이지 않는 병을 찾기 위해 엑스레이를 찍고, 초음파를 하고, 약물까지 투여하여 속을 살피고, 피를 뽑고 혈압도 재고, 키와 몸무게도 재고, 그 과정들을 지나면서 영적 건강도 검사를 받아 보아야겠다고 생각하게 되었습니다.

그래서 우리 충만한 교회는 매주 주일날 영적검진을 합니다. 필자는 영적검진을 아주 중요하게 생각하기 때문에 주일날 성령으로 충만한 상태에서 필자가 일일이 안수하면서 영적상태를 점검합니다. 그래서 영육의 문제를 사전에 발견하여 치유 받도록 합니다. 그래서 성도는 주일날이 아주 중요한 것입니다.

우리의 믿음도 정기적으로 건강검진을 하듯 검진을 해야 하는 것입니다. 익었는지, 안 익었는지 찔러보는 젓가락은 곧 말씀과 성령으로 검진하는 것입니다. 성경은 하나님의 온전하고 기뻐하는 뜻을 찾아 뜻대로 살기를 요구합니다. 그런데 많은 사람들이 그 뜻을 대충 짐작은 하지만, 정밀검사를 하듯 정밀하게 그 뜻을 살펴야 하는 것입니다. 그런데 성도 들 중에는 다른 사람들에 대하여는 하나님의 뜻대로 사는 일에 관심이 많지만, 정작 자신은 뜻대로 사는지 점검하지 않고 있는 것을 봅니다.

고후13:5에는 “너희는 믿음 안에 있는가. 너희 자신을 시험하고 너희 자신을 확증하라 예수 그리스도께서 너희 안에 계신 줄을 너희가 스스로 알지 못하느냐 그렇지 않으면 너희는 버림받은 자니라.”라고 말씀 하고 계십니다. 믿음 안에 있는가? 영적검진을 받아야 할 사람은 다른 사람이 아닌 각자 자신인 것입니다.

영적 건강 검진을 받아야 할 사람은 “나” 자신인 것입니다. 뜻대로 사는가를 살펴야 할 것은 다른 사람이 아닌 바로 나 자신인 것입니다. 간혹 그런 사람들이 있습니다. 다른 사람들의 건강 검진을 받는 일에는 꼭 해야 한다고 하면서…. 정작 자신은 병원에 가기 싫어서, 또는 병이 있다는 진단을 받을 까 무서워서 건강검진을 안하는 사람들입니다. 영적인 건강 검진은 다른 사람이 받아야 하는 것이 아니고, 우리 각자 자신이 받아야 하는 것입니다.

그래서 고후13;5에는 너희라는 말이 자그마치 여섯 번이나 있는 것입니다. 오늘날 많은 성도들이 다른 사람들의 신앙에 대하여는 많은 이야기를 하지만 자신의 신앙에 대하여는 말하지 않습니다. 그리고 자신의 신앙에는 둔하고 심지어는 잘못 진단하는 경우가 많습니다. 라오디게아 목회자는 자기를 스스로 진단하기를 "나는 부자라 부요하여 부족한 것이 없다."고 하였지만, 주님은, "네 곤고한 것과 가련한 것과 가난한 것과 눈 먼 것과 벌거벗은 것을 알지 못하도다."고 하셨습니다. 우리의 진단과 주님의 진단이 다르다는 것입니다. 육신의 몸이 건강해야 자유로운 것처럼, 영적으로 건강해야 하나님이 우리를 자유롭게 사용하시고 그 안에 거하실 것입니다. 미리미리 검사하여 병을 예방하고, 병이 나도 초기에 발견하면 쉽게 치유되는 것처럼, 영적 건강검진도 미리미리 검진하여 영적인 병을 막아야 합니다.

육체의 건강을 위해서는 운동을 해야 합니다. 건강식품이나 식이요법 등을 통해 몸을 관리할 수도 있지만, 반드시 운동을 해야 합니다. 꾸준히 운동을 하면서 살아야 하는 것처럼, 영적인 운동도 꾸준히 해야 되는 것입니다. 성경은 "너희 몸은 너희가 하나님께로부터 받은바 너희 가운데 계신 성령의 전인 줄을 알지 못하느냐. 너희는 너희의 것이 아니라 값으로 산 것이 되었으니 그런즉 너희 몸으로 하나님께 영광을 돌리라.(고전 6:16-10)"라고 하십니다.

# 25장 영적인 믿음생활을 하려고 하라.

(롬8:14)"무릇 하나님의 영으로 인도함을 받는 사람은 곧 하나님의 아들이라"

카리스마적인 권능을 나타내어 하나님께 쓰임을 받으려면 믿음생활을 영적으로 해야 합니다. 영육의 눌림이나 침체나 무기력이나 탈진에서 자유 함을 누리면서 살아가려면 영적인 믿음생활이 몸에 배어야 합니다. 자신 안에 하나님의 나라가 되어야 하기 때문입니다. 걸어 다니는 성전이 되어 항상 하나님과 친밀한 관계가 되어야 하기 때문입니다. 인간은 영이 혼 즉 마음으로 더불어 육체 속에 살도록 하나님께서 지었습니다. 인간의 영은 하나님과 함께 거하며 하나님과 동행하고 하나님의 모든 계시를 받았습니다. 인간은 그 영을 통하여 혼을 지배하고, 그 혼을 통해서 지성과 감정과 뜻을 펴며, 인격적인 활동을 하고, 또 육체의 감각을 통하여 물질적인 세계와 접촉하고 삽니다. 그러므로 사람 자체는 영입니다. 하나님은 영이시라고 말했습니다. 우리는 하나님의 형상과 모양대로 지음 받았기 때문에 우리는 영입니다. 영이 마음 즉 혼을 통해서 인격적인 활동을 하고 육체를 통해서 세계와 사물과 접촉하며, 또 세계와 사물을 다스리면서 살아가는 것입니다.

그러나 인간이 하나님을 반역한 이후로 그 영이 하나님께로부터 단절되고 하나님의 계시를 받지 못하게 되자, 인간은 앞날을 알 수 없고 갈팡질팡하게 되었고 이제 하나님의 도움을 받지 못함으로 인간은 오직 혼과 육체를 의지하고 살게 되었습니다. 그러므로 자연적으로 인간은 하나님을 잃어버리고 인간 중심이 되는 인본주의자가 되고 오직 혼과 육으로만 살게 되었고 타락하게 되었습니다. 타락한 인간은 오직 혼으로 살고 육체의 노예가 되어 죄의 종으로 살아왔습니다. 그런데 이제 예수께서 오셔서 십자가에 못박혀 몸찢고 피를 흘려 죽으심으로 우리 죄를 사하고 하나님과 우리 사이를 화목케 함으로 우리 영이 살아났습니다. 하나님과 함께 교제하게 되고 하나님과 함께 거하게 되고 하나님의 성령이 우리 영속에 들어와 하나님의 계시를 받고 은혜 속에 살게 된 것입니다. 그러므로 주를 믿는 사람은 이제 반드시 영으로 살아야 됩니다. 마음과 육체를 영의 지배하에 두어야만 하는 것입니다. 그러면 이와 같이 우리가 영적인 사람이 되었은즉, 이제 혼으로 살지 아니하고 육체로 살지 아니하고 영의 새로운 것으로 우리는 살아야 되는 것입니다.

**첫째, 영으로 육체를 지배하는 삶을 사는 것입니다.** 우리가 혼으로 살 때, 육체를 통해서 살 때의 생각을 벗어나서 이제 영의 새로운 생각을 갖고 살아야 되는 것입니다. 영의 새로운 의식이란 뭐냐? 영이 육체를 지배하는 삶을 말합니다. 육체는 영의 지배를 받아야 삶에서 천국을 누릴 수가 있습니다. 예수 그리스도의 십자가의 희생과, 우리 마음속에 하늘나라가 임하여 계셔서 하늘나라의 법칙으로 우리는 살아간다는 것을 깨달아 알아야 되는 것입니다. 우리가 예수 그리스도를 믿어서 천국이 우리 마음 속에 들어오면 우리는 영의 새로운 의식을 가져야 되는데 그 영의 새로운 의식이란 바로 예수 그리스도의 십자가 보혈을 통해서 하나님이 이루게 해주신 하늘나라 의식인 것입니다. 예수님은 십자가를 통하여 우리의 일생의 죄악을 청산하시고 믿음으로 말미암아 용서받은 의인들이 되게 만들어 주신 것입니다. 하나님의 사랑 받는 자가 되었다는 것을 알고 용서받은 의인이라는 영적인 새로운 의식을 가져야 되는 것입니다.

그리고 예수 그리스도의 십자가 보혈을 통하여 하나님과 화해했음으로 하나님의 성령이 충만히 나와 같이 거하시고, 나는 24시간 성령님과 함께 산다는 의식을 가져야 되는 것입니다. 고아와 같이 버림받지 아니하고 인간의 수단과 방법으로 사는 것이 아니라, 나와 같이 계신 성령께서 나를 돕는 자가 되어서 항상 나를 붙들어 주시고 이끌어 주심으로 성령이 함께 계신 것을 늘 의식하고 성령님을 인정하고 환영하고 모셔 들이고 의지하는 성령 충만 의식을 가지고 우리는 살아야만 하는 것입니다.

또한 우리들은 치료와 건강의식을 가지고 살아야 됩니다. 옛날에는 육체가 영을 지배하여 늘 병들고 고통당하고 그것에 대한 두려움으로 살았는데, 우리는 예수 그리스도의 십자가 보혈을 통하여 육체가 영의 지배를 받아 치료받고 건강을 얻었다는 영적 의식을 가져야 되는 것입니다. 저가 우리 연약한 것을 친히 담당하시고 병을 짊어지고 가셨다고 말씀했으며 저가 채찍에 맞음으로 너희가 나음을 입었다고 말했었습니다. 이러므로 영의 새로운 의식은 십자가를 통하여 우리들은 병을 벗어나고 우리는 모든 고통에서 해방을 얻었다. 그리스도가 나의 치료가 되었다는 영의 새로운 의식 속에 살아야 되는 것입니다.

그리고 우리는 저주에서 해방과 아브라함의 축복의식을 가지고 늘 살아야 됩니다. "우리의 저주는 예수님이 십자가에 걸머지고 청산했음으로 우리의 삶의 저주와 가시와 엉겅퀴는 다 청산되어 버리고 예수로 말미암아 아브라함의 복을 받고 사는 사람이다. 나는 그러므로 복 받은 사람이다"는 영의 새로운 의식을 가지고 살아야 됩니다. 언제나 좌절되고 부정적이고 낭패와 실망의식으로 꽉 들어차고 무능력의식으로 들어차고 나는 못한다, 안 된다, 할 수 없다는 이와 같은 부정적인 의식에서 해방되어야 되는 것입니다.

**둘째, 성령으로 충만한 믿음으로 인생을 사는 것입니다**. 영의 새로운 생활방식이란 우리가 이제 믿음으로 말미암아 인생을 살아갑니다. 우리는 보는 것으로 살지 아니하고, 듣는 것으로 살지 아니하고, 감각하는 것으로 살지 않고, 우리는 믿음으로 말미암아 사는 것입니다. 영의 새로운 생활방식이란 하나님이 우리에게 주신 은혜를 우리가 믿음으로 받아들이고 믿음으로 삽니다. 그리고 하나님의 약속의 말씀을 깊이 믿습니다. 베드로후서 1장 4절에 "이로써 그 보배롭고 지극히 큰 약속을 우리에게 주사 이 약속으로 말미암아 너희로 정욕을 인하여 세상에서 썩어질 것을 피하여 신의 성품에 참예하는 자가 되게 하려 하셨으니"라고 말씀한 것입니다.

이러므로 하나님의 약속의 말씀을 우리는 절대로 믿습니다. 우리의 감각에 위배될지라도 우리의 생각에 위배된다고 생각할지라도 하나님의 말씀은 살았고 운동력이 있어 좌우에 날선 어떤 검보다 예리하여 혼과, 영과 및 관절과 골수를 쪼갭니다. 하나님의 말씀은 저 하늘이 무너지고 이 땅이 꺼져도 일점일획도 변치 않는다고 말씀하셨습니다. 하나님은 말씀으로 천지를 지으시고 천지를 붙잡고 운영하고 계십니다. 이러므로 영의 새로운 생활방식이란 우리가 창세기부터 계시록까지 말씀을 읽고 묵상하고 그 말씀을 마음속에 깊이 믿고 말씀에 서서 우리는 살아나가는 것입니다.

그리고 우리가 믿음으로 산다는 것은 하나님은 죽은 자를 살리시며 없는 것을 있는 것같이 부르시는 하나님이기 때문에 기적을 믿습니다. 죽은 자를 살리는 것은 기적인 것입니다. 우리의 삶 속에 하나님이 함께 계셔서 기적을 베풀어주실 것을 우리는 믿습니다. 그리고 없는 것을 있는 것 같이 부르신 하나님이기 때문에 우리의 현재 환경에 좌우되지 않습니다. 눈에는 아무 증거 안보이고 귀에는 아무 소리 안 들리고 손에는 잡히는 것 없어도 하나님의 말씀과 하나님의 언약이 우리 마음속에 주어지면 우리는 그 약속을 굳세게 믿고 조금도 흔들리지 않고 나가는 삶을 사는 것입니다.

그뿐 아니라 우리는 이 땅에서 천국을 누리다가 영원한 천국이 있습니다. 이 세상을 하직하면 저 건너편에 하늘나라가 있는 것을 당연히 믿습니다. 그렇기 때문에 육신이 죽는 것을 두려워하지 않습니다. 때가 이르러 우리가 육신의 장막 집을 벗어버리면 손으로 짓지 아니한 영원한 집이 우리에게 있는 줄 확실히 믿습니다. 그러므로 우리의 모든 생활방식은 믿음으로 시작해서 믿음으로 끝냅니다. 우리는 믿음으로 살고 우리의 눈으로 보는 것으로 살지 않습니다. 이것이 영의 새로운 생활방식인 것입니다.

또 영의 새로운 생활 방식은 소망의 생활방식인 것입니다. 우리는 절대로 소망을 져버리면 안 됩니다. 예수 믿는 사람이 절망해서 좌절하거나, 그렇지 않으면 자살하거나 하는 것은 중대한 범죄입니다. 왜냐하면 우리는 궁극적인 소망을 가지고 있습니다. 이것은 우리가 세상을 떠나더라도 영원한 천국이 기다리고 있는 것입니다. 이 땅의 천국보다 훨씬 더 좋은 영원한 천국이 우리에게 약속되어 있기 때문에 우리는 끝없는 소망을 마음속에 가지고 있습니다. 베드로전서 1장 3절로 4절에 "찬송하리로다. 우리 주 예수 그리스도의 아버지 하나님이 그 많으신 긍휼대로 예수 그리스도의 죽은 자 가운데서 부활하심으로 말미암아 우리를 거듭나게 하사 산 소망이 있게 하시며 썩지 않고 더럽지 않고 쇠하지 아니하는 기업을 잇게 하시나니 곧 너희를 위하여 하늘에 간직하신 것이라"말한 것입니다.

이러므로 우리는 소망의 사람들이기 때문에 언제나 소망의 생활방식을 가져야 되는 것입니다. 우리의 현실적인 생활에도 하나님께서 우리의 현실의 삶을 다스린다는 것을 우리가 마음속에 깊이 알아야 되는 것입니다. 시편 145편 13절에 보면 "주의 나라는 영원한 나라이니 주의 통치는 대대에 이르리이다" 주께서 우리를 통치하시며 하나님이 우리를 다스려 주시기 때문에 우리는 영원한 소망을 가집니다. 현재는 어떠한 어려움이 다가와도 결국 하늘에 계신 하나님이 모든 것을 다스리고 계신다는 것을 알고 희망을 져 버리지 말아야만 되는 것입니다. 로마서 8장 28절에 "우리가 알거니와 하나님을 사랑하는 자 곧 그 뜻대로 부르심을 입은 자들에게는 모든 것이 합력하여 선을 이루느니라"고 말한 것입니다.

좋은 일과 나쁜 일, 슬픈 일과 기쁜 일, 잘 되는 일과 잘 안 되는 일, 이런 것을 다 합쳐서 종국에는 하나님께서 선하게 만든다고 말씀하셨음으로 우리는 그러기 때문에 종국적인 소망을 저버려서는 안 되는 것입니다. 성경에는 하나님은 좋으신 하나님이라고 말씀했습니다. 도적이 오는 것은 도적질하고 죽이고 멸망시키는 것뿐이요, 인자가 온 것은 양으로 생명을 얻되 더 풍성히 얻게 하려 왔다고 예수님 말씀했습니다. 다윗은 "하나님은 나의 목자시니 내게 부족함이 없다"고 말한 것입니다. "사랑하는 자여 네 영혼이 잘됨같이 네가 범사에 잘되며 강건하기를 간구한다"고 하나님이 말씀하고 있는 것입니다. 하나님은 좋은 하나님인 것입니다. 좋은 하나님을 모시고 있음으로 우리의 마음속에 좋은 소망이 넘쳐나지 아니할 수가 없습니다. 그러므로 영의 새로운 것으로 섬기는 우리들은 이제 소망의 생활방식을 가지고 언제나 마음을 긍정적으로 생각해야 됩니다. 프러스로 생각해야 됩니다. 좋은 일이 일어날 것을 기대하고 소망을 가져야 되는 것입니다.

그다음 사랑의 방식으로 살아야 되는 것입니다. 여기에 사랑이란 아가페 사랑인 것입니다. 요한복음 13장 34절에 "새 계명을 너희에게 주노니 서로 사랑하라 내가 너희를 사랑한 것같이 너희도 서로 사랑하라"고 말한 것입니다. 우리가 예수 그리스도 안에서 새로운 것으로 살기 위해서는 영의 새로운 것의 최첨단인 사랑의 방식을 가지고 살아야 되는 것입니다. 사랑은 내가 십자가를 짊어지는 사랑인 것입니다. 가정에서도 내가 그리스도의 사랑의 방식으로 사는 것은 남편이 먼저 가족의 모든 십자가를 앞서 걸머집니다. 아내가 십자가를 걸머집니다. 자녀가 십자가를 걸머집니다. 어려움을 내가 먼저 담당하고 다른 사람에게 도움을 베푸는 이것이 바로 사랑인 것입니다. 우리가 사랑의 생활을 한다는 것은 내가 다른 사람에게 무슨 도움을 받을까를 기대하는 것이 아니라, 내가 다른 사람에게 무슨 도움을 베풀 수 있을까? 수고하고 무거운 짐을 내가 걸머지고 다른 사람에게 쉼을 주고 자유를 주고 기쁨을 줄 수 있을까? 이것을 생각하는 것이 바로 사랑의 생활양식인 것입니다. 사랑이라는 것은 베푸는 것이지 사랑은 언제나 내게 주시옵소서 내게 주시옵소서 하는 이기주의적인 탕자적인 요구가 아닌 것입니다.

**셋째, 영이 이성을 장악한 새로운 정서를 가지고 살아야 하는 것입니다.** 영의 새로운 정서란 영의 새로운 감정의 생활인 것입니다. 영으로 이성이 지배당한 삶입니다. 성경에는 "항상 기뻐하라 쉬지 말고 기도하라 범사에 감사하라"고 말했습니다. 예수 믿고 거듭난 사람은 영의 새로운 것으로 섬기기 위해서는 항상 기뻐하면서 살아야 하는 것입니다. 오늘날 이 의학계에서는 이제 사람의 생각은 곧 물질로 하여 몸에 나타난다고 말한 것입니다. 사람들은 생각하기를 아! 우리 생각은 추상적인 것인데 그저 생각했을 뿐이지 뭐! 무슨 관계가 있느냐? 그렇게 말합니다. 그러나 그렇지가 않습니다. 우리의 생각은 곧장 우리의 육체에 관련해서 물질적으로 나타나게 되는 것입니다. 그러므로 우리의 마음속에 긍정적인 생각, 기쁨의 생각은 우리의 뇌 속에 엔도르핀이라는 호르몬을 생산해 냅니다. 이 엔도르핀은 저항력을 가지고 몸의 병을 저항해서 건강을 가져오고 면역성을 강하게 해서 병이 들지 않게 합니다. 젊음을 새롭게 하고 마음의 기쁨과 의욕을 일으키는 그런 호르몬인 것입니다. 이러므로 나는 단지 생각했을 뿐인데…. 아니요! 생각이 우리 뇌에 끼치는 영향력이 막대합니다. 그 생각에 따라서 뇌에서 발생하는 호르몬이 달라지는 것입니다. 그러기 때문에 우리가 긍정적인 생각을 하고 기쁜 생각을 하고 진취적인 생각을 하면 우리의 뇌 속에 엔도르핀이 끊임없이 생산됩니다. 이 엔도르핀이 생산되기 때문에 언제나 기분이 좋습니다. 몸이 튼튼합니다. 병에 들지 않습니다. 젊음이 유지됩니다. 마음에 의욕이 충천하고 넘쳐나는 것입니다.

예수 믿는 사람들이 곱게 깨끗하게 젊게 늙는다는 이유는 예수 믿고 기뻐하기 때문에 언제나 엔도르핀이 생산되어서 끝까지 건강하고 피부도 아름답고 윤택하고 곱게 늙어가는 것을 말하는 것입니다. 그래서 육체가 영의 지배를 받으면 몸이 건강하게 지내는 것입니다. 성경에는 주의 앞에는 기쁨이 충만하고 그 우편에는 즐거움이 넘친다고 말한 것입니다. 우리 예수 믿는 사람은 항상 주님을 의지해서 기뻐하고 감사하면서 살아야 하는 것입니다. 어떠한 부정적인 환경에 갖다 놓더라도 항상 기쁨을 잃지 말라는 것입니다. 그렇게 해야 자신의 몸 속에 엔도르핀이 끊임없이 생산되어 그 어려운 역경을 이기고 나갈 수 있는 마음의 용기와 꿈과 건강과 능력이 생겨나는 것입니다.

사람의 육체가 영을 지배하여 부정적인 생각을 하면 아드레날린이 머리속에 많이 생산되어서 이 아드레날린은 강한 독성을 가졌다고 말합니다. 의학 잡지에 보니까 뱀의 독 다음에 가장 무서운 독이 우리 사람의 마음에 분노하고 염려하고 근심하고 흥분할 때 나오는 아드레날린 독이라는 것입니다. 뱀 다음으로 무서운 독이라는 것입니다. 그러므로 이 아드레날린이 자꾸 계속 생산되면 혈관이 수축되고, 그래서 혈액이 잘 순환되지 않음으로 고혈압이 되고 심장병 혹은 뇌졸증이 일어나고 세포가 노화되고 또 활성산소를 많이 발생해서 면역력을 없애고 늙어져버리고 아주 패배하게 만드는 것입니다.

사람이 질병의 70%나 80%가 스트레스에서 일어난다고 합니다. 사람이 스트레스를 당하면 아드레날린이라는 독성이 막 몸에서 피 속으로 콸콸 쏟아져 들어옵니다. 그러므로 면역성이 없어지고 저항력이 없어지므로 그냥 병에 걸려서 팍팍 쓰러집니다. 성인병의 100%는 스트레스로 온다고 합니다. 이 스트레스를 제하는 길은 영이 육을 지배하는 길밖에 없는 것입니다. 성령으로 기도하여 영이 육을 지배하도록 해야 합니다. 성령으로 기도하고 주님께 맡겨 버리면 마음이 스트레스에서 해방되는 것입니다.

저도 마음속에 스트레스가 쌓여서 그냥 잠을 이룰 수 없어 가슴이 답답할 때가 한두 번이 아닙니다. 그럴 때마다 주님께 엎드려서 한 30분 동안 간절히 기도하고 나면 싹 씻은 듯이 스트레스가 사라지고 마음의 평화가 가득 차게 되는 것을 경험하게 되는 것입니다. 그러기 때문에 쉬지 말고 기도하는 것은 끊임없이 마음속의 스트레스를 제하고 하나님의 평화로 넘치는 삶을 살라고 주님께서 말씀하는 것입니다. 그리고 범사에 감사하는 정서를 가지고 사는 것은 불평은 어두움을 가져오고 감사는 밝음을 가져오게 되는 것입니다.

범사에 우리가 자꾸 감사하면 기뻐지는 것입니다. 사람들은 생각하기를 단지 내 생각에 불과하다고 말하는데 생각은 반드시 뇌를 자극하고 그 생각이 물질화 되는 것입니다. 생각은 바로 물질이다! 그걸 잊지 말아야 되는 것입니다. 그것이 바로 몸의 영향을 미칠 뿐 아니라, 그 사람의 인격에 영향을 미쳐서 그 사람이 성공하기도 하고 실패하기도 하는 원인이 되는 것입니다. 영이 육을 지배해야 육체와 정신이 건강합니다. 성령으로 기도함으로 영을 강하게 하시기를 바랍니다.

**넷째로, 영의 새로운 도덕을 가지고 살아야 되는 것입니다.** 성경은 에베소서 4장 24절에"하나님을 따라 의와 진리의 거룩함으로 지으심을 받은 새사람을 입으라" 우리가 예수를 믿었으면 영의 새로운 도덕을 가지고 섬겨야 되는 것입니다. 즉 영의 새로운 도덕이란 의를 가지고 살아야 합니다. 의란 것은 어린양에다가 밑에 내 아(我)자를 적은 것으로 '양을 내가 머리에 이고 산다. 즉, 다시 말하면 언제나 예수님을 모시고 산다.' 어떠한 일이 있어도 예수님이 이 자리에 계시면 어떻게 했었을까? 예수님이 나와 함께 하시면 어떻게 판단했었을까? 예수님은 이 일을 했으면 어떻게 했을까? 언제나 예수님을 생각 위에 이고 사는 삶이 바로 의의 삶인 것입니다.

오늘날, 우리가 개인적인 사업을 하든지, 공무원으로 일하든지, 또 공공사업에 책임을 지고 있던지, 나 혼자 산다고 생각하지 말고, 영의 새로운 도덕을 가진 사람은 예수님을 언제나 머리 위에 이고 살아야 되는 것입니다. 그래서 예수님이면 어떻게 하겠는가?를 생각하고 예수님의 생각을 따라 성령의 인도로 살면 그 사람은 자동적으로 의롭게 살게 되는 것입니다. 의를 저버리면 개인도 망하고 사회도 국가도 망합니다. 정의가 없어지면 모든 것은 파괴되어 버리고 마는 것입니다. 그 다음 영의 새로운 도덕은 진리를 따라 사는 것입니다. 거짓을 버리고 참을 나타내야 됩니다. 골로새서 3장 9~10절에 "너희가 서로 거짓말을 말라 옛사람과 그 행위를 벗어버리고 새사람을 입었으니 이는 자기를 창조하신 자의 형상을 좇아 지식에까지 새롭게 하심을 받는 자"라고 말한 것입니다.

마귀는 거짓의 아비라고 말했습니다. 우리가 거짓말을 말할 때 마다 마귀를 초청합니다. 마귀의 영이 그 사람을 점령합니다. 성령은 진리의 영입니다. 우리가 진리를 말할 때마다 하나님의 성령을 인정하는 것이고, 거짓을 말할 때마다 마귀를 인정하게 되는 것입니다. 그 결과가 어떻게 되겠습니까? 마귀가 들어오면 종국적으로 도적질하고 죽이고 멸망시키는 일이 생길 것이요, 성령이 들어오면 생명을 얻되 넘치게 얻는 역사를 베풀게 될 것입니다. 말이 씨가 된다는 것을 잊지 말아야 됩니다. 거짓말은 파괴의 씨앗이 되고 참말은 건설적인 성공의 씨앗이 되는 것입니다. 이러기 때문에 진리를 따라 우리는 살아야 됩니다.

그리고 영의 새로운 도덕은 거룩함을 가지고 살아야 됩니다. 세속의 부패에서 벗어나서 살아야 되는 것입니다. 고린도후서 7장 1절에 "그런즉 사랑하는 자들아 이 약속을 가진 우리가 하나님을 두려워하는 가운데서 거룩함을 온전히 이루어 육과 영의 온갖 더러운 것에서 자신을 깨끗케 하자" 우리는 더러운 것에서 우리를 깨끗하게 하자는 것입니다.

우리가 그러기 때문에 언제나 예수 믿는 사람은 영의 새로운 도덕을 가지고 의와 진리와 거룩함을 지키도록 노력하면서 애써야 되는 것입니다. 우리가 예수 믿고 새로운 피조물, 즉 영의 사람이 되었으니 이제 영의 사람으로 살아야만 합니다. 영의 사람만이 하나님과 함께 사는 사람이요, 하나님의 영광을 맡은 사람이 되는 것입니다. 영의 사람을 통하여서 하늘나라가 이 땅에 나타나고 하늘나라의 역사가 넘쳐나게 되는 것입니다.

우리들은 옛사람이 아닙니다. 그리스도 안에서 이전 것은 다 벗어 버렸습니다. 새로운 피조물이 되었습니다. 영으로 사는 사람이 된 것입니다. 이 세상 사람처럼 혼 즉, 인간중심으로 살고 육체로 살지 않습니다. 영이 마음과 몸을 다스리면서 영의 새로운 것으로 살아야만 되는 것입니다. 영의 새로운 의식을 가져야만 하는 것입니다. 영의 새로운 방식을 가져야만 되는 것입니다. 영의 새로운 정서를 가져야 되는 것입니다. 영의 새로운 도덕을 가지고서 우리가 살아갈 때 우리가 참 크리스천이 되고 우리의 사회와 국가와 세계를 변화시킬 수 있는 위대한 능력이 우리에게 나타나게 되는 것입니다. 그럴 때 영혼이 잘 되고 범사가 잘 되며 강건하고 생명을 얻되 넘치게 얻으면서 살아갈 수 있게 되는 것입니다.

성령이 전인격을 장악하여 하나님의 나라(천국)가 되었으니 육체(몸)이 건강한 것은 당연한 것입니다. 문제는 자신의 전인격이 성령의 지배를 받느냐, 받지 못하느냐가 문제입니다. 성령의 지배를 받으려면 먼저 성령으로 세례를 받아야 하기 때문입니다. 성령께서 전인격을 지배하면 몸이 건강한 것은 당연한 것입니다. 마음이 성령의 지배를 받아 천국이 되면 육체도 건강합니다. 그래서 예수를 믿으면 수명이 5-7년이 길어지는 것입니다. 왜냐하면 성령으로 심령이 지배를 받으면 마음이 평안해지기 때문입니다. 마음이 평안하니 몸이 제 기능을 다하니 건강할 수밖에 없는 것입니다. 모든 육체의 질병은 영에서 시작됩니다. 영이 제 기능을 하지 못하면 마음이 평안하지 못합니다. 영이 육체를 장악하도록 영의 의식으로 살아가시기를 바랍니다. 그래서 삶에서 육체가 건강한 천국을 누리시기를 바랍니다.

이 책을 통해 예수님이 땅끝까지 전파 되기를 소원합니다.
(출판으로 인한 이익금은 문서선교와 개척교회 선교에 사용합니다.)

# 카리스마 극대화와 탈진 극복


발 행 일 l 2016. 11. 01초판 1쇄 발행

지 은 이 l 강요셉

펴 낸 이 l 강무신

편집담당 l 강무신

디 자 인 l 강요셉

교정담당 l 강무신

펴 낸 곳 l 도서출판 성령

신고번호 l 제22-3134호(2007.5.25)

등록번호 l 114-90-70539

주　소 l 서울 서초구 방배천로 4안길 20(방배동)

전　화 l 02)3474-0675/ 3472-0191

E-mail l kangms113@hanmail.net

유　통 l 하늘유통. 031)947-7777

ISBN l 978-89-97999-50-7 부가기호 l 03230

가　격 l 16,000원